16	3	2	13
5	10	11	8
9	6	7	12
4	15	14	1

Ruth Klüger

PAISAGENS
DA MEMÓRIA

Autobiografia de uma sobrevivente do Holocausto

Tradução de Irene Aron

editora 34

EDITORA 34

Editora 34 Ltda.
Rua Hungria, 592 Jardim Europa CEP 01455-000
São Paulo - SP Brasil Tel/Fax (11) 3816-6777 www.editora34.com.br

Copyright © Editora 34 Ltda. (edição brasileira), 2005
Weiter Leben. Eine Jugend © Wallstein Verlag, Göttingen, 1992
Tradução © Irene Aron, 2005

A publicação desta obra contou com o apoio do Goethe-Institut.

A FOTOCÓPIA DE QUALQUER FOLHA DESTE LIVRO É ILEGAL, E CONFIGURA UMA
APROPRIAÇÃO INDEVIDA DOS DIREITOS INTELECTUAIS E PATRIMONIAIS DO AUTOR.

Título original:
Weiter Leben. Eine Jugend

Imagem da capa:
Charlotte Salomon (Berlim, 1917-Auschwitz, 1943),
obra da série "Leben? oder Theater? Ein Singespiel" (1940-1942),
guache s/ papel, 32,5 x 25 cm, Jewish Historical Museum, Amsterdã
(© Charlotte Salomon Foundation)

Capa, projeto gráfico e editoração eletrônica:
Bracher & Malta Produção Gráfica

Revisão:
Alberto Martins
Marina Kater
Telma Baeza Gonçalves Dias

1ª Edição - 2005

CIP - Brasil. Catalogação-na-Fonte
(Sindicato Nacional dos Editores de Livros, RJ, Brasil)

	Klüger, Ruth, 1931-
K74p	Paisagens da memória: autobiografia de uma
	sobrevivente do Holocausto / Ruth Klüger; tradução de
	Irene Aron — São Paulo: Ed. 34, 2005.
	256 p.
	ISBN 85-7326-333-4
	Tradução de: Weiter Leben. Eine Jugend
	1. Holocausto judeu (1939-1945) - Narrativas
	pessoais. 2. Literatura alemã - Autobiografias. I. Aron,
	Irene. II. Título.

CDD - 920.99405315

PAISAGENS DA MEMÓRIA
Autobiografia de uma sobrevivente do Holocausto

PRIMEIRA PARTE. Viena 11

SEGUNDA PARTE. Os campos 65
    Theresienstadt 75
    Auschwitz-Birkenau 97
    Christianstadt (Gross-Rosen)................................. 127

TERCEIRA PARTE. Alemanha 153
    Fuga... 153
    Baviera 171

QUARTA PARTE. Nova York 199

EPÍLOGO. Göttingen 239

PAISAGENS
DA MEMÓRIA
Autobiografia de uma sobrevivente do Holocausto

"Suportar o desencontro entre a imaginação e o fato.
Não inventar um outro sistema imaginário adaptado ao novo fato.
'Eu sofro.' É melhor isso que: 'esta paisagem é feia'."

Simone Weil

PRIMEIRA PARTE

Viena

1.

Morte e não sexo — este era o segredo que provocava sussurros entre os adultos e bem que gostaria de ouvir mais a respeito. A desculpa era que eu não conseguia pegar no sono, suplicava que me deixassem dormir no sofá da sala de visitas (na verdade, dizíamos "salão") e, naturalmente, eu não adormecia, mantinha a cabeça sob o cobertor e esperava captar algo das notícias aterradoras que eram o assunto à mesa. Algumas falavam de desconhecidos, outras de parentes, mas sempre se tratava de judeus. Havia um, muito jovem ainda, vamos chamá-lo de Hans, um primo de minha mãe, eles o mantiveram preso em Buchenwald, mas só por algum tempo. Depois, voltou para casa, estava assustado, teve de jurar não contar nada e não contou nada, ou será que sua mãe foi a única pessoa a quem contou? As vozes à mesa, pouco claras, mas ainda audíveis, eram praticamente só de mulheres. Tinham-no torturado, como será isso, como dá para suportar? Mas estava vivo, graças a Deus.

Voltei a ver esse Hans mais tarde, na Inglaterra. Não era mais uma menina de oito anos, já era assim como sou agora, uma pessoa impaciente, distraída, que deixa as coisas escaparem das mãos com facilidade, de propósito ou não, mesmo as coisas frágeis e delicadas, louças ou paixões, que não se ocupa por muito tempo em parte alguma, que muda muito, de cidades e endereços, e que só inventa as desculpas quando as malas estão quase prontas. Alguém que se põe em fuga não no instante em que fareja o perigo, mas quando começa a ficar nervosa. Pois a fuga era a melhor coisa, antes e ainda agora. Mais sobre isso, daqui a pouco.

Estive pois com Hans na Inglaterra, em sua pequena casa, para ele motivo de alegria, porque era sua, era casado com uma inglesa, não-judia, tinha filhos que estavam de visita, e eu vinha da América com um outro primo, o filho da irmã de minha mãe, vamos chamá-lo de Heinz, que tinha sobrevivido à guerra na Hungria com documentos falsos. A sala de estar em que estávamos sentados era de um total mau gosto, como só os cidadãos ingleses muito simples são capazes de demonstrar na falta de graça de suas casas. Saboreávamos um pedaço de bolo, senti-me pouco confortável, mexia-me de um lado para outro em minha cadeira, queria sair para passear, fazer alguma coisa e não ter de aturar a aflição da monotonia costumeira do dia-a-dia que era o tema de nossa conversa. Com satisfação malévola, Heinz confessou-me mais tarde que Hans lhe perguntara se eu sofria de hemorróidas, pois mal parava sentada.

Entretanto, este pequeno-burguês inglês fora torturado em Buchenwald ainda garotinho, quando sua prima pequena aguçava os ouvidos sob o cobertor e não conseguia dormir de tão ávida por informações sobre o tempo que passou lá, não por simpatia e sim por curiosidade, pois ele estava envolvido em um segredo excitante que também me envolvia de certa forma. Só que, na ocasião, eu não devia tomar conhecimento dessas coisas, pois era ainda muito pequena. E agora?

Agora, de qualquer forma, eu sabia coisas demais e podia fazer perguntas a respeito, como e quando quisesse, pois aqueles que as haviam proibido estavam longe, dispersos, mortos na câmara de gás, na cama ou sabe-se lá onde. E ainda esta mesma excitação, esta comichão que me faz ir em busca de assuntos inconvenientes, pois não devo saber de nada que diga respeito à morte. Embora não houvesse outro assunto sobre o qual valeria a pena falar. Segredo de adultos que ocultam das crianças a morte de crianças e querem fazê-las crer que só existe a morte dos adultos, que só eles, os crescidos, fazem juz à morte e que só eles podem morrer. Tudo mentira. Lá embaixo, na rua, os meninos nazistas corriam por todos os lados, seus pequenos punhais pontudos na mão, cantando a canção do sangue judeu que respinga da lâmina. Não era preciso ser muito esperto para compreender isso. Ao contrário, era necessária até mesmo uma acrobacia mental considerável, para deixar escapar o sentido de tudo isso e menosprezá-lo com um dar de ombros. (Um amigo que usou um objeto desses quando criança diz: "Não tinham ponta. Eram facas de escoteiro. Boas para cortar pão. Eu teria preferido uma arma de verdade". Pega um lápis e desenha uma faca de escoteiro, que utilizava como membro da juventude hitlerista. "'Sangue e honra' era o que trazia inscrito", diz, pensativo. Pois bem, para mim era de fato um punhal, mesmo que não tivesse ponta.)

Faço perguntas detalhadas, do jeito que se aprende a perguntar em seminários sobre teoria literária, e as outras pessoas naquela salinha pequeno-burguesa, querendo preservar sua tranqüilidade, soltam um suspiro. Os filhos insistem que, de qualquer modo, já estavam de saída, querem despedir-se. Heinz, aquele que sobreviveu à época nazista com documentos falsos, tira os óculos, limpa as lentes e pergunta se aquilo tudo era mesmo necessário. A mulher de Hans, a não-judia e inglesa de nascimento, sai da sala. Já ouvira tudo aquilo muitas vezes, muito mais do que o suficiente. O que certamente é verdade. E, apesar disso, com certeza não captou tudo, e é isto o que suas observações dão a entender.

E Hans põe-se a narrar. Responde às minhas perguntas. Quero saber com detalhes e ele narra com detalhes, não sem um certo constrangimento doloroso, como tinha sido sofrer aquela desarticulação violenta nos braços e nas pernas, podia explicar tudo, até mesmo demonstrar. E as dores nas costas até hoje presentes, que datavam daquela época. E, no entanto, seus detalhes diluíam a intensidade deste sofrimento, apenas o tom de voz revelava a surpresa, a estranheza, a maldade. Pois a tortura nunca abandona o torturado, jamais, por toda a vida — enquanto as dores do parto abandonam as mães em poucos dias, de modo que estas já planejam com alegria o próximo filho. É realmente importante distinguir de que tipo são as dores que somos capazes de suportar, e não só a sua intensidade.

Tenho a cabeça cheia de tais histórias e ponderações. Quero sempre saber mais. Leio e escuto. Eu, que *peu à peu* fui me desacostumando à fé, creio, tanto antes quanto agora, na mensagem assertiva que alguém escrevera em meu álbum de poesias juvenil: *Knowledge is power* (conhecimento é poder). Também tenho o que contar, quer dizer, tenho histórias a contar caso alguém pergunte, mas só poucos o fazem. As guerras pertencem aos homens, e assim também as lembranças de guerra. Ainda mais o fascismo, mesmo que se tenha sido contra ou a favor: puro assunto para homens. Além disso: mulheres não têm passado. Ou não têm que ter algum. É indelicado, quase indecente.

O fato de não ter mais visitado Hans deve-se primeiramente à minha indiferença. Passaram-se muitos anos antes que pudesse confessar a mim mesma este pouco caso por relações familiares. Em círculos judeus do mundo inteiro existe hoje o hábito de contar os parentes assassinados, de enfatizar e comparar o número dos que nasceram depois, o que restou da *mishpoche*,[1] da parentada. E nisso chega-se a um número horrendo, defuntos em profusão em cada família. "Cento e cinco", diz um, e o outro acrescenta mais uma dúzia. Tentei por muito tempo, caso não fizesse a conta por mim mesma, guardar respeitosamente estes dados na memória e convencer-me de que lamentava a morte destas pessoas que muitas vezes nem conhecera ou das quais me lembrava apenas vagamente. Mas isso não é verdade, nunca fiz parte de uma grande família; esta estilhaçou-se quando eu estava prestes a conhecê-la, não somente depois. A vontade de fazer parte dela, porém, não é tão simples assim. Na verdade, isto nunca aconteceu, a dispersão começou cedo demais. Entretanto, não é bom perceber-se como mônada, sozinha em um espaço, muito melhor como membro de uma corrente, mesmo que rompida.

Soma-se a isso que aqueles antigos conhecidos de Viena que sobreviveram também são meio suspeitos para mim, assim prefiro evitá-los. Há dentro de mim a desconfiança de que os mais velhos dentre eles me abandonaram e que os mais jovens teriam feito o mesmo caso tivessem tido a oportunidade.

No entanto, a verdadeira razão por que evito fazer novamente uma visita a Hans deve-se à minha consciência pesada. A mãe de Hans, minha tia-avó, também sofreu a morte mais lamentável de todas, a das câmaras de gás. Conheci-a bastante bem, pois quando meu pai foi detido e fomos impedidos de continuar morando no 7º distrito, minha mãe e eu dividimos então uma moradia com os pais de Hans. A tia sempre vai ser para mim a pessoa que me proibia de tomar água depois de comer cerejas, porque fazia mal, minando assim a autoridade de meu pai ausente — que era o médico da família — ("Nunca prestavam atenção ao que ele dizia, ele nunca podia dizer coisa alguma", afirma minha mãe, angustiada); a tia que tomou de mim a antiga coleção de bilhetes de bonde por serem anti-higiênicos; a mesma que fazia questão que engolíssemos juntos na cozinha

---

[1] Em iídiche, família, parentes. (N. da T.)

ainda no escuro, ao que chamava de café-da-manhã, aquele pão grudento e a bebida adocicada com a película de leite por cima que, como se sabe, provoca enjôo em todas as crianças do mundo, exceto nas famintas; que me repreendia quando percebia que eu declamava poesias, um costume que cresceu a ponto de se tornar mania para mim e, sem dúvida, revelava não só uma origem neurótica, mas também meu pendor artístico, tanto que murmurava rimas pela rua; a mesma tia que se interpunha entre mim e minha mãe a fim de que esta, sua sobrinha, não fosse incomodada pelas vontades da menina quando voltava à noite para casa depois da amolação com as autoridades ou da procura por emprego. — Que devo então dizer a seu filho quando este, que a amou, pergunta sobre ela, a mim, que a odiei com ódio infantil afiado e cortante?

E, afinal de contas, o que havia de mal em recitar pela rua "A maldição do menestrel" e outras baladas de Uhland[2] e Schiller? "Isto causa uma péssima impressão, não se deve chamar a atenção nas ruas." "Crianças judias que se comportam mal provocam *rishes*."[3] E isso era importante se de qualquer modo toda a população está sendo instigada contra nós? Os mais velhos, inclusive esta tia, a quem quero dar aqui o nome de Rosa, repetiam as ladainhas ouvidas na infância, sem se dar ao trabalho de contestá-las diante das novas circunstâncias. Eu, porém, nascera em 1931 e parecia-me inadmissível que alguém pudesse acreditar que minhas boas ou más maneiras fossem aumentar ou diminuir a desgraça em curso. Ou que tia Rosa achasse isso possível. E como eu nascera em 1931, compreendia perfeitamente e sem ter lido Sartre que, embora as conseqüências do anti-semitismo fossem um problema judeu, e um problema considerável, o anti-semitismo, contudo, era problema dos anti-semitas, que iam ter que fazer o favor de lidar com isso por si mesmos e sem a minha ajuda.

É preciso reconhecer, porém, que os adultos, em sua confusão e desnorteamento, e sem levar em conta o comportamento perturbador e desatinado das crianças, tagarelavam sem parar sobre como eles ou outros judeus deveriam ter agido de modo diferente a fim de não instigar o mundo contra eles. Assim, por exemplo, as judias que exibiam suas jóias no café teriam provocado *rishes*. (E para que comprar jóias se não se pode

---

[2] Ludwig Uhland (1787-1862), poeta romântico alemão. (N. da T.)

[3] Em iídiche, rancor, animosidade. (N. da T.)

usá-las? Por que então os joalheiros não eram malvistos ou proibidos?) Para elas, os *pogroms*[4] contra os judeus pertenciam a um passado histórico obscuro, talvez polonês ou russo, de qualquer maneira havia muito superado, e nesse sentido tentavam restringir as proporções desta nova perseguição a um nível médio.

Queixei-me à minha mãe da tia-avó. "Uma típica mãe de meninos", disse minha mãe, defendendo sua tia predileta. "É que ela não está acostumada com meninas." O que havia aí para se acostumar? Eu não conseguia compreender isso. Assim, enrijecida na morte, ela personifica a distância da geração dos pais e não me é possível pensar nela ou nos respectivos tios com emoção alguma. Ao mesmo tempo, horroriza-me o fato de que tia Rosa, morta pelo gás, nada mais seja do que uma lembrança amarga da infância, a mulher que me puniu ao descobrir que eu jogara na pia o chocolate quente matinal. Por isso, tive de permanecer na cozinha até que tivesse comido ou bebido tudo, nem lembro se era uma coisa ou outra, seja como for, o estômago indisposto teve de agüentar mais do que lhe era suportável, e só então pude sair para a escola, o que naturalmente foi constrangedor. A mim parecia que os adultos deviam entrar em acordo sobre o que queriam ou esperavam das crianças e não impor-lhes castigos que os outros adultos, por sua vez, consideravam condenáveis, como chegar atrasado à escola por não ter consumido o café-da-manhã.

2.

Na verdade, eu pouco ligava se chegasse pontualmente ou não à escola. Pois tornara-se irrelevante estar lá na hora certa. Mais importante era descobrir quantos colegas de classe tinham sido "transferidos", isto é, deportados, quantos haviam mergulhado na clandestinidade ou conseguido abandonar o país. Entrava-se na classe e lançava-se um olhar ao redor. Os ausentes possivelmente estavam enfermos, era muito provável que nunca mais os veríamos. O número de alunos diminuía a cada dia. Quando sobravam muito poucos, a escola era dissolvida e os alunos eram

---

[4] Pilhagens, agressões e assassinatos cometidos contra uma comunidade ou minoria, especialmente judeus, no Leste europeu. (N. da T.)

transferidos para uma outra, igualmente reduzida. E, depois, novamente para uma outra. As salas de aula tornavam-se sempre mais velhas e decadentes. Havia até uma com iluminação a gás. Nas manhãs escuras do inverno, a professora subia em uma cadeira para acender o lampião a gás. Todavia, isto causava uma impressão até interessante, de coisa antiga, e compensava a má iluminação. As crianças que permaneceram em Viena vestiam roupas cada vez mais humildes, sua linguagem tornou-se cada vez mais impregnada de influências dialetais, dava para perceber sua procedência de regiões mais pobres da cidade. Pois sem dinheiro não era possível emigrar. Em todos os países do mundo, os judeus pobres eram ainda menos bem-vindos do que os ricos. E desapareciam também os professores, um após o outro, de modo que era preciso acostumar-se com um novo a cada dois, três meses.

Passei por oito escolas diferentes em cerca de quatro anos. Quanto menos escolas sobravam para nós, tanto mais distante era o caminho até elas, tínhamos de tomar o bonde e outros transportes urbanos, nos quais não nos era permitido sentar. Quanto mais longa a distância, tanto menor a chance de evitar encontros e olhares hostis. Chegava-se à rua e pisava-se em terra inimiga. Pouco mitigava esta sensação desagradável o fato de que nem todos os transeuntes eram hostis.

Se ao invés de uma professora tínhamos um professor, entoávamos em coro no início da aula o "Escuta, Israel", uma oração que possui para os judeus praticamente o mesmo valor que o Pai Nosso para os cristãos. Recitávamos mecanicamente em alemão, num tom de voz tão monótono que era quase uma contradição à exortação ao amor divino contida na prece. Os meninos tinham de cobrir a cabeça e sempre havia alguns que esqueciam seus bonés ou solidéus em casa e eram repreendidos pelo professor, colocavam então seu lenço, geralmente sujo, sobre a cabeça, atado com nós nas quatro pontas para que não escorregasse. Isto me enjoava, assim como o tom irreverente que predominava agora era insuportável para mim, que provinha de uma família burguesa bem situada, embora havia muito não vivesse mais nesse ambiente burguês bem-comportado.

Certo dia em que as crianças brincavam ruidosamente durante o recreio, o professor, naturalmente judeu como nós, xingou-nos, dizendo que aquilo parecia a bagunça de uma escola judia. Mas nós *éramos* uma escola judia. Por que nos humilhar ainda mais neste estreito círculo judeu se o mundo ariano lá fora o fazia com êxito dia após dia? (Aliás, escrevo esta palavra ariano sem aspas de propósito. Na época, era raramente pronunciada de maneira irônica.) E embora me sentisse como uma marginal neste meio inculto, proletário, de súbito senti-me totalmente a favor das crianças humilhadas e contra o professor. Quem leva um pontapé, dá o troco a alguém mais fraco. De certa forma, até então eu o tinha endeusado um pouco, como as meninas costumam fazer com seus professores. Isto agora mudara de vez, o autodesprezo dos judeus nada tinha a ver comigo, eu apostara no contrário, no judaísmo autoconfiante. O que ele dissera igualava-se à afirmação de tia Rosa de que crianças mal-educadas provocam *rishes*, animosidade.

Logo depois, com a autorização de minha mãe, parei de freqüentar a escola. Queixara-me constantemente em casa sobre o desconsolo e o absurdo desta instituição que cada vez tinha menos a oferecer, sem falar dos transtornos pelo caminho até a escola. Durante algum tempo, após ter abandonado a escola, ainda recebi aulas particulares de inglês, ministradas por uma inglesa nata que admirava os nazistas e a quem, nas mesmas proporções, canalizava-se meu ódio. Como é possível então, pergunta-me um amigo mais jovem, que minha mãe tivesse a idéia de arranjar uma simpatizante nazista como professora particular? Respondi que não era assim tão fácil distinguir nazistas de não-nazistas, como separar o joio do trigo. Convicções não eram rígidas, opiniões oscilavam, simpatizantes de hoje podiam ser adversários amanhã e vice-versa. Minha mãe achava que a linda pronúncia britânica era o que importava e que as concepções políticas de minha professora não eram da minha conta, eu poderia aprender bastante com ela, fosse como fosse: ela não tinha razão, para a professora a menina judia era tão desagradável quanto ela para mim, estas aulas eram uma verdadeira tortura pela antipatia recíproca. O que quer que tivesse aprendido era prontamente esquecido até a aula seguinte, com a meticulosidade digna de uma Penélope.

Durante a época da escola, uma certa Liesel foi o supra-sumo da criança de rua para mim, alguns anos mais velha e fisicamente muito mais desenvolvida que eu, contando vantagem com suas informações sobre menstruação e sexualidade, tirando assim proveito de sua superioridade. Esta ela possuía inegavelmente, pois freqüentava uma classe mais adiantada e era por isso, na hierarquia incontestável da escola, uma pessoa digna do respeito dos mais jovens. Sabia que eu escrevia versos e que lia os clássicos e não perdia a oportunidade de se divertir às minhas custas. "Você sabe isto e aquilo de cor. Pode começar a recitar." Prazerosamente eu caía na armadilha e começava a declamar. Ela então franzia os lábios num sorriso sarcástico, pois captara algo no texto que dava aos versos uma conotação indecente; e isso, por sua vez, me magoava profundamente. Sua mãe morrera, seu pai era pobre e ignorante. Eu ainda iria compreender o quanto ela amava esse pai. E também o fato de que, durante toda a época escolar, ela foi a pessoa que deixou em mim a impressão mais profunda.

3.

Conheço mal a cidade de meus primeiros onze anos de vida. Não era costume sair a passeio usando a estrela-de-davi, e mesmo antes dela tudo que se podia imaginar era vedado aos judeus, proibido, inacessível. Judeus e cachorros não eram bem-vindos em parte alguma, e se era preciso comprar um filão de pão entrava-se na padaria passando pela placa que dizia: "Como alemão aqui entrarás/ Com um *heil Hitler* bem-vindo serás".[5] Um bom dia sussurrado partia de mim, a dona da padaria nada respondia, só se ouvia um grosseiro "O que é que você quer?". Era um alívio quando meu simples bom dia encontrava eco e achava, talvez com razão, que havia do lado ariano um protesto surdo, mas ainda assim audível, como: "Nas mãos de Deus eu me coloco, não nas de Hitler".

Tudo que as crianças mais velhas, filhos de parentes ou conhecidos, ainda tiveram a oportunidade de aprender ou praticar tornou-se proibido para crianças de minha idade, como nadar na piscina do Diana, ir ao cinema Urânia com amigas ou andar de patins. Aprendi a nadar no Danúbio depois da guerra, antes que o rio estivesse poluído, mas não próximo a Viena; e também andei de bicicleta em algum outro lugar, mas

---

[5] Versos populares, frases rimadas e, sobretudo, os poemas de autoria de Ruth Klüger, foram traduzidos aqui com o intuito de facilitar a leitura e a compreensão, não se tratando, pois, de recriações poéticas. (N. da T.)

nunca aprendi a patinar no gelo. Esta foi a perda que mais senti, pois acabara de tentar uma ou duas vezes, com passos vacilantes, depois nunca mais. A falar e a ler aprendi em Viena, e é só. Pratiquei meus primeiros conhecimentos de leitura e os primeiros sentimentos de superioridade com os cartazes de propaganda contra os judeus. Por acaso, não havia neste círculo crianças mais novas do que eu, era a mais jovem e por isso a única que não pôde inserir-se em uma existência mais ampla, a única que não aprendeu a nadar no Diana e a única que só conhecia a paisagem austríaca pelo nome: Semmering, Vorarlberg, Wolfgangsee. Nomes que se tornaram ainda mais idílicos por não conhecer os lugares a que se referiam. Existia como que uma geração inteira entre mim e os primos e primas, e ainda hoje entre mim e os exilados de Viena que um dia ainda haviam podido circular livremente por ali. Todos aqueles que eram apenas poucos anos mais velhos vivenciaram uma outra Viena que não a minha, a quem já aos sete anos não era permitido usar os bancos dos parques, mas podendo, em compensação, me considerar parte do povo eleito. Viena é a cidade da qual não consegui fugir.

Esta Viena, da qual a fuga se tornou impossível para mim, foi uma prisão, a minha primeira, e na qual se falava eternamente de fuga, isto é, de emigrar. Via-nos, por assim dizer, sempre a postos e sempre prontos para partir, de malas feitas, mas jamais confortavelmente instalados pelos anos seguintes. Por isso também não podia me dar ao luxo de adquirir nenhum hábito muito arraigado, e quando queria me alegrar pensando em algo duradouro como, por exemplo, ler em seqüência vários números das revistas infantis *A Borboleta* e *O Papagaio*, logo trocava essa alegria pela esperança de estar em outro país antes de serem publicados os próximos números.

Comecei a freqüentar a escola em setembro de 1937, pouco antes de meu sexto aniversário, meio ano antes da invasão de Hitler. Antes disso, pouca coisa acontecia, exceto em família. Uma vez fomos de carro à Itália, nas férias de verão, e mal atravessamos a fronteira tivemos que prosseguir do outro lado da estrada, o que era esquisito, pois na Áustria utilizávamos o lado esquerdo da pista, até a chegada de Hitler. Na época, ainda não existia congestionamento nas estradas vicinais e quando, mais ao sul, em uma estrada isolada, poeirenta, um carro com placa austríaca cruzou conosco, começamos a acenar como loucos. E eles responderam ao nosso aceno. Mas não os conhecíamos. Em casa, não teríamos acenado para eles. Fiquei encantada com a descoberta de que estranhos se cumprimentam no estrangeiro, quando pertencem à mesma comunidade. Venho da Áustria (onde se circula do lado certo da pista e se fala alemão). Isto é certo, é válido, é, como fica claro para mim aqui na Itália, uma frase adequada para me descrever. Logo ficaria sabendo de outras coisas, mas não já.

No primeiro dia de aula, quando saí pelo portão da escola, onde se aglomeravam todos os pais para buscar seus filhos, a princípio não avistei meu pai. Estava de pé bem atrás, encostado em uma grade, nem ao menos tinha chegado aos quarenta anos na época. Meu Deus, eu consegui chegar a uma idade muito além da que ele jamais alcançou. Quando lhe perguntei em tom de censura por que estava tão longe da entrada, pois as lágrimas jorravam de meus olhos, já que ninguém viera me apanhar, retrucou: "Para que tanto aperto e pressa? Não estamos perdendo nada". Pareceu-me, então, o mais elegante de todos; os outros pais se acotovelando eram gente comum. Em paz com o mundo, tomei-lhe das mãos o saquinho de guloseimas, um cone recheado de balas presenteado às crianças no primeiro dia de escola, coloquei minha mão entre seus dedos e, feliz e contente, voltei para casa com ele.

Mais ou menos um ano mais tarde, andávamos novamente de mãos dadas pelas ruas. Morávamos no 7º distrito, uma construção nova. Era novembro de 1938.[6] Na rua Mariahilfe, mostrou-me as vitrines estilhaçadas das lojas, quase em silêncio, apenas com um pequeno gesto: "Aí não se pode mais fazer compras. Fechadas, está vendo? E por quê? Os proprietários das lojas são judeus como nós. Só por isso". Eu, cheia de pavor e curiosidade, gostaria de fazer mais perguntas, mas percebi que ele talvez não soubesse responder e tentei gravar na memória o que fora dito. (Está vendo, ainda me lembro.)

Possuo duas fotografias dele, uma delas de sua carteira de estudante, na qual aparece jovem e rebelde. Foi na época em que cortejava minha mãe; ele, um estudante de medicina pobre em uma cidade onde havia mé-

---

[6] A noite de 9 para 10 de novembro de 1938 ficou conhecida como a Noite dos Cristais, quando sinagogas e estabelecimentos judaicos foram destruídos, saqueados e incendiados na Áustria e na Alemanha. (N. da T.)

dicos demais, e ela a filha de um abastado engenheiro e diretor de fábrica. Tanto que o pai concedeu sua mão a um outro, um partido melhor. Os livros de Arthur Schnitzler,[7] que morreu em Viena dez dias antes de eu nascer (isto é importante para mim, trata-se de um ancestral, imagino que ele deixou sua Viena de herança para mim), fizeram-me conhecer mais a respeito de meus pais do que eu guardava na memória. O "outro partido" era um sujeito tedioso, pedante, ainda por cima sovina, conforme a tradição familiar. Meus pais, jovens saídos do mundo de Arthur Schnitzler, o estudante e a mulher do avaro pedante, tiveram uma relação amorosa que se passava entre Viena e Praga, duas cidades entre as quais se podia circular facilmente naqueles tempos, mais tarde não mais e, novamente, desde anteontem, por assim dizer. Anos mais tarde, Praga me parecia uma cidade inatingível, conhecida apenas por descrições de minha mãe quando planejava buscar meu meio-irmão, Jiri — Georg em alemão, Schorschi em austríaco —, de Praga para Viena. O que ela não conseguiu de fato fazer.

Minha mãe divorciou-se, um fato inusitado, seu pai a perdoou e até apoiou com um dote o segundo casamento. Meu irmão, o filho desta novela de Schnitzler com pitadas de Werfel ou Zweig,[8] veio então de Praga para Viena com nossa mãe, que, finalmente, teria durante alguns anos o que desejara ardentemente, o charmoso estudante de medicina de família pobre, saído de algum romance de Joseph Roth,[9] com nove irmãos e a mãe viúva. Ele, meu pai, o sétimo filho e o único a freqüentar a universidade, formara-se em medicina nesse meio tempo, e tinha agora uma mulher com um dote e, depois de um ano, mais uma criança. Na verdade uma menina, mas ainda assim... Levavam uma vida boa.

Minhas lembranças começam a aflorar. Meu meio-irmão, seis anos mais velho do que eu, possuía uma lanterna, que acendíamos sob o cobertor e, ali debaixo dele, tudo se iluminava, todos os objetos podiam ser vistos perfeitamente, embora a lâmpada grande do teto estivesse apa-

[7] Arthur Schnitzler (1862-1931), escritor e dramaturgo austríaco. (N. da T.)

[8] Franz Werfel (1890-1945), escritor de língua alemã nascido em Praga, famoso sobretudo pelo romance *Canção de Bernardete*; Stefan Zweig (1881-1942), escritor austríaco, autor de romances de grande aceitação mundial, que se suicidou no Brasil. (N. da T.)

[9] Joseph Roth (1894-1939), escritor de língua alemã nascido na Galícia. (N. da T.)

gada (uma brincadeira sujeita a castigos, provavelmente porque na cidade de Sigmund Freud não se via com bons olhos quando irmão e irmã brincavam juntos dessa maneira); lia Júlio Verne no banheiro quando devia ir à escola, e era repreendido; se brincasse com seus amigos de representar Winnetou e Mão-de-Ferro, eu podia no máximo fazer o papel da irmã de Winnetou, Flor da Pradaria, sentada diante da tenda (um papel não muito significativo, mas melhor do que nada); como cidadão tcheco patriota, meteu-se em uma briga no jardim do avô pela honra de Masaryk, contra a opinião de amiguinhos austríacos da mesma idade, segundo os quais Schuschnigg seria muito melhor; tinha uma bicicleta, eu não; tinha livros infantis tchecos que realmente conseguia ler (quando foi embora, eu folheava algumas vezes esses livros, fascinada com os acentos em forma de rosquinhas e admirada com a sabedoria misteriosa de Schorschi); aborrecia-se muito por minha causa e só às vezes brincava comigo.

Pois bem, isto é tudo. O resto só de ouvir contar. Ele foi meu primeiro modelo e talvez o único indiscutível. Queria ser como ele, na medida em que isso fosse possível para uma menina. Um belo dia desapareceu.

Minha mãe vagava pela casa com olhos lacrimejantes e xingava seu ex-marido, "o Mendel", que proibiu o menino de voltar das férias. Um tribunal de Praga lhe tirara a guarda da criança, transferindo-a ao pai. Motivo: a educação alemã a que provavelmente era submetido este menino judeu tcheco em Viena. Minha mãe: "Depois de 1918, os judeus se tornaram mais tchecos que o rei Wenceslau em pessoa". O nacionalismo abateu a pequena criança e o pequeno país como uma praga egípcia. Alegra-me ainda hoje que no jardim do avô Schorschi venerasse um herói verdadeiro com seu Masaryk, em oposição a Schuschnigg, o controvertido chanceler da Anexação; alegra-me ainda hoje, mas fora por mero acaso. Ao tomar partido, os meninos estavam lutando apenas pela nacionalidade que pensavam possuir.

Foi essa a minha primeira grande perda. Fiquei desolada. Perdi não só um parente querido, mas também um papel: o de irmãzinha. "Ele voltará", consolavam meus pais. "É preciso aprender a esperar."

Quando se espera muito, o que vem é a morte. É preciso aprender a fugir. Certa vez, em um prado coberto de bocas-de-leão em flor, você disse de brincadeira, "Susi, veja, são leões, eles vão nos morder". Então corremos até perder o fôlego e gritamos de "medo" e depois rolamos de rir. Sabe, antes não tivéssemos parado de correr; essa deliciosa brincadeira de fugir do perigo.

Minha mãe conjeturando mais tarde: "Se não fosse por você, ele poderia ter sido salvo. Não poderia ter deixado você sozinha em Viena para ir buscá-lo". Mas qual teria sido seu plano? O que estava esperando? Será que ela quer impingir sua morte a mim, achava talvez que o divórcio tinha sido um erro e tinha por isso a consciência pesada? E, no entanto, talvez isso seja verdade.

4.

Em março de 1938 fiquei de cama com laringite e uma compressa úmida em torno do pescoço. Lá embaixo, na rua, gritavam coros de vozes masculinas. O que se gritava pode ser lido hoje nos livros de história.[10] Minha babá resmungava: "Se eles lá embaixo ficarem roucos, de mim é que não vão ganhar chá de camomila", trazendo minha xícara. Nos dias seguintes, surgiram os primeiros uniformes alemães nas ruas. Aqueles que os usavam falavam alemão, mas não como nós, e de início ainda pensei que eles não eram daqui, como eu. Meu pai, alegre, trouxe o dinheiro novo para casa e mostrou-o para mim. Pois então a partir de agora nada de *schillinge* e *groschen*, e sim marcos e *pfennige*. "Eles nem mesmo sabem pronunciar a palavra, dizem '*fennig*' e quando dizem o nome do centavo austríaco, *groschen*, estão querendo dizer dez '*fennige*'." Não quis acreditar nisso pois como pode alguém não ser capaz de distinguir um centavo de dez? Divertimo-nos muito com as novas moedas, ele e eu, ele tendo gosto em explicar, eu achando lindos os níqueis porque brilhavam e eram diferentes. Era como quando meu irmão, recém-chegado de Praga, esvaziasse seus bolsos e eu ficava perplexa diante de seus trocados tchecos, sem saber com certeza quanto valiam em Viena. Minha mãe achava um escândalo divertir-se de modo tão infantil naqueles tempos. Eu não compreendia isso muito bem e me perguntava se ela teria razão (sua

---

[10] A 13 de março de 1938 realizou-se a *Anschluss*, a anexação da Áustria pela Alemanha. (N. da T.)

preocupação parecia verdadeira) ou se queria apenas estragar nosso prazer. Pois fazia isso às vezes.

Assim era meu pai. Não deixava que seu humor se abalasse com facilidade. De início, mulheres arianas ainda batiam à porta para consultá-lo. Tínhamos de dizer a elas que, a partir de agora, ele só podia atender pacientes judias. Entre os judeus que queriam emigrar tornou-se moda então aprender uma nova profissão. Meu pai aprendeu a fazer salsichas. Comíamos suas salsichas de aprendiz e fazíamos observações impertinentes a respeito de sua assimetria. Explicava à mesa do almoço como encher as tripas com o recheio e eu chegava a engasgar de tanto rir. Ninguém era tão engraçado quanto meu pai.

Deve ter imaginado que o mundo inteiro fosse como Viena, como a sua Viena. Pensava que haveria médicos demais por toda a parte, especialistas demais. Poderia emigrar para a Índia, lá certamente não havia excesso de médicos. Mas o clima seria insuportável, "na Índia faz calor demais para mim". Provavelmente o país era simplesmente estranho demais para ele, vienense inveterado. Pois em relação ao calor ele já tinha anunciado anos antes da Anexação: "Estamos sentados com o *toches*[11] sobre um barril de pólvora". Um dos maridos de suas muitas primas foi instado por ele a emigrar para a Palestina onde aportou depois de muitas voltas. Pouco antes de morrer em Haifa, ainda sentia-se grato a meu pai pelo bom conselho, o bom humor e a ajuda.

Não consigo libertar-me do impulso de celebrar sua memória, encontrar ou inventar uma comemoração de finados para ele. No entanto, cerimônias são suspeitas para mim, ridículas, e também não saberia como proceder. Entre nós, judeus, só os homens rezam o *kadish*, a oração pelos mortos. Meu avô, sempre bem-humorado, de quem só me lembro de braços abertos e com os bolsos cheios de presentes, teria dito a seu cão, com rosto fingidamente consternado: "Você é o único aqui que pode rezar o *kadish* por mim". Era assim que falava com seu cachorro diante de suas filhas, e minha mãe me contou isso sem tom de crítica, aceitando a humilhação, como convém a uma filha judia. A frase fora dita com humor. Se não fosse o caso e eu pudesse, por assim dizer, prantear oficialmente os meus fantasmas, por exemplo, rezar o *kadish* por meu pai, po-

---

[11] Em iídiche, traseiro. (N. da T.)

deria então eventualmente simpatizar com esta religião que reduz o amor dedicado a Deus por suas filhas a uma função auxiliar dos homens, limitando suas necessidades espirituais ao espaço doméstico, satisfazendo-as, por exemplo, com receitas culinárias de *gefilte fish*.[12]

Você subestima o papel da mulher no judaísmo, dizem-me. A ela é permitido acender as velas do *shabat*, depois de pôr a mesa, uma função importante. Mas eu não quero pôr a mesa nem acender velas no *shabat*. Quero rezar o *kadish*. Caso contrário, vou ter de me contentar com minhas poesias.

E por que você quer rezar o *kadish*?, perguntam-me surpresos. Você não é fanática por rezas nem tampouco arranca os cabelos em público. Sim, mas os mortos nos impõem tarefas, não? Querem ser celebrados e, ao mesmo tempo, superados. Justamente os alemães sabem disso, pois se tornaram um povo de especialistas em superação — tanto que até mesmo inventaram uma expressão para isto, *Vergangenheitsbewältigung*, a superação do passado.

Portanto, como devo celebrá-lo? Posso chamá-lo pelo nome, e isso é tudo. Chamava-se Viktor. À porta, lá embaixo, sobre a pequena placa, lia-se "Ginecologista e Pediatra", e logo acima, "Doutor Viktor Klüger", e eu achava engraçada a repetição da sílaba "tor", quando pude lê-la pela primeira vez. Os adultos não achavam graça nisso, e, como tantas outras vezes, esta discrepância de percepções me surpreendia.

Meu pai vivia distribuindo dinheiro, diz minha mãe. E a quem? Às vezes até a pacientes, afirma ela, mas, principalmente, à sua família. Eram todos muito pobres. Meus conhecidos alemães dizem: todos os judeus tinham dinheiro, estavam todos bem de vida. Menos os pobres. Como minhas amigas em Nova York. Como as irmãs de meu pai. Como meus coleguinhas de classe depois que os judeus abastados tinham emigrado, indo para países onde o darwinismo social deixara seus vestígios e onde o judeu rico era sempre o melhor judeu. (Desde quando conheço o *Nathan*?[13] Desde aquela época, será?) Por que conheci tantos judeus pobres durante toda a minha vida, quando dizem haver tantos judeus ricos?

---

[12] Bolinhos de peixe, especialidade da cozinha judaica. (N. da T.)

[13] *Nathan, o Sábio*, drama de G. E. Lessing (1729-1781). (N. da T.)

Meu filho mais velho deveria ter recebido o nome de meu pai; segundo a tradição judaica, as crianças recebem os nomes de parentes falecidos. Mas no nono mês de gravidez, e eu era ainda muito jovem, pareceu-me sinistro dar a uma criança o nome de alguém assassinado de maneira tão brutal, e o nome em si era um escárnio: ele, um vitorioso? E assim demos ao recém-nascido um nome inglês que nada significava para nós. Por vezes, isto me parece uma traição. E talvez quisesse de fato vingar-me pela traição que ele cometera contra mim, que partira e não me levara consigo e jamais voltara, impedindo-o de reviver através dos netos. Pois também meu segundo filho não recebeu o seu nome.

A geração de meu pai, tradicionalmente, não se ocupava muito com as crianças pequenas. Minha mãe assegura-me, porém, que desde o início ele era louco por mim, mas tal imagem também faz parte da convenção. Eu é que sei. Quando aprendi a ler, comecei a interessá-lo um pouco. Ele me trouxe alguns livros da biblioteca municipal e um dia me levou a uma livraria, onde pude escolher alguma coisa para mim. Escolhi o livro mais grosso entre aqueles que estavam expostos (um critério de escolha que considerou elogiável), sagas judaicas, e tornou-se um dos meus livros preferidos. Durante a construção da Torre de Babel, Deus jogou confetis coloridos sobre os homens, condenando-os assim a línguas diferentes e à incompreensão. A ira divina como um carnaval multicolorido do acaso.

Aprendi a jogar xadrez com ele. Era um bom jogador ou, pelo menos, um jogador apaixonado e quando eu tinha seis anos, explicou-me as regras dessa atividade intelectual totalmente descomprometida e, talvez por isso mesmo, tão prazerosa. Fiquei muito excitada em poder sentar-me em seu escritório, diante do tabuleiro, fazendo um esforço impensável para reter cada lance e tentar pôr em prática o que aprendera. Depois das primeiras poucas partidas, desistiu, entediado, porque achava que eu não tivesse talento suficiente, o que afirmava abertamente. Uma decepção para mim e, ainda pior, atormentava-me a idéia de tê-lo decepcionado. De fato, nunca fui longe no xadrez, no entanto, o jogo proporcionou-me muito divertimento no decorrer dos anos. Houve semanas (meses, creio que seria demais) em que fiquei um tanto (mas não totalmente) obcecada com o jogo, providenciei alguns livros de xadrez e estudava o jogo dos mestres. Por detrás disso, havia a mensagem para meu pai: "Está vendo? Afinal de contas, você não perdeu o seu tempo. Não esqueci nada, até consegui aprender mais, embora ainda não jogue tão bem quanto você esperava". Sempre esta expressão: "Está vendo?". Recentemente até tentei jogar contra um computador e novamente pensei nele: jogos de computador, talvez ele pudesse ter vivido o bastante para conhecê-los.

Mas também o temia, a meu pai. Houve a história da máquina de escrever. Ficava sobre sua escrivaninha e uma vez pensamos, minha prima e eu, que poderíamos usá-la muito bem para uma brincadeira qualquer. A prima tinha mais ou menos catorze anos, eu talvez sete. Ele não estava em casa, simplesmente fomos apanhá-la, a prima cheia de confiança, o simpático tio não teria nada contra. Entretanto, quando o tio voltou para casa ficou zangado conosco e foi muito ríspido. Uma máquina dessas não era brinquedo de criança. Eu levei seu mau humor muito a sério, como tudo que partia dele, e pensei que tivéssemos cometido um pecado mortal. Tremi a noite toda e durante meio século nunca esqueci a expressão irritada de seu rosto. Certa feita, perguntei a minha mãe por que ele fazia tanta questão de que não mexêssemos naquele objeto, uma vez que, sabe Deus, é difícil quebrar algo como uma máquina de escrever mecânica (isso foi muitos anos antes da máquina elétrica). "Ele era de origem humilde", foi sua explicação petulante, "e tais aquisições tinham muito valor para ele". Isso foi depois da Anexação, pouco antes de meu pai ser preso e, certamente, ele estava mais sensível do que de costume, talvez eu também. E, no entanto, levo a mal sua atitude mesquinha. Não tinha razão, penso, agora que me encontro, neste momento, sentada diante do computador em nosso mundo eletrônico, alheio e estranho para ele e me surpreendo ao dizer-lhe "Está vendo?". Está vendo, não ligo para sua velha máquina de escrever, possuo algo melhor. E ouça bem, as crianças também podem tocá-lo, caso apareça alguma por aqui e queira ver como funciona um computador. (Estará minha vida girando em círculo? Estarei vivendo ainda no 7º distrito, apesar de tantas mudanças?)

Relato estas histórias infantis porque são as únicas que tenho dele e, mesmo que eu queira, não consigo associá-las a seu fim; porque, sem cair em um falso *pathos*, é impossível para mim aceitar aquilo que lhe aconteceu. Mas também não consigo libertar-me. Para mim, meu pai foi isso e aquilo. O fato de que acabara nu numa câmara de gás, procurando convulsivamente uma saída, torna fúteis todas estas lembranças até invalidá-las. Resta o problema de que não posso substituí-las por outras nem tampouco eliminá-las. Não consigo encaixar umas nas outras, há uma lacuna no meio.

Sim, é o que me dizem, compreendemos que isso foi um duro golpe para você e lastimamos por você, se assim quiser. Apenas não percebemos o problema cognitivo. Seu pai viveu uma vida normal e infelizmente não morreu de morte natural. Triste — mas qual é a dificuldade?

A dificuldade está na discrepância dos afetos. Por um lado, existe o sentimento que temos em relação às pessoas de nossas lembranças infantis, que não é mais do que amor próprio, amor às próprias raízes. É possível demonstrar isso na maneira como eu escrevi nas páginas anteriores a respeito dele, isto é, de meu pai, e também a respeito de meu irmão, prazerosamente assoprando o pó depositado no baú de trastes velhos. Deveria ter acrescentado à lanterna de Schorschi ainda seu canivete, encontrado intacto no fim da guerra, o qual carreguei comigo durante anos como um talismã. (Deus sabe em que mudança eu o perdi!)

Temos uma imagem das pessoas que amamos e conhecemos, esta imagem cabe em uma moldura mental e não se dispersa em uma dúzia de instantâneos. Em minhas lembranças, vejo meu pai erguendo cortesmente o chapéu na rua e, em minhas fantasias, vejo-o sofrendo uma morte ingrata, assassinado pelas pessoas que cumprimentava na Neubaugasse, ou por outras semelhantes. Entre uma coisa e outra, nada. Tendemos a falar da vida de alguém conhecido deixando implícito o desfecho já nos episódios iniciais. Com este intuito, lançamos pressupostos e sinais de alerta. Tento fazer isto aqui e não consigo porque a memória também é uma prisão: em vão tentamos nos livrar das imagens que ficaram gravadas na infância. Como naquele desenho em que se pode ver tanto um pato quanto um porta-níqueis, mas não as duas coisas ao mesmo tempo, e que fazia a alegria tanto de Gombrich, o teórico da arte, como de Wittgenstein, o filósofo, posso vir a sentir os sentimentos adequados em relação ao pai vivo e ao pai agonizante, mas associá-los em uma pessoa única e indivisível, isso não consigo.

Assim, são justamente as lembranças mais precisas que dão margem a inverdades, pois não cedem a nada que existe fora delas, e se contrapõem a idéias baseadas em um julgamento posterior e em um saber mais amplo, impossibilitando o surgimento de sentimentos comensuráveis. Nenhuma necessidade mantém unidos estes fragmentos díspares do meu pai e, desta maneira, disso não resulta uma tragédia, apenas associações difusas que não levam a parte alguma ou se reduzem a mera emoção.

Não consigo fazer isto melhor e, sobretudo, tento demonstrar este dilema, que me parece insolúvel, com o exemplo de minha própria insuficiência. Meu pai tornou-se um fantasma. Vagueia por aí indecifrado. Bom seria saber escrever histórias de fantasmas.

5.

Não gosto de relatar coisas que só conheço de ouvir contar. Meu pai foi preso, a acusação, aborto. Minha mãe: "Ela era pobre e jovem, e ele sentiu *rachmones*.[14] Ela implorou. Depois alguém o denunciou". Na ocasião, ele tinha feito o aborto de várias mulheres. Quem é que queria ter filhos naquele mundo? Também o de minha mãe, portanto, seu próprio filho. Teria sido um menino, "e a tristeza dele durou dias e dias", diz ela. A SS o prendeu, diz ela, não a polícia, e ele não esteve em campo algum e sim na prisão. Minha mãe teve de se mexer. Encontrou um advogado, "que era nazista por fora, mas não por dentro. Também exigiu dinheiro". Um membro do partido por oportunismo.

Ela se comprometera a ficar até pagar o imposto de fuga do Reich. O Reich exigia indenização quando os cidadãos que eram expulsos realmente saíam. Nesse sentido, me vem à mente a expressão usada na RDA: "fuga da república". O cidadão pertence ao Estado como servo. O contrário significa ser apátrida. Ou seja, ainda que você tenha nascido, de fato você não pode viver em parte alguma. Nada mais do que alternativas corriqueiras para a minha geração. Meu pai teve que deixar o país em uma semana e viajou para a vizinha Itália. Minha mãe possibilitou-lhe a viagem com sua promessa. Mas não pôde arranjar o dinheiro, pois a propriedade havia sido confiscada e as contas bancárias, bloqueadas. Assim ficamos de pés e mãos atados, mas ele conseguiu escapar. E, no entanto,

---

[14] Em iídiche, pena. (N. da T.)

sobrevivemos e ele não. Esta história gira em círculos e quanto mais a contamos mais absurda se torna.

Quando saiu da prisão, meu pai regressou primeiro à nossa casa. Nesse meio tempo, tínhamos nos mudado, morávamos no 13º distrito, em Hietzing, na casa que pertencera a meus avós falecidos, e dividíamos a casa com a tia e o tio de minha mãe. O ano era 1940, já estávamos em guerra. Aliás, não me lembro da eclosão da guerra. Ao contrário, lembro-me exatamente do dia da invasão da Tchecoslováquia, quase um ano após o dia da Anexação: um primo veio correndo em direção a minha mãe, com a alegre antecipação de crianças portadoras de más notícias das quais não têm culpa. Os adultos comentavam que uma guerra era iminente e quando eu disse uma vez: "quando vier a guerra", corrigiram-me dizendo que já estávamos em guerra, e senti vergonha de ser tão bobinha. O primeiro acontecimento minimiza talvez o segundo, porque a palavra guerra ainda não significava muita coisa para mim, exceto as batalhas, e em minha Viena não havia batalhas. Entretanto, podia entender muito bem que os alemães estavam agora perto de Schorschi. Os adultos tinham me dito que papai viajara, mas era difícil de acreditar, eu tinha ouvidos e assim fiquei remoendo a notícia, inquieta. Não era possível sentir pena deles. Faziam questão que lhes disséssemos a verdade e eles mesmos mentiam deslavadamente, até mesmo em casos drásticos como este. A mentira oficial impediu que eu pudesse me informar por meio de perguntas, até que o retorno de meu pai a invalidou, sem que tivessem me pedido desculpas.

Houve um grande almoço, com muita família presente, e eu convidara minha melhor amiga para apresentar-lhe meu pai recém-saído da prisão. Ele conversava com os adultos, todos ouviam atentos o que dizia, e eu queria chamar sua atenção somente para mim. Queria estar ali para ele, queria ser notada, estabelecer contato. Então tornei-me insistente demais e ele, diante da amiga que tudo presenciou horrorizada, deu-me uma surra e trancou-me no quarto. Ou talvez tenha só me obrigado a sair da sala de jantar. A amiga não sabia o que dizer e para onde olhar, eu também não. Esta é a última impressão forte que deixou: medo, violência, um sentimento de injustiça e humilhação. São imutáveis os sentimentos alimentados pela memória. Será que eu lamento sua morte porque, como criança castigada, não tive mais a oportunidade de reconciliar-me com ele? Como se sua vida interrompida não tivesse outro sentido senão ouvir lamúrias de uma menina de oito anos ou de aceitar minhas explicações e desculpas posteriores.

Na prisão, ele aprendera a canção de Buchenwald: "Ó Buchenwald, esquecer-te jamais,/ Pois meu destino serás./ Quem te conheceu avaliará/ A maravilhosa liberdade". Nos campos de concentração não se escrevia uma grande poesia. Se assim não o fosse, poder-se-ia afirmar que estes campos teriam servido para alguma coisa, talvez para uma sublimação que produz a grande arte. No entanto, não valiam nada. Decorei imediatamente as palavras da canção.

Meu pai adiou sua partida por vários dias. Postou-se então um dia junto à minha cama antes que eu dormisse e despediu-se. Eu estava ainda sob o efeito daquele castigo. Não conseguia imaginar que ele não estivesse feliz ao me deixar e tive medo dele. Esta é a segunda imagem que tenho dele. Nela aparece como nesta última noite, sério, os cabelos já um tanto ralos, nas têmporas sinais de uma calvície que ele não chegaria a ter. Nunca mais o vi.

Minha mãe o acompanhou até a estação. Diz: "Ele se debruçou na janela e gritou: 'Alma, Alma, suba no trem assim como está, você e a criança, agora, do contrário nunca mais nos veremos'". Isto não pode ser verdade, eu estava em casa. Ela se esquece, se confunde, inventa. Mas eu quis ir até a estação, isto é verdade. E pensava, se ele quisesse poderia ter me levado consigo. Mas ele não quer porque me comportei mal e eu era um estorvo para ele. Ele poderia ter-me incluído em seu passaporte, falou-se a esse respeito, esqueci-me deste fato e o reprimi, agora minha mãe confirmou novamente. "Viktor incluiu você em seu passaporte e quis que você fosse junto." E por que não o fez? Isto ela não diz, como não fora dito na ocasião. Ou ela não queria que eu fosse ou ele não quis terme consigo. Outras alternativas não existem. E então nem mesmo pude acompanhá-lo até a estação. Porque era noite e as crianças não podem ficar acordadas até tarde. Uma desculpa tola. Talvez minha mãe temesse que ele e eu subíssemos juntos no trem no último minuto. A cama era sempre como uma prisão. Tínhamos de ir para a cama quando algo estava acontecendo e pensava, chorosa, eles nos negam tudo, até os desejos mais simples e banais eram negados, nunca se sabia por que eles nos negavam tais coisas.

Minha mãe vê meu pai como um homem frágil e sensível, eu, ao contrário, como uma pessoa com autoridade absoluta mas falsa, um tirano de brilho fulgurante, com quem, afinal, não se podia contar, uma vez que ele nunca mais voltou. Para mim, ele é contraditório: irascível e impenetrável, depois novamente leve e divertido, a última instância em todas as questões. Sua vontade de viver: todos que o conheceram falam disso. E sua capacidade de desfrutar o momento. Sua gargalhada sonora: ainda a ouço. Às vezes rolava de rir. Eu também rolo de rir às vezes, pouco feminino ou, no mínimo, não como uma senhora educada, é o que me dizem. Apenas como a filha de meu pai, penso então.

Se ao menos pudesse me apropriar da memória de minha mãe para completar a minha, imperfeita, e assim penetrar no próprio passado. Se ela fosse mais digna de crédito; mas ela molda o mundo à sua maneira, tanto quanto possível. E, contudo, faço-lhe perguntas a toda hora, pobre senhora idosa. Estes muros das memórias antigas, se eu pudesse ver o que lhe passa pela cabeça, se pudéssemos ao menos tocar aquilo que habita as lembranças do outro, sem os polimentos e os retoques que filtram a parte granulosa, arenosa da realidade vivida numa narrativa posterior. Sua imagem é uniforme, a minha, confusa. Ela o conheceu, eu muito mal, a ponto de ter se tornado um objeto imutável em minha mente, inundado por ondas de acontecimentos posteriores, como um móvel que apodrece aos poucos, mas que não pode ser tirado do lugar e muito menos descartado.

Recentemente, entretanto, ao telefone, mal conseguindo me entender devido à surdez progressiva, minha velha mãe disse-me inesperadamente que meu pai afirmara em várias ocasiões que não tinha cotovelos, não sabia defender-se, abrir caminho ou impor-se. Agucei os ouvidos, as palavras citadas soavam verdadeiras, um pedaço de realidade. Nada de cotovelos. Como pesquisamos tudo detalhadamente, sabemos agora com exatidão como se morria nas câmaras de gás. Na agonia final, os fortes pisoteavam os fracos e, assim, os cadáveres dos homens ficavam sempre em cima, os das crianças bem abaixo. Teria meu pai pisado em crianças pequenas como eu quando o ar lhe faltou? Mas ele não tinha cotovelos, e no primeiro dia de aula ficou lá atrás, apoiado na grade. Quem está em vias de sufocar, já atingiu os limites da liberdade e ainda pisoteia os outros? Ou há diferenças também aí? Exceções?

É importante saber como e quando as coisas acontecem a alguém, e não só o que aconteceu. Até mesmo a morte. Principalmente esta, principalmente as mortes; como existem tantas, é importante saber de que morte se morre.

6.

Por isso, durante anos, não, décadas, não quis nem pude acreditar que ele tenha realmente morrido sufocado pelo gás. Primeiro viajou da Áustria para a Itália. Aí cometeu o erro de fugir de um país fascista para um país democrático, para a França. E então os franceses o entregaram aos alemães. De Drancy, um campo de internamento, foi transportado em 1944 para Auschwitz e, provavelmente logo ao chegar, foi mandado para a câmara de gás. Consegui, porém, reprimir obstinadamente esta idéia e convencer-me de que ele poderia ter tentado o suicídio durante o transporte, e que de fato o teria cometido, pois era médico e certamente levava comprimidos consigo. Precisei de meia vida até que ficasse claro que esta fábula era apenas um produto ilusório de minha imaginação. Escrevi-lhe versos, em alemão e em inglês, uma espécie de exorcismo, ou antes, não só os escrevi, eu os compus mentalmente, versos fáceis de gravar, com os quais poderia vagar por aí com uma bagagem leve, deixando por assim dizer as estrofes derreterem-se na língua, ajeitando uma palavra aqui e ali. Acendia para ele *Jahrzeitlicht*, velas comemorativas para o aniversário de morte, um costume judaico. Um pouco de cera em um copo d'água destinado a esta finalidade, com um adesivo de papel e inscrição em hebraico, garantia de autenticidade, que se pode comprar na América em qualquer supermercado, em bairros onde moram judeus. Ficam acesas por 24 horas e podem durar ainda mais, uma oferta vantajosa, embora hipócrita para alguém que não cresceu em uma família religiosa. Tudo para não pensar, para desviar do assunto. Por exemplo, da Califórnia:

COM UMA VELA COMEMORATIVA PARA O PAI

Noite passada, revirando velhas fotos
encontrei uma de ti ainda jovem.

Tal qual te conheci, só um pouco mais rebelde,
Me olhavas alegre e gentil.
      Sopra o vento do Pacífico.

Esta manhã, ainda nem partira o pão
e cravava os olhos no copo d'água.
Quando pequena, te prometi algo
mas não consigo lembrar o quê.
      Nas escarpas da costa cresce um capim queimado.

Lembranças giram como lã na roca
até a castanheira e o bonde elétrico.
Minha mão de criança na tua, larga, fria,
mas o fio se parte em misteriosa ilusão.
      Sopra o vento do Pacífico.

Tudo escurece quando acaba um jogo
cuja prenda e cujas regras esqueci.
Sem ti, soluçando, tropeço sem rumo
por ruas cobertas de estilhaços.
      Nas escarpas da costa cresce um capim queimado.

Minha vela quer tocar tua pálpebra
ainda que teus olhos não a possam ver.
Guiar pais cegos, descalça, pelo mundo,
infelizmente só convém a filhas de reis.
      Sopra o vento do Pacífico.

Queria pedir-te brinquedos perdidos
que a ferrugem, com dentes rubros, roeu.
E corro atrás de ti com passinhos de menina
que o tempo mediu com botas de sete léguas.
      Nas escarpas da costa cresce um capim queimado.

Mas ris de mim e não te deixas perturbar.
Diz, como se ri sem lábios, língua, dentes?

> Minha vela quer conjurar-te outra vez.
> Pois senão, o que faria com teu riso?
> Sopra o vento do Pacífico.

Ao ler agora novamente estes versos, chego à conclusão de que a rima imperfeita e o refrão alternado são a melhor coisa. Em uma bela noite californiana, vagava em direção a um parque infantil e sentei-me num balanço. O ritmo de meus versos, principalmente aqueles das "escarpas da costa", vem da ampla oscilação do balanço em movimento. Agrada-me a técnica pouco desenvolvida, não a mensagem.

Na quinta estrofe, transformei-me em uma Antígona, mas, entenda-se, uma Antígona em Colona, cujo pai não morre, mas ascende em apoteose. Buscara um mito pai-filha, no qual o pai nunca encontra a morte. Isso estava ainda mais claro em outra versão, na qual a sexta estrofe tentava reproduzir a Colona de Sófocles:

> Encontraríamos tu e eu terra lavrada,
> vinha, hera e os campos úmidos?
> País de remos e ginetes de altos cavalos,
> e fúrias aplacadas sem ódio?
> Nas escarpas da costa cresce um capim queimado.

Eliminei essa estrofe, substituindo-a por outra em que aparece a imagem das botas de sete léguas de um mago ou de alguém capaz de sobrepujar o tempo. Assim é melhor, pois uma daquelas figuras com as botas de sete léguas é um pobre coitado. Mas a perspectiva da criança esconde um ardil. Pois ao conceder a mim ou a meu eu-lírico, como se costuma dizer, a visão limitada da ingenuidade infantil, consigo que "o fio se parta em misteriosa ilusão", justamente onde começa a incomodar.

Não penso que "não se deve escrever poemas depois de Auschwitz".[15] Penso apenas que poemas, além de seus ritmos oscilantes e rimas imperfeitas, contêm igualmente frases ricas de significado, e por detrás dessas frases esconde-se muitas vezes um outro sentido que, no meu

---

[15] Autora alude à famosa frase do filósofo alemão Theodor W. Adorno: "Escrever poemas depois de Auschwitz é bárbaro". (N. da T.)

caso, caracteriza-se por um medo imenso de enfrentar a verdade. O que não se revela aqui é a raiva surda que invariavelmente nos domina quando se tenta manter a objetividade ao falar sobre os guetos, os campos de concentração e de extermínio, com a clara percepção de que foram uma única e enorme infâmia, impossível de ser aplacada com um espírito normal de conciliação e tampouco com um culto aos mártires. É preciso ter sentido esta raiva para poder acalmar-se novamente e depois de senti-la não se escreverão mais versos como os acima, não haverá mais exorcismo das câmaras de gás, tampouco a evocação com velas e outros truques.

E, no entanto, não posso desprezar totalmente o *kadish* caseiro das filhas, caseiro no sentido literal, ou seja, não aprendido nem invocado em uma sinagoga. Mitologias urdidas, fantasias, enfim, melhor do que nada.

7.

A princípio, todos os austríacos ficavam juntos no primeiro ano escolar e cantávamos a canção de Dollfuss.[16] Para mim foi fácil decorar a letra, mas com a melodia não tinha jeito, e a classe caía em alegre e debochada gargalhada quando eu fazia a prova de canto, a tal ponto que a professora, compadecida, não me obrigou mais a cantar diante da classe, dando-me uma nota ruim sem que tivesse de atestar minha incapacidade.

Por causa da minha boa memória para versos e rimas, embora pouco seletiva e crítica, também nunca esqueci este texto fanático. Devo tê-lo aprendido no primeiro semestre escolar, um feito inusitado para crianças de seis anos, que bem caracteriza a essência da educação pública na Áustria de Schuschnigg. Eis aqui a primeira estrofe:

> Jovens, cerrem as fileiras,
> um morto é vosso guia.
> Pela Áustria derramou seu sangue,
> um verdadeiro alemão.

---

[16] E. Dollfuss, político de extrema direita, morto durante tentativa de tomada do poder pelos nazistas. (N. da T.)

A bala que sua vida tirou
do sono e da discórdia o povo despertou.
Nós os jovens estamos prontos
a marchar com Dollfuss para a nova era.

A canção teve vida curta. A Anexação foi em março e então já não se falava mais de Dollfuss, o herói, pois a celebrada bala que o matou fora disparada por um nazista, tendo assim um fascista liqüidado o outro.

Em casa, eram social-democratas e por isso sentiram-se pouco entusiasmados quando apareci cantando a canção de Dollfuss. A palavra "Floridsdorf" foi mencionada, a primeira de muitas alusões inquietantes que eu passaria a ouvir então. Isso não me deixou em paz. Finalmente, consegui que alguém, talvez a empregada, talvez minha mãe, esclarecesse em parte o enigma: "Foi em Floridsdorf que Dollfuss deu ordem para que se atirasse contra os trabalhadores". Uma explicação muito ou pouco esclarecedora, como a das crianças que supostamente saem dos ventres de suas mães ("mas como, Deus do céu, como?"). Floridsdorf ficava assustadoramente próxima e lá houve então um tiroteio provocado pelo governo? Não sabia muito bem o que fazer com o meu recém-nascido patriotismo.

Às vezes alguém contava coisas da guerra mundial que ainda não se chamava Primeira Guerra Mundial. Uma história de empregadas domésticas levava-me às lágrimas. Tratava-se de pão em tempos de fome: na hora de reparti-lo, as crianças sempre queriam o bico, aí sempre havia mais o que comer. Quando a narradora finalmente conseguiu o bico de um pão, guardou a preciosa prenda em um esconderijo. O leitor pode imaginar que o bico do pão foi roubado e a garota ficou de mãos vazias. Uma história enternecedora de um passado obscuro e remoto.

Meu primeiro cadáver foi o papagaio, ou melhor, a papagaia falante de vovô. Chamava-se Laura e eu a conhecia desde pequena. Laura não era, portanto, uma ave comum, e sim parte integrante da família desde tempos imemoriais, ou seja, antes da própria memória. Em minha presença, foi agarrada e estraçalhada por um fox-terrier de pêlo curto, de péssima linhagem e educação. Os adultos se puseram a gritar e a gesticular em vão, dando ordens ao cão para que soltasse o papagaio. O cachorro não demonstrava a menor intenção de obedecer, ao contrário, meteu-se sob o sofá, sem soltar a presa que não parava de piar, até que só restaram pedaços sangrentos. Eu estava parada à porta e chorava sem parar.

E agora o país se chamava Ostmark e o diretor veio pessoalmente até a classe e explicou a saudação nazista. Ensinou-nos como fazê-la e a classe o imitou, exceto as crianças judias, que deveriam sentar-se no fundo da classe a partir de então, desobrigadas de fazer a saudação. Ele foi amável, a professora estava encabulada, tanto que eu, com otimismo indestrutível, não estava certa se a exclusão significava honra ou menosprezo. Afinal, os adultos sabiam que nosso país fora invadido. Não podiam ser todos nazistas.

Na aula de trabalhos manuais, minhas coleguinhas aprendiam agora a fazer suásticas recortando e colando papel colorido; nós, quatro ou seis meninas judias, podíamos colar o que quiséssemos, o que no fundo era agradável, se não fosse também desagradável. De vez em quando as meninas arianas aproximavam-se e deixavam que admirássemos seu lindo trabalho de colagem. Podíamos criticar e comparar. Era óbvio que isso não poderia continuar assim, e as autoridades logo perceberiam. As crianças judias foram expulsas das escolas públicas e encaminhadas à sua própria escola.

Sempre fui muito sensível às tradições de nossa terra: a ninfa do Danúbio e o monstruoso basilisco vienense, o cerco dos turcos e nossos pãezinhos do café-da-manhã, cozidos em forma de meia lua para humilhar os inimigos, o barroco chamejante da coluna da peste e a história do querido Augustin que, embriagado, caiu com sua gaita de foles na fossa dos infectados pela peste, dormiu entre cadáveres e saiu ileso. Aquele que emergiu da vala comum, não infectado, indestrutível, desprezível e gentil. (Mas aqui estou indo longe demais, estas já são reflexões de uma fase posterior da minha vida.) Logo que os alemães forem embora, pensei por muito tempo, isto tudo será novamente meu passado, minhas lendas, e a cidade será um lugar do qual também faço parte. Nesse meio tempo, era imprescindível impedir que nos roubassem a fé nos pinheiros verdes e nas espigas douradas, a fé em um país que se chamava Áustria e não Ostmark, com o qual os alemães nada tinham a ver. Compus a esse respeito alguns versos patrióticos, mostrei-os à minha mãe e senti pela primeira vez a humilhação de uma crítica arrasadora. Em lágrimas, eu assumia a causa pela outra Áustria, a verdadeira, ela existe sim, vocês vivem dizendo isso, é sobre esta Áustria que escrevo. Em vão. Minha mãe não queria saber do meu patriotismo.

E então, quando minha fé na Áustria, ainda pouco firme, começou a balançar, tornei-me judia como forma de resistência. Antes de completar sete anos, portanto já nos primeiros meses após a Anexação, aboli o nome pelo qual era chamada até então. Antes de Hitler, eu era Susi para todos, depois insisti em adotar o outro nome, que também era meu, por que o tinha então se não podia usá-lo? Queria um nome judeu, adequado às circunstâncias. Ninguém me dissera que Susanne aparece na Bíblia tanto quanto Ruth. Pois quem era versado em Bíblia na nossa família? Corrigia os adultos com a maior teimosia quando me chamavam pelo antigo nome, e eis que acabaram cedendo, sorrindo, com irritação ou admiração. Foi a primeira vez que consegui me impor por pura obstinação e assim conquistei à força o nome certo, sem saber quão certo seria esse nome que significa "amiga", o nome da mulher que emigrou por considerar a amizade mais valiosa que a família. Pois Ruth emigrou, não por causa da fé e sim por causa de sua sogra, Noemi, não queria que esta partisse sozinha. Foi fiel a uma pessoa e esta pessoa não era o marido ou o homem amado; foi, ao contrário, uma fidelidade livremente eleita, de mulher para mulher, deixando de lado o próprio povo. (Esta leitura do Livro de Ruth não será aceita por nenhum especialista em teologia e muito menos por um do sexo masculino. Em troca, ofereço-lhes o Livro de Ester e dos Macabeus. Não preciso deles, estas fábulas da vitória pelo sexo e pela violência, essas eles podem interpretar da maneira mais nacionalista e chauvinista que preferirem.)

Apenas minha velha avó chamou-me de Susi até o fim. Morreu em Theresienstadt; nenhum de seus nove filhos a acompanhava, apenas sua nora, minha mãe, antes tão mimada, mas agora comovente naquela situação com seu verdadeiro carinho filial. Os outros, que tinham emigrado, acreditavam que ninguém faria mal a uma senhora idosa. Ou a uma criança como sua neta mais jovem, Susi.

Éramos judeus emancipados, mas não assimilados. A diferença pode parecer sutil, mas era importante para nós. No Dia do Perdão, os adultos não comiam nem bebiam coisa alguma de pôr-do-sol a pôr-do-sol, e assim ser adulto significava, entre outras coisas, poder jejuar. Quando tiver treze anos, também vou poder jejuar. Dez dias antes do Yom Kippur, o Dia do Perdão, era Rosh Hashanah, o Ano Novo judaico, quando se celebrava a criação do mundo, motivo suficiente para abrir uma exceção e ir à sinagoga. Sentava-me lá em cima junto com as mulheres, ouvia os homens orarem lá embaixo em uma língua que não compreendia e ficava terrivelmente aborrecida. Em casa, comíamos carne de porco e presunto, mas, por favor, mostre respeito pelos muitos judeus, inclusive os da nossa família, que não comem estas coisas, e faça o favor de não comer *matze* com presunto diante de pessoas que podem tomar isso como ofensa. Esta advertência de meu pai (ou de meu avô materno?) era entendida como piada pedagógica e aceita com o devido humor. *Matze*, o pão ázimo de Pessach, a Páscoa judaica, era uma coisa boa uma vez por ano, mas ao contrário do que ocorria entre judeus religiosos, em casa comia-se também pão comum durante a semana de Pessach. De resto, tinha-se a opinião de que as leis do *kashrut*[17] eram uma bobagem hoje em dia, destinadas a pessoas que viveram em outros tempos e lugares em que era perigoso comer carne de porco. Prescrições higiênicas. Moisés como homem esclarecido. E nós, desde sempre, o povo esclarecido.

Assim, eu tomava consciência de meu judaísmo. Mas o que significava ser judeu? Eu fora matriculada na escola como pertencente à "confissão mosaica". A palavra era desconhecida para mim. Havia um mosaico entre meus brinquedos. Mas não, aquele mosaico nada tem a ver com este, este vem de Moisés, nosso legislador, o esclarecido. Não admira que eu não conhecesse a palavra. Era um eufemismo, como se a palavra "judeu" tivesse sido desvalorizada pela sanha anti-semita. Na aula de religião mosaica, um simpático velhinho narrava histórias bíblicas, às vezes mandava-nos representá-las, cada um em um papel diferente. As crianças cristãs, a quem eu perguntava sobre seu professor de religião, se mostravam menos satisfeitas. Havia muita coisa para decorar. Isto não me parecia tão ruim, mas que Deus tivesse tido um filho parecia improvável: pessoas têm filhos, Deus não é uma pessoa.

Em fins de 1938, ainda devíamos ter a empregada doméstica que, logo depois, já não pôde mais trabalhar conosco, pois me deu de presente uma guloseima de sua pequena árvore de Natal. Quando eu soube de onde vinha o doce, cuspi-o, nada que fosse cristão deveria tocar meus lá-

---

[17] Prescrições religiosas relativas à alimentação. (N. da T.)

bios judeus. Percebi então que tinha ofendido a moça e fiquei assustada. Eu tinha estabelecido um limite com meu gesto e percebi que atos simbólicos são como moinhos que, ao sabor do vento, podem apontar para todas as direções. Senti-me confusa com minha própria atitude, quase lhe pedi outro doce como forma de reconciliação, pois o primeiro já se fora, jogado na privada. Contudo, não tive tanta força de vontade. Só me restou o mal-estar pela recém-descoberta ambivalência em assuntos morais.

8.

Devo confessar que sou, de fato, uma péssima judia. Não consigo me lembrar de nenhuma festa religiosa na qual tivesse me sentido à vontade. Penso, principalmente, no *seder*, nas ceias da Páscoa judaica, em Viena. Esta refeição ritual, carregada de significados poéticos e simbólicos, estava em consonância com os tempos, pois celebra a salvação do povo através da fuga e da emigração. Pessach é na verdade a festa mais criativa que se pode imaginar, uma grande encenação de história, lendas e canções, folclore e ceias familiares e, mesmo em ambientes mais modestos, possui um aspecto de pompa e teatro do mundo. Mas, infelizmente, é uma festa para homens e meninos, não para mulheres.

Nem mesmo uma menina pequena e inexperiente poderia deixar de notar a distribuição específica dos papéis segundo o sexo naquela noite, pois as tias passavam o dia inteiro sufocadas na cozinha, preparando os pratos — o que deveriam fazer nesta ocasião sem a ajuda cristã das empregadas —, especialidades que serviam de pano de fundo para que o tio mais velho discorresse solenemente sobre a fuga do Egito. Neste dia, as tias nem sempre estavam bem-humoradas ou mesmo abertas ao diálogo. Em uma noite de *seder*, a irmã de minha mãe chorava, inclinada para a frente, os braços sobre a mesa, a cabeça sobre os braços. E por quê? Era supersticiosa e achava uma desgraça haver treze pessoas à mesa. Meu irmão se dirigiu a ela, visivelmente perturbado: "Mas tia, é preciso ficar recostado na cadeira nesta noite" (assim reza a tradição). Meu pai, visivelmente contrariado, pega o chapéu e abandona a mesa e a casa, assim somos doze agora e a cunhada pode parar de chorar. Quem sabe, talvez tivesse em mente livrar-se dele com sua atitude. Consternação geral dos restantes.

Em uma outra comemoração do *seder*, houve uma briga entre mim e um primo um pouco mais velho. Eu tinha a certeza de que, agora que sabia ler, eu poderia fazer a pergunta essencial da noite, que cabia à criança mais nova: "Por que esta noite é especial e diferente de todas as outras noites?". Eu também sabia dizer esta frase importante em hebraico, o *maneshtane*.

Mas a criança mais nova não é a menina mais nova, e meu primo gostou de fazer valer suas prerrogativas masculinas. Começamos a brigar, cada um defendendo sua posição. "Deixe a menina", disse finalmente um dos adultos, irritado, "tudo bem se ela quer dizer o *maneshtane*. Você já é um menino crescido. Que vergonha". O texto sagrado de Pessach, a Hagadah, o livro de orações para o *seder*, veio voando por cima da mesa em minha direção, arremessado furiosamente pelo primo. A disputa foi decidida a meu favor, mas o prazer se esvaíra, e houve alívio geral quando chegou ao fim o breve jogo de pergunta e resposta, a parte do ritual que fora o motivo da discussão.

Não muito depois, em Nova York, Friedrich Torberg, tomando a Hagadah ao contrário, escreveu um poema solene para o Pessach em tempos sombrios, suplicando ao Senhor que o poupasse da pergunta:

> Pois eu não teria resposta.
> Senhor, não sei por que para teus servos
> há de ser diferente de todas as outras
> a noite de hoje. Por quê?

Agrada-me esta estrofe porque soa como um "não" diante do altar de núpcias. Ouve-se a rebeldia diante de Deus quando se responde "não sei" à pergunta "por que a noite em que celebramos a libertação da escravidão no Egito é especial e diferente de todas as outras noites?". Na ocasião, disputei com meu primo pelo privilégio de fazer a pergunta. Hoje, prezo sua desconstrução, porque aquele pouco da crença judaica que me foi transmitido esfacelou-se antes que estivesse consolidado. Isso teria acontecido também sem os nazistas. Com os nazistas, foi a decepção de ter agarrado, durante um naufrágio, uma tábua de salvação já apodrecida.

9.

Deve ter sido em 1940, eu tinha oito ou nove anos, no cinema da esquina exibiam *Branca de Neve*. O famoso filme de Walt Disney é exibido ainda hoje em ocasiões especiais nos grandes cinemas da América, e quando está no programa é uma festa para pequenos e grandes fãs de Disney. Desde meu primeiro filme de Mickey Mouse, que me proporcionou o máximo prazer quando o assisti acompanhada da babá, numa sessão vespertina, ainda antes da Anexação, sempre gostei de ir ao cinema e por isso quis a todo custo assistir a este filme, mas sendo judia, infelizmente não podia freqüentar o cinema. Conseqüentemente, passei a queixar-me e a praguejar até que minha mãe sugeriu que eu fosse até lá e pronto.

Era domingo, os vizinhos nos conheciam, ir àquele cinema era um desafio. Minha mãe estava convencida de que ninguém se importaria se uma criança a mais ou a menos estivesse sentada na platéia, e deu-me a entender que, por um lado, eu me dava importância demais e, por outro, estava sendo vergonhosamente covarde. Isso eu não podia aceitar, pus-me a caminho, comprei a entrada mais cara, de camarote, para não chamar a atenção, e fui parar justamente ao lado da filha do padeiro vizinho, de dezenove anos, e de seus irmãos menores, uma família de nazistas entusiastas.

Agüentei a sessão a duras penas, suando de medo, e nunca antes ou depois assimilei tão pouco o que se passava na tela. Parecia que eu estava sobre brasas, preocupada se a filha do padeiro realmente olhava furiosa para mim de soslaio ou se era tudo minha imaginação. As infâmias da madrasta da Branca de Neve diluíam-se na tela transformando-se em uma massa informe de falsas maldades, enquanto eu, e não uma princesa, estava encurralada, presa a uma verdadeira e pegajosa teia de aranha.

Por que razão não me levantei e fui embora? Talvez para não ter que dar satisfações à minha mãe ou porque supunha que, ao levantar-me e sair, pudesse chamar a atenção, ou talvez porque não se sai do cinema antes do fim da sessão, ou ainda mais provável, porque o medo me impedia de pensar direito. Nem ao menos sei por que não saímos a tempo de Viena, e talvez houvesse um parentesco entre esta questão e meu problema no cinema.

Quando as luzes se acenderam, eu quis deixar os outros saírem na frente, mas minha inimiga ficou parada, à espera. Seus irmãos já estavam impacientes, a mais velha disse "Não, fiquem aí", e dirigiu-me um olhar severo. A armadilha, como eu temia, tinha se fechado. Foi um verdadeiro terror. A filha do padeiro ainda calçou suas luvas, plantou-se finalmente diante de mim e teve início a tormenta.

Falou com determinação e superioridade, com plena consciência de sua origem ariana, como convinha a alguém que fazia parte do Bund Deutscher Mädchen,[18] e em seu mais escorreito alemão: "Você não sabe que gente de sua laia não tem nada que fazer por aqui? Por lei, os judeus estão proibidos de entrar no cinema. Está escrito lá fora, na entrada, perto da bilheteria. Você não viu?". O que mais me restava senão responder afirmativamente à pergunta retórica?

A história da Branca de Neve pode se reduzir à pergunta sobre quem deve ou não estar no castelo real. A filha do padeiro e eu estávamos seguindo o roteiro prescrito no filme. Ela, em sua própria casa, o espelho de sua pureza racial diante dos olhos, e eu, no mesmo lugar, porém sem permissão e, naquele momento, expulsa, humilhada e renegada. Havia entrado furtivamente naquele território sob falso pretexto, confirmando o versinho nazista: "O judeu tem esse costume/ Que certa vantagem lhe traz/ Quando pela frente o expulsam/ Entra de novo por trás". Mesmo que considerasse injusta a lei que infringira, estava envergonhada por ter sido pega em flagrante. Pois a vergonha nasce do fato de ser flagrado em uma ação proibida e, às vezes, não tem nada a ver com consciência pesada. Se não tivesse sido pega, teria me orgulhado de meu ato temerário. Assim, porém, deu-se o contrário: ao mirar-se no reflexo de olhos mal-intencionados, não se pode escapar do que se vê, pois essa imagem distorcida retorna aos próprios olhos a ponto de se acreditar nela, passando a enxergar a própria deformação. W. B. Yeats, o maior poeta lírico da Irlanda, escreveu isso em versos, e se eu não tivesse esperado dez anos para aprender de memória seus versos sobre o *mirror of malicious eyes* (o espelho de olhos mal-intencionados), talvez tivesse me sentido bem melhor naquela ocasião.[19]

---

[18] A liga das moças alemãs, ramo feminino da organização juvenil do partido nacional-socialista. (N. da T.)

[19] A autora se refere aqui ao poema "Dialogue of Self and Soul", de W. B. Yeats (1865-

Tudo terminou mais rápido do que se esperava, mas ainda assim para mim demorou muito. A defensora de determinações legais incontestáveis nada mais tinha a dizer: se eu me atrevesse mais uma única vez a aparecer por ali, ela me denunciaria, sorte minha que ela não o fizesse naquela mesma hora. Fiquei parada, de olhos arregalados, engolindo minhas lágrimas com algum sucesso. A lanterninha do cinema, que tudo ouvira, pois éramos as últimas pessoas no recinto, ajudou-me depois a vestir o casaco, colocou-me na mão a carteira que eu teria esquecido na poltrona, pronunciando algumas palavras tranqüilizadoras. Acenei afirmativamente com a cabeça, incapaz de dizer qualquer coisa, grata pelo conselho, uma espécie de esmola.

Lá fora ainda era dia claro, andei um pouco pelas ruas, aturdida. Naquela tarde, percebi na minha pessoa, no meio que freqüentava e de maneira muito imediata em que pé estavam as coisas entre nós e os nazistas. Se o meu medo não se justificava inteiramente neste caso, isto não mudava em nada o fato de que agora eu sabia. Tivera a sensação de correr um perigo mortal, e esta sensação não me abandonou mais até que se confirmasse como verdadeira. Sem precisar refletir muito a respeito, a partir de então eu levava vantagem sobre os adultos.

Cheguei em casa em lágrimas e furiosa, indignada com minha mãe e desta vez, excepcionalmente, encontrei apoio em tia Rosa. Minha mãe deu de ombros. "Mas quem pode ter uma idéia dessas? Perturbar uma criança durante um filme infantil!" E para mim: "Não ligue para essa idiota. Há coisas piores no mundo". Mas era justamente esse o caso. Isso já não era ruim o bastante? Por pouco não tinham me denunciado. Onde começavam as piores coisas? Como deveria saber o que era sério e o que não era? Para minha mãe era fácil falar, ela certamente sabia onde se afoga e onde se fica com água até o pescoço. Mas eu ainda não sabia dessas coisas e queria que o mundo me fosse explicado. O que era o pior, seria outra coisa que não a morte? Ninguém informava. Por que não levavam

---

1939), vertido para o português por Paulo Vizioli com o título de "Diálogo do ego e da alma". O trecho em questão segue: "Pelo céu! Como obter o que procura,/ Fugindo à vil e tétrica figura/ Que o espelho de olhos mal-intencionados/ A seus olhos arroja até que em breve/ Percebe em tal figura a sua figura?" (*W. B. Yeats: poemas*, São Paulo, Companhia das Letras, 1992). (N. da T.)

minhas experiências a sério? Por que não esclareciam as coisas? O fato de que os adultos ao meu redor não sabiam que atitude tomar e que eu aprendia mais depressa do que eles era algo que eu ainda não compreendia ou estava apenas começando a compreender. Tinha a impressão de que, da parte de minha mãe, só poderia esperar maus conselhos. A impressão estava errada. Assim como todo mundo, minha mãe dá alternadamente conselhos bons e maus. Por vezes, há por detrás deles mania de perseguição, em outras, sensatez e informação exata, às vezes benevolência, outras inveja, na maioria das vezes, porém, percebe-se um instinto indiferenciado, uma mistura confusa de experiências de vida das mais diversas, um caldo turvo, ainda fervente de idéias e sentimentos. Minha falta de confiança nela, que começou com esta frustrada ida ao cinema, quase me custou a vida dois ou três anos mais tarde, numa vez em que ela estava com a razão.

10.

A memória volta no tempo. A maioria daqueles que usaram a estrela-de-davi imagina tê-lo feito muito mais cedo. Também fico em dúvida, preciso verificar. Isto se deve ao fato de que discriminação dos judeus já estava em pleno curso antes de setembro de 1941. Quanto a mim, não posso dizer que usava a estrela-de-davi a contragosto. Sob aquelas circunstâncias, parecia adequado. Já que tinha de ser assim, que fosse.

Nós mesmos tínhamos que comprá-las, na comunidade religiosa judaica que, naturalmente, não podia manter o dinheiro, apenas se encarregava de vendê-las em nome do Reich. Os nazistas cobravam por qualquer coisa, e este cinismo comercial está estreitamente ligado aos defeitos que eles próprios atribuíam aos judeus. Onde quer que se pudesse tirar algum proveito ilícito, por mais mesquinho que fosse, como os dez centavos por estrela-de-davi, os nazistas o embolsavam.

Minha mãe calculou que dez estrelas seriam suficientes, voltou com elas para casa e as costurou, diante de meus olhos curiosos, em peças de roupa que usávamos na rua, casacos, agasalhos. Rapidamente alinhavou os remendos amarelos com a expressão depreciativa que eu admirava e queria imitar quando era dirigida a nossos inimigos, e que me levava ao desespero quando se referia a meus amigos ou às coisas que eu achava bonitas, como os versos brancos de Schiller.

Não se tinha certeza de como a população reagiria à nova determinação e, por isso, no primeiro dia, saímos juntas de casa. Por toda parte encontramos pessoas que também usavam a estrela. Uma nova imagem da cidade. Uma judia murmurou a minha mãe ao passar rapidamente por nós: "Combina com sua blusa". Achei corajoso da parte dela e também espirituoso, minha mãe achou menos graça.

Certa vez, quando já usávamos a estrela mas ainda podíamos utilizar o transporte público, embora só de pé, alguém no bonde pegou na minha mão quando atravessávamos um túnel. Meu primeiro pensamento foi: um homem a fim de me molestar; meu segundo pensamento: um batedor de carteiras. Agarrei então minha bolsa com força. Mas não, este homem colocou algo em minha mão, um presente. Evidentemente queria desta maneira demonstrar sua compaixão por mim, a menina com a estrela-de-davi. Compreendi imediatamente. Presentear judeus era proibido, por isso o fizera dentro do túnel. Apenas recentemente vira no jornal uma série ilustrada ao estilo de Wilhelm Busch,[20] sobre uma mulher que era amiga de judeus e, assim sendo, inimiga do povo.

> Para Rebekka Rosenstengel,
> com quem tantas dívidas possui,
> Frau Knöterich, este "anjo",
> traz balinhas e bombons.

Como disse, nunca pude deixar de decorar versos. O presente era uma laranja. Quando o bonde saiu do túnel, já a pusera no bolso e olhei cheia de gratidão para o estranho, e ele, satisfeito, devolveu o olhar. Entretanto, meus sentimentos estavam divididos, como no caso do doce da árvore de Natal, e não me agradava esse papel. Queria ver-me como opositora e não como vítima, e assim não queria consolo. Pequenas manifestações secretas como esta de nada adiantavam, não eram proporcionais ao que realmente estava acontecendo, nem mesmo me ajudavam a

---

[20] Wilhelm Busch (1832-1908), conhecido autor e ilustrador de histórias infantis, como *Juca e Chico*, entre outras. (N. da T.)

suportar o crescente empobrecimento e a limitação de minha vida. Era um gesto sentimental no qual o benfeitor se espelhava em suas boas intenções, para mim ainda mais inúteis que as palavras consoladoras da lanterninha no filme da Branca de Neve. Porém, eu teria provocado algum constrangimento e grandes dificuldades se tivesse recusado sua esmola em pleno bonde superlotado e a tivesse devolvido, talvez com as palavras: "Você está facilitando as coisas para você. Não ligo para sua laranja". Uma reação impensável.

E assim expliquei o ocorrido a minha mãe quando cheguei em casa com o presente inoportuno e sua história. Ela, contudo, foi mais radical do que eu: "O que lhe deu na cabeça para receber presentes de estranhos no bonde? Não somos mendigos. Não lhe damos bastante o que comer?". Mas aquilo era um dilema, não? Um daqueles que não podia conversar com ela. Encontrei somente aquele olhar conhecido, duro, sem nada enxergar a não ser o vazio, que significava que ela encontrara uma válvula de escape para seu temor e sua raiva acumulados. Fiquei perplexa diante desse impasse moral em que tudo sempre estaria errado, não importa o que se fizesse. Deveria ter posto em risco justamente a vida desse homem cheio de boas intenções? Por outro lado: não tinha então apreciado a aventura provocada pela pequena conspiração entre mim e um estranho, na qual representara com alguma convicção o papel que me fora destinado, o da menina judia cheia de gratidão?

11.

Permitiam que eu lesse, pois assim não incomodava ninguém. Às vezes, viam nisso um sinal de inteligência, às vezes, um mau costume. Certa vez, arranjei uma Bíblia para ler a história de Ruth. Tinha chegado na passagem em que minha homônima descobre os pés de Boaz, e bem que eu teria gostado de pedir a meu tio-avô, que casualmente se encontrava ali no momento, que interpretasse aquilo para mim. Ao invés disso, tomou-me o livro das mãos, ralhando comigo. Defendi-me: não fora minha intenção ler algo proibido. A Bíblia não era uma leitura de entretenimento, segundo meu tio. Um livro sagrado. Mas eu só queria me informar, e não com falta de respeito. Se eu fosse um menino, ele teria me tratado de maneira diferente, eu sabia disso. Os meninos precisam estudar muito para sua confirmação, o *bar mitzvah*, e todos ficam felizes e satisfeitos quando eles se ocupam com a leitura da Bíblia por vontade própria. Para as meninas, isto não era necessário, elas só liam para matar o tempo. Meu pai não teria me tirado a Bíblia das mãos, ele me dera as lendas judaicas de presente; mas ele não estava mais conosco. Senti-me injustiçada e ofendida.

Essa atitude era típica da maneira como lidavam com minha mania de ler. Por isso mesmo eu nem procurava por livros proibidos, pois odiava se tivesse de interromper no meio a leitura de um livro. E como era isso que acontecia com os romances modernos, chegara à conclusão de que livros de capas coloridas eram para adultos e os de encadernação uniforme, ou seja, os clássicos, eram para crianças. Havia clássicos por toda parte, e ninguém se incomodava com aquilo que eu buscava nestes acessórios obrigatórios de todo cenário burguês. Contentavam-se em chamar a atenção para o fato de que Goethe era mais difícil do que Schiller e que, portanto, eu deveria ater-me a este. Foi o que fiz e li com paciência e grande proveito, familiarizando-me com uma linguagem que, por detrás de todo o *pathos*, me fez descobrir a razão e a lógica de uma das cabeças mais lúcidas do Classicismo alemão.

Na verdade, havia uma espécie de material de leitura proibido que eu achava irresistível, a literatura nazista. De um lado, era difícil para mim ter acesso a ela, de outro, era igualmente difícil escapar à propaganda estatal. As páginas do *Stürmer*,[21] exibidas nos murais das esquinas, cada uma delas uma amostra desse periódico de pornografia política, exerciam sobre mim desde o início a fascinação das histórias difamatórias. O que será que inventaram agora? A simplicidade de funerais judeu-ortodoxos (normalmente apenas uma mortalha ao invés de um caixão, para que o corpo possa retornar à terra) foi apresentada em um dos números do jornal como exemplo da sovinice dos judeus e sua falta de higiene. Os Dez Mandamentos seriam tão óbvios que somente um povo corrupto precisaria deles por escrito. Que germano precisaria de confirmação por escrito de que não se deve matar, roubar ou cometer adultério? Os rostos dos profanadores da raça ariana, reproduzidos pelo

---

[21] *Der Stürmer*, jornal nazista, com propaganda anti-semita. (N. da T.)

jornal, eram extraordinariamente parecidos com os de meus tios, e eu tentava me identificar com o olhar que via neles pessoas verdadeiramente repugnantes.

Além do mais, curei-me do susto provocado pela ida à sessão de *Branca de Neve* indo mais tarde, de vez em quando, ilegalmente o cinema, sem a estrela-de-davi e sem contar a minha mãe. Onde não me conheciam, como nos cinemas do centro da cidade, parecia estar relativamente fora de perigo e isto me proporcionava uma dupla satisfação. Pois não escolhia os filmes de entretenimento, mas sim os filmes de propaganda e, desta maneira, desafiava não só o governo mas também minha família, que jamais me permitira ouvir um único discurso de Hitler no rádio, contrariando minha opinião de que era preciso saber o que estava acontecendo. "Isto se fica sabendo de qualquer jeito", era a resposta incontestável.

Por meio desses filmes fui conhecendo a ideologia dominante que, afinal de contas, me afetava diretamente, e eu não podia simplesmente deixar de lado com indiferença. O maior prazer destas idas ao cinema consistia na crítica que era preciso fazer, na resistência contra a tentação de identificar-se e auto-afirmar-se. Assisti a *Jud Süss* [Judeu Süss], um filme com belos trajes e judeus feios, a *"... reitet für Deutschland"* [... a cavalo pela causa da Alemanha], um filme com belos cavalos e cavaleiros destemidos — homens nobres e animais nobres a serviço da pátria. E assisti a dois filmes sobre a presença alemã na África. Um deles chamava-se *Ohm Krüger* [Tio Krüger] e tratava da guerra dos bôeres. Os bôeres, ou seja, os sul-africanos que falavam africâner, estavam possuídos pelo espírito alemão, ao contrário de seus inimigos, os ingleses, aquelas almas mercenárias. O outro filme, e para mim o mais impressionante, era uma glorificação bem premeditada das pretensões colonialistas alemãs, através do exemplo da colônia alemã na África oriental. O representante do poderio alemão chamava-se Peters e numa das cenas centrais aparecia vestido com traje tropical branco, chicote na mão, diante de negros encolhidos, seminus. É preciso considerar que isso aconteceu muitos anos antes de atos de violência filmados realisticamente se tornarem corriqueiros no cinema. Uma cena destas, com suas imagens brutais, provocavam inquietude e fascinação, vibrando na sala e nos membros da juventude hitlerista sentados na platéia, com suas calças curtas e seus punhais (ou facas de escoteiro), assim como na menina judia, mas *esta*, por certo, com sentimentos contrários. Isto é, sentia-me pessoalmente ameaçada pelo chicote, pelas botas e pelo confronto racista preto-branco sobre a tela em preto-e-branco. Esta imagem da memória eu a estendo aqui como um pano de fundo à estrutura de poder experimentada mais tarde, personificada por homens de verdade com botas e chicote, para dar um contexto àquela sensação viva de inquietude, pois a cena do filme estava carregada de sentido, a realidade, lenta e pesada, era bem mais caótica.

Lia tudo o que me caía nas mãos. Ninguém falava comigo a respeito de livros. Durante meses não via outras crianças e os adultos não tinham paciência para conversar comigo. Certo dia, no jardim do hospital judeu onde minha mãe trabalhava, sentei-me ao lado de uma paciente que subitamente me perguntou a respeito de minhas leituras. Contente por seu interesse, mostrei-lhe a peça de Grillparzer[22] que trazia comigo. Ela me contou que nos palcos modernos não havia mais textos em versos, falava-se somente em prosa, e explicou-me com palavras simples os princípios básicos do Realismo. Fiquei encantada com esta breve palestra porque nunca tinha ouvido alguém falar sobre literatura. Por um lado, não queria que criticassem o verso branco, por outro, foi excitante saber que tais questões podiam ser discutidas. Quem escreve tais peças? Gerhard Hauptmann,[23] por exemplo. Pensei em onde poderia arranjar algo escrito por ele. Pois os livros que me davam para ler eram como roupas usadas, não havia nada de novo entre eles. Os últimos livros que li em Viena foram uma biografia do imperador Augusto e um romance sobre Aníbal, que apenas fazia jus à necessidade dos meninos de venerar figuras heróicas. Nada que tivesse a ver comigo, pura literatura de escapismo.

12.

Logo se vê que estas memórias praticamente não tratam dos nazistas, sobre quem tenho pouco a dizer, mas sim, ao contrário, das pessoas difíceis, neuróticas, que eles encontravam em seu caminho, famílias que,

---

[22] Franz Grillparzer (1791-1872), poeta e dramaturgo austríaco. (N. da T.)

[23] Gerhard Hauptmann (1862-1946), dramaturgo e romancista alemão. (N. da T.)

como seus vizinhos cristãos, não tinham levado uma vida ideal. Quando conto às pessoas que minha mãe sentira ciúmes de meu pai quando ele esteve na França, e que ambos haviam discutido muito em seu último ano de convivência; que minha mãe e sua irmã tinham literalmente arrancado os cabelos uma da outra na minha frente, a ponto de minha tia-avó se interpor em súplicas entre suas sobrinhas; e que sou capaz de acusar minha mãe e comprovar, sem pestanejar, as pequenas e mesquinhas maldades que praticara, essas pessoas arregalam os olhos e dizem que, sob as circunstâncias em que nós vivemos nos tempos de Hitler, os perseguidos deveriam ter-se unido mais uns aos outros, sobretudo os jovens deveriam ter agido assim (dizem os mais velhos). Isto é uma bobagem sentimental baseada na idéia absurda de que o sofrimento purifica. Em seu íntimo cada um sabe, por experiência própria, como é a realidade: onde há mais fardo a suportar, a paciência em relação ao outro, cada vez mais precária, fica por um fio e os laços familiares tornam-se mais quebradiços. Durante um terremoto, como se sabe, quebra-se mais porcelana do que o normal.

Muitas vezes admiro a espontânea intimidade que reina na família de meus amigos mais jovens e sinto um pouco de inveja. Não me tornei uma mãe carinhosa, provavelmente porque me repugnavam os carinhos insistentes e inoportunos de minha própria mãe, que os alternava com castigos e repreensões inesperados e injustos. O afeto de meus primeiros anos de vida não era dirigido a ela e sim a uma babá, que eu chamava de Anja e amava muito. Era jovem e divertida e nunca envergonhava quem quer que fosse. Vejo-a clara sobre um fundo escuro, como por exemplo quando vestia as meias e eu a observava curiosa, desejando que um dia também viesse a ter pernas longas e finas como minha Anja; com seu namorado, Egon, no parque, com suas reações espontâneas a qualquer coisa tola ou inteligente que eu dissesse, aberta, sem rodeios. Decerto fizemos passeios juntas, talvez em Baden, perto de Viena. Ela faz o sinal-da-cruz diante da figura de um santo mártir em uma encruzilhada. Estou ao seu lado, admirada: Anja faz algo insólito. E mais uma lembrança, desta vez associada a ciclâmens, como se chamam entre nós as violetas dos Alpes, de intenso perfume.

Devo novamente dizer que isso é tudo. Sendo ariana, não podia mais ficar conosco. Uma vez ainda veio nos visitar. Uma alegria, pulei em seu colo como um cãozinho. Minha Anja. Minha mãe ficou encabulada ou enciumada com esta demonstração explícita de amor que Anja aceitou com naturalidade. Não sei que fim levou; terá sido levada pela onda da "edificação nacional"? Provavelmente. Não posso procurá-la, pois não sei seu nome verdadeiro. Também não há pessoa alguma a quem eu pudesse perguntar, pois, para minha mãe, esta "Anja" era uma empregada como qualquer outra. Assim, também ela, a verdadeira e descomplicada mãe do início de minha vida, faz parte das minhas perdas irreparáveis.

Durante os primeiros anos, só conheci minha mãe a distância. Ela podia ser facilmente perturbada em seu sono vespertino e fazia questão de me vestir com roupas desconfortáveis, roupas de baixo de lã, ásperas, pois eram quentes, vestidinhos que não se podia sujar ou amassar, pois eram bonitos. E botas altas, pretas, de amarrar, que apertavam e faziam os pés transpirar. Ela mesma não usava tais roupas ou calçados, nada que lhe tolhesse os movimentos, nada comparável àquelas roupas infantis escolhidas sem amor e consideração. Caso eu sujasse o rosto, dava uma cusparada em um lenço e esfregava a mancha até que desaparecesse. Isso era repugnante, causava-me asco, eu me revoltava e resistia. Existem lembranças muito antigas que antecipam todas as tensões posteriores entre ela e eu. Antes de completar seis anos, por pura raiva, cortei sua bolsa com a tesoura, coisa que não devia tocar; o motivo sumiu há muito, desapareceu, contudo, ficou muito vívida na memória a sensação de ofensa, indignação, misturada ao remorso antecipado. Destruo a bolsa sentada diante da penteadeira e olho no espelho enquanto o faço. Queria vingar-me por alguma coisa e, consumada a vingança, veio imediatamente o arrependimento. Quando minha mãe descobriu a bolsa destroçada, logo assumi a culpa pela maldade. Não houve castigo, apenas a sensação de ter feito algo ruim e, contrastando com isso, a firme impressão de que também eu sofrera uma injustiça.

Havia também os aniversários de minha mãe. Quem dá presentes dispõe de uma certa autoridade. Quem recusa presentes não deseja fazer concessões. Quando os subalternos, os inferiores, dão presentes, um desejo de igualdade está implícito. Minha mãe exigia que se tomasse conhecimento de seu aniversário com cerimônia e solenidade, porém, reagia de maneira tão exagerada aos presentes, mesmo antes de tê-los examinado de fato, que não era possível deixar de ver que ela não havia se alegrado tanto com o presente cuidadosamente escolhido, mas fazia questão de deixar claro que a alegria fingida era, por sua vez, um presente *seu*. Perdia-se a vontade de escolher presentes para ela, e meus versinhos de aniversário pareciam cumprir cada vez menos sua finalidade.

Isso não mudou com o tempo. Mais tarde, as roupas que ganhava tinham sempre a cor ou o tamanho errados, o que nunca era dito a tempo de se poder trocá-las; no Dia das Mães, ao invés de flores, preferia chocolates, ou vice-versa. E se não recebesse presente algum, ficava terrivelmente ofendida. Desde logo devo acrescentar que me comporto de maneira pouco diferente: acho os presentes dela impossíveis, encaminho as roupas que ela me dá ao Exército da Salvação, também, e principalmente, se ela própria as tricotou ou confeccionou, e considero as ocasiões festivas, principalmente os malditos aniversários, como um confronto secreto que só pode ser evitado caso se declinar o presente ou, se possível, a ocasião. Os sintomas dessa florescente neurose mútua entre mãe e filha são perfeitos e é de admirar que não só a neurose, mas também os sintomas, remontem a tanto tempo. Entretanto, saber disso não ajuda de modo algum a superá-lo, *pace* Sigmund Freud.

13.

Ao fim, minha mãe tinha somente a mim e começou a torturar-me com histórias horripilantes, imaginárias ou reais. Fazia alusões misteriosas a mulheres que tentaram o suicídio e mencionava doenças letais ou o suposto destino dos deportados. O segredo mortal da grande perseguição aos judeus, que aumentava a olhos vistos, não se tornou por isso mais compreensível.

Eu parecia um cachorrinho sem espaço para brincar e ela tentava me manter longe das poucas brincadeiras que ainda restavam. A comunidade religiosa judaica deixara salas de leitura e lazer à disposição das últimas crianças judias de Viena e o cemitério judaico era nosso parque de passeios e jogos. Quando eu acabava de brincar lá fora com outras crianças judias, o que era cada vez mais raro, e voltava para casa exausta e feliz, ela me recebia com o prognóstico de uma grave pneumonia. Tentava me fazer crer que tinha pés chatos e fazia massagens nas solas de meus pés para prevenir futuras dificuldades de locomoção. Minha mãe teria sido uma devotada enfermeira de uma criança doente. Confessou-me que muitas vezes, em sonhos, possui uma filha doente e acamada, e fica sentada junto a seu leito. Considero isto um desejo dela, não um pesadelo. Esta educação para a dependência foi denominada castração pelo jargão psiquiátrico quando relacionada aos filhos homens, uma expressão unilateral e por isso prejudicial, pois não prevê que filhas podem tornar-se igualmente incapacitadas e despreparadas por essas mesmas manobras.

Certa vez, ao fim de um de meus dias solitários, quando apertei minha mãe numa exagerada efusão de carinhos, fez-me crer que por pouco não a estrangulara, e que se uma criança machucar a mãe mesmo por descuido verá sua mão sair do túmulo depois de morta. Contava-me tantas bobagens que deixei de acreditar nela. Ao afirmar repetidamente que ela mesma fora uma criança corajosa, tentava fazer de mim uma menina medrosa, o que conseguiu por certo tempo, mas afinal isso só fez com que me afastasse dela. Contava que ela havia brigado com seis moleques e saíra vitoriosa. Com alívio e gratidão, ouvi um amigo da família comentar sorrindo que esta briga desigual não era digna de crédito. Pois eu não tinha vontade nem tampouco a intenção de fazer outra coisa senão sair correndo quando os moleques arianos me provocavam na rua.

Não havia nada no mundo que ela não fizesse melhor do que eu e me desesperava tentando alcançá-la. Quando criança, tinha escrito tanto histórias infantis quanto poesias, mas quando eu suplicava, movida por genuíno interesse, que as mostrasse para mim, infelizmente já não restara nenhuma. Poesias, ela as escrevia muito depressa, muito mais depressa do que eu, conforme fiquei sabendo para minha decepção, apenas meia hora para cada poesia. Eu, muitas vezes, levava dias para conduzir a bom termo uma só estrofe. E minha ignorância, comparada à sua cultura, era um forte déficit. ("Quem é Michelangelo Buonarotti?", perguntei com pronúncia esforçada, mas equivocada, ao ler um livro de história. "O quê? Você não sabe? E nem ao menos sabe pronunciar o nome direito? Na sua idade, eu já sabia essas coisas." Ficava envergonhada e da próxima vez já nem perguntava.) De vez em quando, por puro nervosismo, dava-me uma bofetada ou me cobria de beijos, pelo simples fato de eu estar por perto.

14.

As duas primeiras casas em que morei eram cheias de luz. Quando precisamos nos mudar de Hietzing, tivemos outras duas moradias escuras, sem claridade, que dividimos com uma ou duas famílias judias. Minha mãe e eu ocupávamos juntas um pequeno cômodo que recebia luz apenas de uma clarabóia. Os arquitetos vienenses devem ter construído estes cômodos nas casas movidos por uma obstinação quase sádica. Pois é preciso um certo planejamento metódico para obstruir dessa maneira a luz exterior apesar das janelas existentes. E havia os percevejos. Era só apagar a luz e imaginar os bichinhos saindo dos colchões. Começam as mordidas, acende-se a luz e constata-se amargamente que esses insetos nojentos passeiam pela cama.

Durante dias senti coceira na cabeça. Quando, finalmente, minha mãe me deu atenção e examinou meus cabelos certa noite, percebeu horrorizada que eu tinha piolhos. Piolhos de cabeça, bem entendido, a outra espécie ainda lhe era desconhecida. Mas lidar com piolhos de cabelo também não fizera parte do currículo do liceu feminino de Praga que freqüentara. Uma outra inquilina aconselhou-a a fazer um tratamento com querosene. Isso não me inspirou confiança, supliquei: "Não podemos esperar até amanhã?". Entretanto, as duas mulheres já tinham achado gasolina, obrigaram-me a debruçar a cabeça com longos cabelos sobre uma bacia e se puseram zelosamente a derramar sobre ela o líqüido malcheiroso. Depois, amarraram um lenço apertado na minha cabeça e mandaram-me para a cama.

Não preguei os olhos nessa noite. Minha cabeça ardia como fogo. Como dividia o quarto com minha mãe, também não a deixei dormir. Apesar dos meus lamentos, não consegui convencê-la a tirar o lenço ou permitir que eu o tirasse. Que eu fizesse o favor de parar com a lamentação, ela precisava dormir pois no dia seguinte tinha de trabalhar. No outro dia quando, finalmente, pude arejar minha cabeça dolorida, os piolhos tinham sumido, mas, em compensação, o couro cabeludo também. Tive a cabeça raspada e colocaram pomada sobre a pele em carne viva. Passaram-se semanas até que as queimaduras sarassem. (Depois disso, nunca pude sentar-me sob o secador no cabeleireiro. Antes da existência do aparelho manual, saía sempre de cabelos molhados.) A pergunta importante, ou melhor, a pergunta angustiante era a seguinte: por que minha mãe não reagira a minhas queixas naquela noite? Fingiu-se de compungida e ignorante e o médico acreditou, eu não. Não era possível que não tivesse percebido as horas de sofrimento que passei. Comecei a duvidar se a crueldade dos adultos era apenas casual. Ou pelo bem das crianças, como afirmavam. Trata-se da mesma pergunta que se coloca ao estudar civilizações nas quais se costuma expulsar o diabo ou os demônios maltratando as crianças possuídas por esses maus espíritos.

Minha mãe tornou-se supersticiosa, tinha uma cartomante que lhe predizia o futuro, assim como tivera antes uma costureira que lhe fazia as roupas sob medida, e mencionava um rabino milagroso do qual dizia descender e que protegera a família muitas vezes em situações difíceis. Suplicou-me que nunca casasse com um gói,[24] pois todos os gói espancam suas mulheres. Aquele julgamento radical me incitava a contradizê-la. Todos, eu perguntei, duvidando, até Goethe batia na mulher? Minha mãe, surpresa, depois de breve reflexão, disse que sim. Sim, também Goethe fazia isso, ele era um gói como os outros.

A desgraça tinha se abatido sobre ela como um raio, sem mais nem menos; mesmo se depois sentia gosto em contar nos dedos os presságios para tal catástrofe. A política era uma área de interesse pouco feminina e era improvável que no liceu de Praga as meninas tivessem aprendido a ler o jornal de maneira profunda e crítica, assim como a tratar cabeças de crianças infestadas de piolhos. Anti-semitas não se dão com judeus, do contrário não seriam anti-semitas, assim sendo, ela não tinha pontos de referência em seu convívio social. Imaginava-se que já não se vivia na Polônia, o país tradicional dos *pogroms*. Antes da Anexação, havia coisas que a atingiam de forma mais direta do que a política, por exemplo, desavenças na família, disputas de herança e as histórias enfadonhas do primeiro marido. Além disso, ela, a esportista da família, abrira uma pequena escola de ginástica onde havia um pouco de exercício para moças de famílias abastadas, agora mais modestas, que começavam a combater as primeiras gordurinhas típicas das donas de casa. Depois da Anexação, só restara a política.

---

[24] Em iídiche, gentio, pessoa não judia. (N. da T.)

Certa feita, fui com ela à comunidade religiosa judaica, onde um jovem nos perguntou se ela não gostaria de mandar-me para a Palestina com um transporte de crianças. Ainda era tempo, a última chance. Muito aconselhável. Meu coração batia forte, pois eu queria muito ir embora, mesmo que isso representasse uma traição a ela. Mas ela nem ao menos me perguntou ou olhou para mim, apenas disse: "Não. Não se separa uma filha de sua mãe". No caminho de volta, tentei reprimir minha decepção que, obviamente, não podia deixar transparecer sem magoá-la. Acho que nunca a perdoei por isso. Teria me tornado uma outra pessoa, caso pudesse ter dado minha opinião e ela não tivesse considerado a mim como sua propriedade particular.

No entanto, ela de fato possuía tão pouco que era digna de compaixão. Quando, mais tarde, ao atingir a sua idade, separei-me de meus filhos, eles estavam indo para a universidade e não para o campo de concentração, e eu tinha uma profissão e amigos, um país extenso e uma vida livre. Na ocasião, ela estava com os nervos tão abalados que adquiriu um tique nervoso, um tremor na perna. Eu achava esse tique simpático porque fazia parte de minha mãe. Ela se punha a cismar que não podia se dar ao luxo de perder mais nada, mas não pensava em assassinato e sim, como acontecia com as mulheres de sua geração, em infidelidade. Sentia ciúmes de meu pai, talvez com certa razão. Já antes tivera a suspeita de algumas "escapadelas" e agora ele estava na França. Pessoas que o conheceram no campo de internamento de Drancy escreveram a ela que ele fora solícito e bem-humorado até o fim. No entanto, houve ou há uma lenda familiar segundo a qual meu pai tivera uma namorada na França, que ambos foram avisados da prisão iminente, mas não puderam escapar do apartamento em que moravam porque a mulher ainda quis embalar seus chapéus. Tudo é possível. Contudo, soa como um texto de Werfel.

Porém, falar comigo sobre seus ciúmes, por assim dizer, desabafar e contar a respeito de meu pai, foi inútil. Eu rechaçava suas confidências como se significassem uma intimidade indigesta. No fundo, interessava-me apenas uma espécie de conversa, a saber, que fim teria nossa precária relação com o mundo ariano. Minha mãe, décadas mais tarde: "Papai escreveu-me uma carta tão amável de Drancy. Guardei-a comigo até Auschwitz, ali a perdi". Ela diz "perdi" como se tivesse sido um descuido ou como se pudesse ter trazido qualquer coisa de lá, como se não tivessem examinado todos os orifícios do corpo para que o judeu não escondesse algo que o Reich ainda pudesse utilizar. E ela diz isso como se tivesse esquecido os ciúmes de outrora, mas foi, de fato, o que aconteceu.

Eu era um estorvo, mas talvez algumas vezes também um objeto bem-vindo para dar vazão às tensões. Um estorvo, uma criatura inútil, preguiçosa e, no entanto, a única coisa que lhe restara. Num espaço de três ou quatro anos, ela perdera suas raízes, sua vida se restringira ao máximo e estava totalmente só. O marido em fuga, o filho em Praga, a irmã com a família na Hungria, o círculo de amigos e parentes no estrangeiro, na América, na Palestina, na Inglaterra, ou levados para Theresienstadt e "para a Polônia", como se dizia então. E lá ficara ela com seu imposto de fuga do Reich, que não podia pagar. Então veio a notícia de que meu irmão e seu pai haviam sido deportados de Praga para Theresienstadt. Minha mãe recebeu alguns cartões-postais dele. A perspectiva de revê-lo livrou-a do medo da deportação.

Adoeci, "sarampo séptico". Talvez tenha sido febre reumática, também isso foi aventado. Durante semanas fiquei em estado letárgico, deitada naquele buraco pequeno e escuro em que morávamos, depois no hospital, numa sala grande onde as outras crianças eram um tormento para mim, e estava literalmente farta de viver. Cheia de manias, tornei-me excêntrica, anti-social. Nada era capaz de me alegrar. Ao fim, os médicos diagnosticaram uma lesão cardíaca. Minha mãe deu a entender que eu não poderia ter filhos. Felicidade máxima da mulher, que ela desfrutou plenamente, à qual, porém, sua pobre bonequinha doente teria de renunciar. Eu mesma passei a me considerar um ser esquisito.

Por que ainda estávamos ali? Eu me perguntava então e me pergunto até hoje. Quando são os outros que perguntam, digo que a pergunta é estúpida, não olhem apenas para os exilados que tinham sorte ou dinheiro ou ambas as coisas, é preciso pensar nas centenas de milhares de judeus alemães e austríacos que morreram, pois nós fazíamos parte daqueles que foram arrastados pelo torvelinho. Mas *para ela* eu pergunto: "Por quê? Você é sempre tão eficiente, por que não mostrou sua eficiência então?". "O imposto de fuga do Reich", diz ela. (E talvez sua loucura, sua coleção de neuroses? E os nazistas, eles acabaram com você a tal ponto que não lhe ocorreu mais nenhuma idéia salvadora?). "E não podia deixar o

Schorschi em Praga." "E por que você não foi buscá-lo?" "Era perigoso, eu teria que deixar você para trás." A serpente que morde a própria cauda: um círculo vicioso.

E chegou uma certa altura em que não havia mais perspectiva alguma. Ela se manteve em Viena o quanto pôde. Conseguiu um emprego no hospital judaico como ajudante de enfermagem e fisioterapeuta. Bem cedo pela manhã, ela saía para trabalhar, eu ficava dormindo, lia na cama, depois ia até o hospital onde me davam uma refeição, tomava um bom chuveiro quente e passava o resto do dia lendo solitária no jardim. Fomos deportadas de Viena praticamente junto com os últimos judeus, no "transporte do hospital", em setembro de 1942.

Hoje não tenho mais amigos ou parentes na Áustria, quando muito um colega ou um conhecido distante que passa por ali algum tempo. Apenas a literatura desse país, de Adalbert Stifter a Thomas Bernhard,[25] fala a mim de modo mais íntimo que outros livros, naquele tom de voz agradável de uma familiar e maliciosa linguagem infantil.

15.

Depois da guerra mergulhei novamente por algumas semanas no caldo ancestral de minhas origens, surpresa pelo fato de que a cidade continuasse a existir, pois a própria vida parecia tê-la superado. Os russos estavam lá, evitava-se encontrá-los pelo caminho, na verdade eu não os temia tanto quanto mereciam, nessa época eu já desaprendera o que significava sentir medo.

Muitas coisas continuavam iguais. Lá estava ainda o desolado parque Esterhazy no 7º distrito, onde brincara na minha primeira infância, e revê-lo reacendeu minha memória gustativa, e me fez sentir novamente o mais enjoado sabor de alcaçuz. "Hasi-parque", parque das lebres, era o nome que eu lhe dava na inocência lingüística com que as crianças explicam coisas estranhas, e que foi alegremente adotado por todos em casa. Lá aprendi uma brincadeira na qual se corre o mais depressa possível de

---

[25] Adalbert Stifter (1805-1868), escritor e poeta austríaco; Thomas Bernhard (1931-1989), escritor austríaco. (N. da T.)

uma árvore para outra, procurando se proteger. Gostava disso, sair correndo, buscar proteção. Chamava-se "Pai, papai, me empresta a tesoura", uma frase com a qual cismei por longo tempo, porque em vez de três ou quatro palavras eu ouvia apenas *uma* única, e esta palavra absurda, que carecia de todo sentido, soava mais ou menos como "memprestatsôra". Outras vezes, ao contrário, dava um sentido mais profundo a palavras aparentemente inofensivas, como quando interpretei a palavra "*Scharführer*", o líder do grupo, como "*Scharfführer*", o líder que corta, aproximando-a de "*Scharfrichter*", o carrasco. Por minhas leituras, sabia muito bem qual era a missão do carrasco. Um colega negro da Universidade da Virgínia contou-me um dia que na infância pensava que a cidade de Lynchburg, que deve seu nome a um general famoso, designasse um lugar onde os negros eram linchados automaticamente. Fantasias de terror, ligadas à linguagem, de crianças pertencentes a minorias perseguidas.

Quando em 1962, em Berkeley, decidi virar minha vida do avesso e outra vez estudar filologia germânica, e as lembranças vieram à tona, tomaram-me de assalto pelo fato de recomeçar a falar alemão, aprendendo a duras penas, por meio dos trabalhos acadêmicos, também a escrever nessa língua, cada frase parecia estar escondida atrás de sete véus: então apareceu de novo a cidade que eu abandonara involuntariamente quase vinte anos antes, a cidade de onde eu deveria partir para a morte, mas não encontrei a morte. Então imaginei o "Hasi-parque", transfigurado e fantasmagórico, mais ou menos assim:

Areia

No parquinho abandonado, a areia rodopia.
Gangorras oscilam.
Sol calcinante nos balanços
ofusca; cega
cidade, que a uma criança
com areia nos olhos desterrou,
cidade deserta:

que quer comigo este vento
de um outro mar?

Em meus versos tinha que deixar em aberto se o vento soprava do Pacífico do presente ou das águas mortas da cidade-fantasma, onde já não conheço ninguém.

Viena é uma cidade cosmopolita, cada um tem sua própria imagem de Viena. Para mim, a cidade não é estranha nem familiar, o que por sua vez significa que ela é ambas as coisas para mim, portanto, familiarmente estranha ou estranhamente familiar. Viena era, sobretudo, triste, e inimiga das crianças. Inimiga até o âmago, das crianças judias.

SEGUNDA PARTE

Os campos

A multidão de turistas que aflui hoje em dia a Munique vai primeiro a Marienplatz para ouvir o lindo carrilhão e admirar os divertidos bonecos de madeira que promovem pontualmente sua dança na torre da Prefeitura, e depois se dirige a Dachau, para os galpões. Aqueles que desejam guardar a agradável recordação do bucólico pavilhão de Goethe e sua Christiane em Weimar, visitam também o monumento em Buchenwald com sentimento de reverente consternação. Nesta cultura museológica dos campos de concentração, a consciência histórica obriga todo testemunho sensível da história contemporânea, sem deixar de mencionar o político imbuído de princípios éticos, a tirar fotografias em tais lugares ou, melhor ainda, a deixar-se fotografar.

De que nos serve isso? Recentemente conheci dois simpáticos estudantes alemães, jovens sérios, de princípios. Eram germanistas no primeiro semestre, seu professor, meu amigo, fazia um passeio com seus alunos ao monumento de Hainbund e eu, que morava logo ao lado, transformara minha residência num café, o "Café Hainbund", e convidara a todos. Os jovens conversavam animadamente entre si, ouvi a palavra Auschwitz, mas não como é freqüente na Alemanha e em outros lugares, como sinônimo de genocídio ou como tópico político, e sim objetivamente, como a designação de um lugar que pareciam conhecer. Agucei os ouvidos, perguntei, mas por comodismo não revelei meu relacionamento pessoal com o campo. Contaram-me que tinham acabado de concluir seu serviço civil. Sua tarefa: pintar de branco as cercas de Auschwitz. Sim, é isso mesmo. Serviço civil como reparação do passado. Qual era o sentido disso?, perguntei com ceticismo. Mas o local precisa ser preservado, retrucaram por sua vez, surpresos com a pergunta. Embora não falassem bem dos turistas (todos aqueles americanos!) e não poupassem críticas aos bandos de colegiais: preservação do local. Para quê?

O amável Augustin da lenda vienense acordou na fossa da peste e nada lhe aconteceu. Aos tropeços, pulou fora do buraco, deixou-o atrás de si e seguiu tocando sua gaita, símbolo do otimismo em relação à vida em tempos de morticínio. É diferente conosco, não nos deixam em paz, os fantasmas, quero dizer. Esperamos que se resolva o que não foi resolvido, para nós basta que nos agarremos tenazmente àquilo que restou — o lugar, as pedras, as cinzas. Não honramos *os mortos* com esses resquícios, nem belos nem vistosos, de crimes passados, os colecionamos e guardamos porque *nós* de certa forma necessitamos deles: não devem primeiro evocar nosso desconforto para depois atenuá-lo? O nó jamais desfeito legado pela ferida e pelo tabu, representado pelas chacinas, pelo assassinato de crianças, transforma-se em um fantasma não redimido ao qual reservamos uma espécie de pátria onde ele possa encenar suas assombrações. Angustiante delimitação contra possíveis comparações, essa insistência quanto ao caráter único do crime. Que nunca mais ocorra. De qualquer maneira, a mesma coisa não ocorre duas vezes, de modo que cada acontecimento, assim como cada ser humano e até mesmo cada cão, é único. Seríamos mônadas encapsuladas se não houvesse a comparação e a diferenciação, pontes de uma coisa única para outra coisa única. No fundo, todos nós sabemos, tanto judeus quanto cristãos: parte daquilo que aconteceu nos campos de concentração repete-se em muitos outros lugares, hoje e ontem, e os campos foram, por sua vez, emulações (emulações, sem dúvida, de caráter único) de acontecimentos de anteontem.

Na Hiroshima de hoje, uma operosa cidade industrial, o lugar comemorativo da grande catástrofe que inaugurou uma nova era constitui-se de um parque de flores e templos no qual brincam colegiais japoneses vestidos com seus uniformes ingleses. Os japoneses reagem ao horror do passado de maneira tão indefesa quanto nós, porque também não lhes ocorre nada melhor do que o conhecido "nunca mais". É mais fácil perceber isso em uma cidade estranha. As crianças chegam com seus professores de História e penduram *origamis*, cegonhas de papel e outros objetos simbólicos nos diversos arbustos e árvores da deusa da paz, e saem correndo para brincar. Água murmurando, como em toda parte no Japão quando se procura um lugar bucólico, grandioso ou aprazível. Pensamentos poéticos sobre os temas da paz e da humanidade são ouvidos através de gravações em fitas-cassete, a intervalos regulares. Bem no meio desse cenário criado para tranqüilizar o visitante, está a mais horrível ruína do mundo: o edifício não foi atingido por uma bomba; esta explodiu acima dele e o desfigurou com o calor, de modo que ele tem a aparência tão pouco natural quanto um rosto humano arrasado pelo fogo.

Nada contra a crença em fantasmas, que compartilho. Apenas é preciso saber a quem dirigir as preces. Um de meus dois pintores de cerca, um bom e fervoroso cristão que encontrou no campo principal de Auschwitz a oportunidade de rezar, certamente não sabe a diferença entre o Senhor Deus e um fantasma. Pois o Senhor Deus é o equilíbrio personificado, e todo terreno de norte a sul, garante-nos o poeta, repousa na paz de Suas mãos. Ao contrário, o terreno que o pintor de cercas ajudou a preservar é no máximo um aquartelamento na entrada do inferno, onde aguardam os irredentos. Por isso, é compreensível que hoje, neste lugar, as religiões se hostilizem, judeus contra freiras, irreconciliáveis, furiosos; dignatários eclesiásticos se imiscuem, uma disputa enraivecida. Lugar de fantasmas, não de Deus.

Meus jovens amigos, que mostraram um interesse tão inconsciente quanto voluntário por minha infância, recusaram-se terminantemente a admitir a diferença entre poloneses e judeus e a incluir o anti-semitismo do povo polonês em suas horas de meditação e contemplação. Esse povo martirizado deve ter sido bom, do contrário, onde iria parar o contraste entre algozes e vítimas?

O mesmo acontece com estudantes de nível mais avançado. Estou sentada à mesa de almoço com um grupo de doutorandos e candidatos à livre-docência da Universidade de Göttingen. Um deles menciona o fato de ter conhecido um velho húngaro em Jerusalém, que fora prisioneiro em Auschwitz e, apesar disso, "sem pensar duas vezes", começara a xingar os árabes, todos gente ruim. Como pode alguém, que estivera em Auschwitz, falar desta maneira?, perguntou o alemão. Interferi na conversa, observei, talvez mais rispidamente do que o necessário, o que é que esperavam, afinal, Auschwitz não fora um estabelecimento de ensino, lá não se ensinava nada, muito menos humanidade e tolerância. Nada de bom viera dos campos de concentração, e ele estava esperando justamente ensinamentos morais? Tratava-se das edificações mais inúteis, mais imprestáveis, era isto que se devia ter em mente, mesmo que não se soubesse mais nada a respeito delas. Não me dão razão, tampouco me contradizem. A nova intelectualidade alemã, cheia de esperanças, abaixa a cabeça e, constrangida, sorve colheradas de sopa. Deixei-os sem fala agora, não foi esta a intenção. Existe sempre um muro entre as gerações; aqui, porém, há arame farpado, velho e enferrujado.

No entanto, poderiam ter feito objeções. Pois eu mesma não creio ter aprendido nos campos algo a respeito de pessoas desamparadas, que poderia ter sido útil para mim mais tarde? Justamente porque não recuso as comparações? E não se dirigem minhas reações indignadas àquelas pessoas que colocam em dúvida este meu conhecimento e àquelas que querem supor, sem raciocinar atentamente, que num lugar assim não resta outra coisa senão perder o juízo?

Um amigo judeu de Cleveland, noivo de uma alemã, diz-me direto na cara: "Eu bem sei o que vocês fizeram para se manter vivos". Eu mesma não sabia, mas sabia o que ele queria dizer. Queria dizer: "Vocês pisaram nos cadáveres". Deveria ter respondido: "Eu só tinha doze anos na ocasião"? Isso seria o equivalente a: "Os outros eram maus, não eu". Ou também poderia ter dito: "Eu sempre fui uma pessoa boa", também isto em oposição aos outros. Ou deveria dizer: "Como se atreve?" e armar uma briga. Não disse nada, fui para casa, deprimida. E, na realidade, foi por puro acaso que saímos com vida.

Então, como sobreviventes, teríamos de estar entre os melhores ou os piores? E, também aqui, a verdade é concreta como sempre. O papel que desempenha na vida o fato de ter estado num campo de concentração não pode ser avaliado por nenhuma regra psicológica precária; ao contrário, é sempre diferente para cada indivíduo, depende do que o precedeu e do que se seguiu, bem como das coisas que ocorreram para cada indivíduo ali. Para cada um foi uma experiência única.

Hoje em dia há pessoas que me perguntam: "Mas você era jovem demais para se lembrar daqueles tempos terríveis". Ou nem mesmo perguntam, elas afirmam com plena certeza. Penso então que querem tirar de mim a minha vida, pois a vida nada mais é do que o tempo que se viveu, a única coisa que temos, e é isto que me negam quando põem em dúvida o meu direito de rememorar.

Crianças que sobreviveram a *pogroms* e a outras catástrofes muitas vezes são proibidas de elaborar essas experiências e obrigadas a se comportar como "crianças normais". Isto acontece para o bem das crianças, que não devem falar sobre "estas coisas". Freqüentemente, elas elaboram seus traumas inventando brincadeiras que escondem dos adultos.

Recentemente houve (de novo) notícias de reféns na televisão, entre eles uma criança cinicamente exposta por um governante. No dia seguinte, alguém que deveria estar mais bem informado escreve no jornal que a criança parecia entediada, sem compreender o que estava ocorrendo. No entanto, a criança tinha idade suficiente para saber o que acontecia, não era cega nem surda. Necessidade de recalque por parte dos adultos. Conheço bem isso.

Como o casal alemão, hospedado em casa de amigos comuns norte-americanos, ele, com um braço só, cortando a carne, expondo como virtude seu modo de superar a mutilação de guerra. A anfitriã conta algo sobre mim à mulher do veterano, e esta diz: "Ela não pode ter estado num campo de concentração, é jovem demais". Deveria ter dito "Ela era jovem demais para sobreviver", e não jovem demais para estar lá. Fico aborrecida ao tomar conhecimento deste diálogo demasiado tarde. Que crianças pequenas, muito mais jovens do que eu, também tenham sido deportadas, faz parte da cultura geral dos alemães, como faz parte da cultura geral dos judeus no mundo inteiro. Assim, também neste caso se satisfaz a necessidade que têm os adultos de questionar a capacidade de vivência das crianças.

Em Buchenwald, no antigo edifício da administração, há uma placa de metal que relembra e celebra a salvação de uma criança judia, mencionada pelo nome, ainda que não identificada como judia (há inclusive um romance sobre a salvação dessa criança). A placa encobre as verdadeiras relações — quase sempre ruins, se é que existiram — entre prisioneiros políticos e prisioneiros judeus. Os primeiros, que em parte procediam de meios anti-semitas, desprezavam os judeus por se sentirem moralmente superiores a estes, pois tinham sido presos devido a suas convicções políticas, e os judeus, ao contrário, tinham sido presos por nada, absolutamente nada. (Judeus politicamente ativos eram tratados nos campos como judeus.) Mesmo após a guerra, chamou-me a atenção essa arrogância dos presos políticos que, na verdade, era um fanatismo. Vangloriar-se de ter estado em um campo de concentração? Por vontade própria, ninguém ia até lá. Por vontade própria a única coisa que se fez foi, algumas vezes, morrer: familiares acompanhavam familiares nas câmaras, quase sempre mães com seus filhos. E eram todos judeus. Uma vez, um padre católico ofereceu-se para morrer em lugar de um outro católico. O padre foi canonizado por causa do altruísmo extraordinariamente raro. Para os prisioneiros políticos, tratava-se apenas de salvar a própria pele e, quando muito, a própria organização, e não de salvar nossa gente, cuja situação era muito pior do que a sua. Os rapazes do grupo marxista de agitação e propaganda (*Agitprop*) que colocaram a placa da criança salva, infantilizaram, menosprezaram e vulgarizaram dessa maneira o maior genocídio, a catástrofe judaica do século XX. Isto para mim é o supra-sumo do sentimentalismo dos campos de concentração. E o romance a respeito desta criança, apesar do sucesso e reconhecimento que despertou, não passa de um romance *kitsch*.

Decerto há também visitantes que passam pelos antigos campos sem a típica curiosidade turística e o gosto pelo sensacionalismo, porém quem imagina encontrar algo ali já deve tê-lo trazido na bagagem. Esse foi o caso de Peter Weiss,[1] quando escreveu um ensaio no qual, após uma visita a Auschwitz, denomina o campo de "seu lugar", pois, como judeu, estava condenado a morrer ali. Será verdade, penso, para este visitante, que de fato não foi condenado a morrer ali, mas teria sido se não tivesse emigrado. Compreendo bem o ensaio, pois versa sobre minha pergunta se é possível manter fantasmas encerrados em museus, e Peter Weiss levou então os seus, aqueles do processo de Auschwitz, para a Polônia. Nesse artigo há, primeiramente, um "não": não é possível, pois o campo que Peter Weiss tem diante dos olhos está vazio, sem nada do que aconteceu ali outrora, não é o meu campo de concentração e sim o campo onde os dois caros jovens alemães pintam zelosamente as cercas de branco para manter o lugar em ordem. E, no entanto, existe uma segunda resposta, um "sim", no último instante, na última página, pois este visitante con-

---

[1] Peter Weiss (1916-1982), escritor alemão de origem judaica. (N. da T.)

segue em Auschwitz, em um velho galpão, evocar os fantasmas. O ponto crucial: ele enxergou aquilo que trouxera consigo, sob a nova constelação do lugar, uma constelação que se chama monumento e visitantes — e o que poderia estar mais distante da constelação prisão e prisioneiro?

Entretanto, Peter Weiss foi o melhor visitante que se poderia desejar, pois não enxergou um monumento acabado, rígido. Ele conclui com a observação de que "isso" ainda não terminou, comparando assim, da maneira conseqüente que lhe é própria, a perseguição aos judeus com outros extermínios em massa, pelo que foi alvo de críticas e reprovação. Não sei, porém, como se poderia abordar o assunto de outra maneira senão através de comparações.

Claude Lanzmann, à procura dos campos de concentração, em seu filme angustiante sobre a Shoah, pergunta a um morador local: "Qual era a localização? Três passos à direita ou à esquerda? Aqui ou lá? Estas árvores já existiam na época?". Uma pessoa obsessiva, penso eu, espectadora na sala escura, e em parte o admiro, em parte estou bem à frente dele: "Você precisa dos lugares. A mim bastam os nomes dos lugares", e fico fascinada com sua obsessão.

Subjaz a esta cultura museológica a profunda superstição de que os fantasmas podem ser apreendidos no lugar onde, ainda vivos, deixaram de existir. Ou melhor, não se trata de uma superstição profunda e sim bastante superficial, semelhante à existente em castelos e casas mal-assombradas em todo o mundo. Um visitante que aí esteja e fique impressionado e assustado, mesmo que devido a alguma assombração dessa natureza, vai sentir-se uma pessoa melhor. Quem pergunta pela qualidade das sensações, uma vez que o simples fato de sentir algo já é motivo de orgulho? O que questiono é se essas reminiscências de antigos horrores não provocariam tão-somente sentimentos, ou seja, não obliteram os fatos que, talvez superficialmente, tenham chamado a atenção, dando então lugar à complacência?

Por outro lado, uma psiquiatra alemã de minha idade conta que, após a guerra, quando pequena, organizou um grupo de crianças de sua mesma idade e as convenceu a fazer um passeio até o campo de concentração de Flossenbürg, ali perto. O campo estava abandonado, mas os vestígios dos prisioneiros ainda permaneciam ali, objetos enferrujados, farrapos, os galpões. Após a libertação, o lugar fora abandonado precipitadamente e nunca mais visitado. Minha amiga diz que sentira ali um sopro da Shoah, nada que lembrasse uma atmosfera de museu. Anos mais tarde, foram os próprios professores que guiaram grupos de colegiais, procurando manipular as reações dos alunos. Na época, tudo era ainda recente, o sangue já tinha sido irremediavelmente derramado, mas, por assim dizer, não tinha coagulado. Imagino estas crianças, com a boca aberta e um riso abafado de constrangimento, ao recolher uma colher de lata do chão, apalpar a palha que servira de colchão, com a sensação meio prazerosa, meio culpada, de estar pregando uma peça nos adultos, de estar espiando atrás das cortinas, ou seja, de estar fazendo algo escuso, guiadas ou induzidas por uma coleguinha mais atrevida.

Para mim, este campo de Flossenbürg, que nem mesmo conheço, tem um valor único, pois quase fui deportada para lá, e assim por pouco não foi o meu quarto campo de concentração. Descobri este fato apenas décadas mais tarde, quando comecei a ler a respeito dos campos, pois antes, durante muito tempo, não me interessei pelo assunto. Flossenbürg, que evitei e que minha amiga alemã da mesma idade visitou sob um desígnio diferente: ela esteve lá no campo abandonado, e tornou-se assim uma testemunha. Pode-se quase imaginar que aqui se fecha um círculo.

Fui a Dachau uma única vez porque amigos americanos assim o desejaram. Lá tudo estava limpo e arrumado, e era preciso ter mais imaginação do que a maioria das pessoas para fazer idéia do que ali se passara quarenta anos antes. Pedras, madeira, barracões, a praça do toque de reunir. A madeira recende a frescor e a resina, sobre a praça ampla sopra um vento refrescante, e os barracões têm uma aparência quase acolhedora. Que idéias podem vir à mente nesse lugar; provavelmente é mais fácil associá-lo a um acampamento de férias do que a um campo de martírio e tortura. E, secretamente, é bem possível que alguns visitantes cheguem a pensar que tiveram uma vida mais sofrida do que os prisioneiros naquele campo alemão tão limpo e arrumado. O mínimo que teria que haver ali seria a transpiração dos corpos humanos, o cheiro e a emanação do medo, a agressividade concentrada, a vida a definhar. Será que ainda vagueiam por ali os homens que se arrastavam durante as longas horas enfermas, os chamados *muselmänner* (muçulmanos), que haviam perdido a força e a energia de seguir vivendo? Ou os privilegiados que gozavam de algumas vantagens, mas que por isso mesmo ficavam mais expostos e eram assassinados mais cedo? E os presunçosos prisioneiros políticos e aqueles judeus alemães de velha estirpe, à sua maneira não menos presunçosos, que sentiram o teto desabar sobre suas cabeças assimiladas? Por certo, ajudam bastante as fotos ali expostas, as informações e fatos detalhados por escrito e os documentários. Mas o campo de concentração como localidade? *Ortschaft, Landschaft, landscape, seascape* — deveria existir a palavra *Zeitschaft*, uma *paisagem do tempo*, para explicar o que significa um lugar no tempo, num tempo determinado, nem antes nem depois.

Hoje, os campos muitas vezes ocultam tanto quanto revelam. Em Auschwitz, as vítimas judias foram de tal modo incluídas nas perdas polonesas que meus pintores de cerca não querem perceber diferença alguma entre elas. Meus pintores de cerca acreditam em tudo, também nas coisas mais terríveis sobre seus próprios avós, em coisas horríveis sobre os aliados e em nada de ruim sobre as vítimas. Ou seja: da geração dos avós, acreditaram que ela ainda continuava a reprimir muitas coisas; dos aliados, que eles não libertaram os campos de concentração a tempo, mesmo quando e onde isso teria sido possível; mas de modo algum que os poloneses eram anti-semitas e que não lhes desagradou nada livrar-se de seus judeus. Minha objeção a que a Polônia considerasse os judeus poloneses simplesmente como vítimas polonesas — pois nas câmaras de gás morreram sobretudo os judeus, e as crianças assassinadas foram em sua totalidade crianças judias ou ciganas — foi rejeitada por ambos os amigos com tal determinação e firmeza que me surpreendeu, vindo da parte de jovens ponderados e nada presunçosos. No entanto, eu nem mesmo revelara o que me viera à cabeça, uma reflexão sobre a forte e estável moeda estrangeira que chega à Polônia por intermédio dos judeus norte-americanos em peregrinação, com o que Auschwitz provavelmente tornou-se para a Polônia uma das mais lucrativas fontes de renda.

É um absurdo querer apresentar os campos, tal qual foram outrora, no sentido espacial. Entretanto, é quase tão absurdo querer descrevê-los com palavras como se nada houvesse entre nós e o tempo em que existiram. Os primeiros livros após a guerra talvez ainda tivessem feito isso, aqueles livros que ninguém queria ler, mas é justamente a partir deles que nosso pensar se transformou, tanto que hoje não posso falar a respeito dos campos como se fosse a primeira, como se ninguém tivesse falado deles, como se todos que estão lendo agora não soubessem tanta coisa sobre eles, até mais do que suficiente, e como se tudo isso já não tivesse sido explorado — no sentido político, estético e também *kitsch*.

Sim, e agora, apesar de tudo, minhas paisagens do tempo. O lugar em um tempo que não existe mais. Quis chamar minhas lembranças de "estações" e associá-las despreocupadamente a nomes de lugares. Somente agora, ao chegar neste ponto, me pergunto por que falar de lugares, se sou uma pessoa que nunca viveu ou morou por muito tempo em lugar algum. Naufraguei muitas vezes e, assim, os nomes dos lugares são para mim como pilares de pontes dinamitadas. Nem mesmo podemos ter certeza de que existiam pontes aqui, onde há vestígios de pilares, e talvez seja necessário inventá-las primeiro, e poderia acontecer que elas, essas pontes inventadas, ainda sejam resistentes. Vamos começar com aquilo que restou, os nomes dos lugares.

Rememorar é evocar, e a evocação eficaz é bruxaria. Não sou crente, apenas supersticiosa. Às vezes digo por brincadeira, mas é verdade, que não acredito em Deus mas sim em fantasmas. Para lidar com fantasmas, é preciso atraí-los com carne fresca, do presente. Há que entretê-los com superfícies de atrito para fazê-los sair de seu repouso e pô-los em movimento. Raladores, tirados do armário das cozinhas modernas, para as velhas raízes; colheres para misturar, com os temperos de nossas filhas, a sopa que nossos pais prepararam. A magia é pensamento dinâmico. Se eu tiver êxito, unida a leitoras que pensem junto comigo, e talvez até mesmo alguns leitores, então poderíamos trocar conjuros e esconjuros como se fossem receitas de cozinha e temperá-los a gosto com o que a história e as velhas histórias nos proporcionam, poderíamos preparar tudo outra vez com tanto conforto quanto o permitem nossa copa e cozinha. (Não tenham medo de que a coisa fique aconchegante demais — em uma autêntica cozinha de bruxas, sempre há correntes de ar que entram pelas janelas, pelas portas e pelas paredes desmoronadas.)

Encontraríamos conexões (onde existirem) e as estabeleceríamos nós mesmas (se as inventarmos).

Theresienstadt

1.

Muitas vezes, o espírito da história dá ensejo a piadas de mau gosto à custa dos judeus: por exemplo, que a fortaleza de Theresienstadt foi construída justamente por José II, o imperador da emancipação dos judeus na Áustria; ou que, na época em que eu estava lá, de setembro de 1942 a maio de 1944, havia prisioneiros tchecos que já tinham conhecido o lugar anteriormente como recrutas e agora o visitavam pela segunda vez, como prisioneiros. Construída de maneira racional, com um pequeno quadrilátero de ruas para a população civil e galpões para os soldados que lá prestavam seu serviço militar, sempre foi uma cidadezinha modesta, nunca foi uma estação termal. Ferdinand von Saar, um escritor austríaco de segunda linha, da virada do século XIX para o XX, escreve em uma história de amor denominada *Ginevra*:

> *Eu tinha vinte anos de idade e era alferes em um regimento que fazia parte da guarnição de Theresienstadt em tempos de paz. Esta fortaleza — não obstante sua localização aprazível em uma das regiões mais favorecidas da Boêmia — ainda hoje não deve ser um lugar particularmente agradável para uma estadia; na ocasião, porém — nos anos 40 — ela poderia ser de fato considerada desolada. Pois, além da praça principal, cercada por duas fileiras de árvores, onde havia praticamente apenas edificações militares, existiam apenas quatro ruelas. Estas seguiam no sentido dos pontos cardeais, em direção às portas de entrada e às muralhas, e nelas localizavam-se principalmente casinhas muito pequenas, quase cabanas, nas quais se estabeleceram merceeiros e artesãos, comerciantes de cerveja e aguardente.*

À época de Hitler, Theresienstadt foi designada como gueto e hoje é classificada como campo de concentração. Eu também a chamava de "gueto" e a distinguia de Auschwitz, Dachau e Buchenwald, os campos de concentração que conhecia pelo nome. Primeiramente, tinham nos expulsado de nossas casas e nos enfiado em casas judias, e agora deveríanmos ser enviados para uma colônia judaica. Daí gueto. É a lógica. Entretanto, fica evidente por que a expressão não é apropriada. Um gueto, no uso corrente, não é um campo de prisioneiros deportados, e sim uma área da cidade na qual moram judeus. Theresienstadt, ao contrário, era um curral anexo ao matadouro.

Em Auschwitz-Birkenau, compreendi que estava em um campo de concentração. A expressão "campo de extermínio" ainda não existia. Meu terceiro campo, cujo nome ninguém consegue guardar, chamava-se Christianstadt, uma espécie de sucursal de Gross-Rosen, também este um campo de concentração, e era chamado de campo de trabalho. A falta de vontade da maioria das pessoas (entre elas, no meu caso, também velhos amigos e meus próprios filhos) de guardar os nomes dos campos menores talvez se deva ao fato que se queira classificar os campos da maneira mais uniforme possível, e sob a designação mais ampla dos campos de concentração que se tornaram famosos. Isso é menos trabalhoso para a cabeça e o coração do que ocupar-se com diferenciações. Faço questão destas diferenças, e corro o risco, de maneira consciente, mas não de bomgrado, de irritar ou até desconcertar as leitoras (quem pode contar com leitores masculinos? Estes só costumam ler o que outros homens escrevem) com explicações que, na maioria das vezes, fazem parte da psicologia leiga, acreditando que faço isto por uma boa causa: a de romper a cortina de arame farpado que o mundo do pós-guerra colocou diante dos campos. Existe uma distinção entre o outrora e o agora, entre nós e eles, que não está a serviço da verdade mas sim da indolência. Há uma separação absoluta entre o público e as vítimas, também isto possivelmente uma função dos campos-museus, que cumprem assim o oposto de sua aparente e suposta tarefa. É mais fácil para a capacidade de compreensão que a expressão "campo de concentração" abranja tudo o que se deve saber a respeito desses estabelecimentos. E assim todas as vítimas e todos os campos se nivelam sob esta designação resumida.

Por exemplo: li recentemente em um jornal a respeito de um projeto de pesquisa envolvendo antigos prisioneiros de campos de concentração acometidos de pesadelos. Foram comparados a pessoas que gozavam de um sono tranqüilo, e estabeleceu-se uma diferenciação entre suas características individuais e as situações de sua vida atual. Deixouse de lado a sua experiência no campo: isto já se conhecia. Digo, ao contrário, o que se conhece é o presente. Os psicólogos não abordaram nada de novo, analisaram apenas o primeiro plano, aquilo que conheciam, o presente. Acho que seria preciso perguntar o que acontecera *outrora* com estes objetos da pesquisa; pois o tempo em que permaneceram prisioneiros era o ponto de partida do projeto, e portanto, como poderia ser ignorado? O que lhes sucedeu nos campos, o que foi feito com eles? Talvez aqueles que ainda sofrem pesadelos tenham sido torturados e os outros não. Mesmo o maior horror necessita de uma investigação minuciosa. Por trás da cortina de arame farpado, nem todos são iguais, campo de concentração não é igual a campo de concentração. Na realidade, também essa realidade foi diferente para cada um.

Retomemos então o "gueto" de Theresienstadt. Muita gente vem a mim e diz: "Conheci este ou aquele que esteve em Theresienstadt, você se lembra dele ou dela?". Nunca pude responder afirmativamente à pergunta. Theresienstadt não era uma aldeia onde se podia conhecer tranqüilamente todos os vizinhos e ter contato com eles. Theresienstadt foi um campo de trânsito. No total, quase 140 mil pessoas foram deportadas para Theresienstadt, destas nem mesmo 18 mil foram libertadas ao fim da guerra. Vivi ali junto com 40 mil ou 50 mil pessoas, onde caberiam de fato somente 3.500 soldados ou civis.

Para mim, Theresienstadt representou, em primeiro lugar, gente. A Viena da qual provinha era aquele jardim de hospital, o isolamento e o retiro de meus últimos meses. Aqui, de repente, chegara a um lugar superlotado onde todos usavam a estrela-de-davi e, por isso, não se precisava esperar altercação alguma na rua. Onde, aliás, grassava uma epidemia após a outra: encefalite, a doença do sono, estava arrefecendo quando chegamos; seguiu-se então, entre outras, a icterícia, que também acometeu minha mãe (ainda a vejo diante de mim tão amarela quanto uma gema de ovo, incrivelmente amarela, deitada no beliche superior; não quis ou não pôde ir à enfermaria); e, sempre, a gastroenterite. Comboios chegavam, comboios partiam, camas eram desocupadas, camas eram ocupadas outra vez. As notícias sobre gente que morria não paravam, faziam parte do dia-a-dia.

Entre os idosos e enfermos que ali morreram em massa encontrava-se também minha avó Klüger, a mãe de meu pai. Havia criado nove filhos e um enteado. Nenhum daqueles que conseguiram emigrar a levou consigo. Mas não havia nada de incomum nisso. Tampouco meu pai nos levou consigo. A antiga fantasia, ou melhor, o antigo preconceito de que as mulheres são protegidas e amparadas pelos homens estava tão arraigado e interiorizado que se deixava de enxergar o mais óbvio, a saber, quão expostos estão justamente os mais frágeis e os mais desfavorecidos na sociedade. Era contrário à ideologia racista que os nazistas fizessem uma exceção às mulheres. Teria alguém confiado em seu cavalheirismo, movido por um curto-circuito absurdo, patriarcal? Até mesmo Theodor Herzl, nosso herói e principal ideólogo na época, acreditara que as esposas judias tinham a obrigação de tratar seus esposos com a máxima afetuosidade, pois apenas os homens sofriam as conseqüências do anti-semitismo. Isso é o que se vê em seu drama *O novo gueto*. Tal concepção era totalmente autêntica e sincera, mas incompreensível para mim, pois pertenço à geração que pagou um alto preço por tais ilusões.

A mãe de meu pai morreu como prisioneira em uma sala enorme, que lembrava uma enfermaria, repleta de doentes pelos quais nada mais se podia fazer, dadas as circunstâncias. Minha mãe, que com freqüência e facilidade diz coisas depreciativas sobre o próximo, prezava muito sua sogra, a encarnação da cordialidade e da humanidade. Provavelmente via nela o contrário de sua própria mãe desamparada, uma mulher sempre mimada e protegida, que dependia dos homens e do dinheiro, de um egoísmo insuportável que na velhice transformou-se em hipocondria. A mãe de meu pai, ao contrário, sempre estava presente para as crianças, para parentes próximos ou distantes, solidária e aberta ao mundo, não obstante a pobreza. Em sua casa todos eram recebidos cordialmente e bem servidos por ela, pois cozinhava sob o princípio: "Onde comem dez, outros dez podem se satisfazer". Criados os filhos e passada a época de maior penúria, pois estes passaram a ganhar e a ajudar no sustento da casa, faleceu prematuramente e em um estado de miséria profunda como jamais sofrera. De todos os filhos, parentes e amigos a quem durante a vida toda sempre tivera um prato de comida quente à disposição, minha mãe e eu fomos as únicas pessoas que a acompanhamos até o fim. Cheia de consideração até o último momento, quando minha mãe ficava longo tempo junto a seu leito, mandava-a embora dizendo-lhe: "Vá dormir, minha filha". Foram estas as últimas palavras que minha mãe a ouviu dizer.

Theresienstadt nem foi tão ruim assim, informou-me a esposa alemã de um colega de Princeton, uma senhora que tivera a graça de ter nascido mais tarde.[2] Embora não fôssemos amigas próximas, nos tratávamos pelo nome de batismo segundo o costume americano, e aqui ela se chamará Gisela. Tinha uma aparência agradável e certamente não lhe faltava inteligência, zombava da minha paixão pelo cinema e transbordava de entusiasmo pela ópera. Ao contrário de meus desconfiados pintores de cerca, que não confiam muito em seus conterrâneos e idealizam as vítimas, a preocupação de Gisela era a de tentar inserir tudo o que ocorrera no limitado universo de suas idéias. Todas as vivências de guerra deveriam ser reduzidas a um único denominador comum, o de uma consciência alemã aceitável que não priva ninguém de um sono reparador. Assim, se alguns ficam inibidos por uma espécie de emoção provocada pelo horror que faz desaparecer todos os campos de concentração como se estivessem envoltos em uma névoa tenebrosa onde, de qualquer modo, não se distingue mais detalhe algum — então por que tentar? Eles não querem ouvir que eu, afinal de contas, encontrei em Theresienstadt um ambiente melhor para uma criança do que na Viena dos últimos tempos; não querem ouvir porque isso altera as claras linhas demarcadas em seu raciocínio. E outras pessoas, como minha Gisela, agem de maneira contrária e recusam-se a levantar do sofá estofado de sua vida cotidiana e olhar pela janela. Imperturbáveis diante de informações ou opiniões vindas de fora, ou, ainda, de dificuldades provocadas por alguma reflexão, tiram suas próprias conclusões e não percebem quantas coisas não confessadas comprometem suas comparações. A falsa pretensão de Gisela era claramente agressiva. Ela decerto achava ruim, entre outras coisas, o fato de que não uso mangas compridas quando faz calor ou que não procuro esconder de outras maneiras, por exemplo, com pulseiras, o número de Auschwitz tatuado em meu braço. "Um gueto para pessoas idosas e veteranos de guerra judeus", isso fora Theresienstadt em sua opinião. Esta interlocutora medíocre reagiria ao meu relato sobre Theresienstadt com palavras triunfantes: "Pois então! Este gueto foi muito melhor até do que a bela Viena".

[2] A autora alude aqui a uma célebre e desastrada frase do chanceler alemão Helmut Kohl, quando de sua primeira visita oficial a Israel. (N. da T.)

Hoje, Theresienstadt representa para mim uma corrente de lembranças de pessoas perdidas, de fios que não puderam ser tecidos até o fim. Theresienstadt representou fome e doenças. O gueto estava totalmente infestado, com suas ruas e praças de traçado geométrico à maneira militar, e tinha como limite uma muralha fortificada que eu não podia ultrapassar, e uma superpopulação que praticamente impossibilitava encontrar um cantinho onde se pudesse conversar com outra pessoa, de modo que a sensação era de triunfo quando, depois de longa exploração, se encontrava um lugar desses. Não havia liberdade de movimento para além de um quilômetro quadrado e dentro do campo estava-se inteiramente à mercê de uma vontade anônima, segundo a qual corria-se o risco de ser deportado a qualquer momento para um campo de terror qualquer, apenas obscuramente identificável. Pois Theresienstadt significava os transportes para o leste e estes ocorriam em intervalos imprevisíveis, tal qual catástrofes naturais. Esta era a moldura da estrutura mental de nossa existência, este ir e vir de pessoas que não tinham poder sobre si mesmas, sem nenhuma influência sobre o destino que lhe impunham, e nem mesmo sabiam se ou quando voltariam a ser donas de si mesmas algum dia. Sabiam apenas que o objetivo era hostil.

Quando chegamos e tomamos conhecimento das condições de moradia, com diversas pessoas em um pequeno quarto e muitas pessoas em um quarto um pouco maior, um jovem da administração judia do campo propôs a minha mãe que eu ficasse no alojamento de crianças. Lá poderia visitar-me quando quisesse, eu poderia fazer o mesmo e estaria sempre em companhia de outras crianças, seria melhor do que morar em outro lugar com gente idosa.

De ambos os lados da igreja do lugarejo, agora fechada, havia duas antigas casernas de oficiais, de bom aspecto, L 410 e L 414. Em uma delas, a administração judia do campo abrigava crianças tchecas, na outra, crianças que falavam alemão. Fui admitida em L 414, junto com o grupo de meninas mais jovens. L 414 é o único de meus muitos endereços que jamais esqueci. Tive muita sorte de conseguir um lugar ali, pois não havia lugar para todas as crianças, foi o que nos disseram.

De início, porém, vi isso de maneira diferente. Eram trinta meninas da mesma idade em um espaço onde deveriam caber duas ou três com algum conforto. Não era um dormitório, era nosso domicílio, o único.

Também servia de lavatório. Buscava-se a água fria em vasilhas para a higiene no corredor. Sabonete era uma raridade. Quando fazia frio, até os dentes tremiam. No porão, podíamos tomar uma ducha quente a cada duas semanas. Mal a água quente começava a sair era cortada, tinha que ser rápida para aproveitá-la. Dormíamos em beliches sobre sacos de palha, sozinhas ou em duplas. Foram as primeiras semanas de fome, pois em Viena eu tivera comida suficiente. Pouco se pode dizer sobre a fome crônica: ela está sempre presente, e o que sempre está presente torna-se monótono ao contar. Ela enfraquece, corrói. Assume um lugar no cérebro que, de resto, deveria ser reservado para pensamentos. O que se podia fazer com aquele pouquinho de comida? Batíamos o leite magro com o garfo até fazer espuma, um passatempo prazeroso. Poderia levar horas e horas. Não sentíamos pena de nós mesmas, ríamos muito, brincávamos e armávamos travessuras, achando que éramos mais fortes do que as crianças "mimadas lá de fora".

Havia sempre uma fila diante do banheiro. Valia a pena acostumar-se aos horários em que se podia esperar menos tumulto. Cada andar tinha apenas dois banheiros, se bem me lembro. No prédio, centenas de crianças, entre as quais uma porção sofria de diarréia, a doença crônica do campo.

Nas primeiras semanas, fui a novata, a deslocada, a tolinha, a desajeitada a respeito de quem todas as outras faziam piadas. Não sei ao certo quais eram as esquisitices que me afastavam das outras crianças, pois é difícil enxergar a si mesma. Devem ter sido excentricidades adquiridas na solidão vienense, essa solidão paradoxal entre enfermos, enfermeiros e adultos demais em um espaço exíguo. Estava habituada a me entreter sozinha, a não me adaptar a coisa alguma, e a princípio só queria ir até o galpão de minha mãe. Quando ela vinha me visitar, eu corria desesperada atrás dela e suplicava que me levasse consigo. Ela simplesmente ia embora, sem nenhum consolo ou explicação, e me deixava sozinha para lidar com minha decepção e minha insegurança.

No entanto, estas não duravam muito tempo. Afinal de contas, eu estava bastante aliviada de não estar mais à mercê das exigências contraditórias de minha mãe, e entendi que poderia ser mais fácil morar com meninas da minha idade. Comecei a observar as peculiaridades das outras crianças e percebi que não era muito difícil me adaptar a elas e adquiri, finalmente, um talento para amizades que imagino ter até hoje.

Não, respondi lentamente às observações de Gisela, não foi tão terrível assim, e perguntei a mim mesma se aquela senhora alemã quer provocar uma discussão e espera que eu reaja a suas afirmações hostis com histórias sofridas. Estávamos sentadas uma ao lado da outra no avião, indo da América para a Alemanha, e eu fiz a tolice de falar sobre o estado de espírito que me acomete pouco antes de o avião aterrissar em solo alemão, uma leve tontura, uma sensação de náusea quase imperceptível, uma ligeira dor de cabeça. Tudo isso tão leve que quase se pode interpretar como metáfora e não como sintoma, ou que se pode simplesmente desmentir, só que não acontece antes da chegada a Bruxelas, Manchester ou Newark. O que ela quer? Deveria negar aquilo que me marcou profundamente, ou lembrar de maneira defensiva que estávamos em uma ratoeira, à espera do fim da guerra, temendo o transporte, a deportação, sem a proteção de lei alguma? Ouço meu pai dizendo: "Não se exponha" ou também: "Não se meta". Aterrissamos em Munique. Ela segue seu caminho, eu o meu.

L 414 era formado por adolescentes que se ocupavam de outros adolescentes. Uma garota de dezesseis anos era a chefe de nosso dormitório. Transformamos aquela comunidade forçada em um braço do movimento juvenil, o qual se reportava aos princípios de várias organizações juvenis, sobretudo as sionistas. O sionismo impregnava nosso pensamento, o meu, principalmente, não porque era a única coisa que ouvíamos, mas porque era a coisa mais sensata, a única que prometia uma saída. Esta era a solução, isto era evidente, isto tinha que dar certo e, ademais, meu pai integrara em Viena uma associação juvenil sionista. Um país sem povo para um povo sem país. Transformar jovens judeus em judeus jovens. Trabalhar no campo e tornar-se um exemplo, um sinal para o restante da humanidade. Aprendíamos tudo que podíamos a respeito da história do movimento sionista e sobre a região da Palestina, que chamávamos de *Eretz Israel*, entoávamos canções sionistas e dançávamos por horas a fio a *hora*[3] no pátio da caserna, nos tratávamos como *"Chaverim"* e *"Chaveroth"* (companheiros e companheiras) e à noite, antes de adormecer, dizíamos *"Leila tov"* ao invés de "boa noite".

Nos considerávamos privilegiadas por morar no alojamento das crianças e em pouco tempo tornamo-nos grupos orgulhosos, fortes as-

---

[3] Dança típica judaica. (N. da T.)

sociações juvenis. Apesar disso, praticamente não me lembro mais do nome de minhas companheiras. Vez por outra ocorre-me um ou outro, vindo de muito longe: havia uma Renate, da Alemanha, cujo nome, "a renascida", homenageava uma irmã que morrera antes de seu nascimento, com a intenção de lhe dar o nome da criança falecida, mas sem repeti-lo. Era morena e alta; e Melissa, também da Alemanha, era franzina e sabia sapatear.

Naturalmente não esqueci Olga, que mora hoje na Austrália. Era de Viena e tornou-se minha melhor amiga. Seu pai era matemático, tinha cabelos desgrenhados e era autor de narrativas simbólico-mitológicas não publicadas. Olga mostrou-me um de seus manuscritos. Tratava de Hertha, a deusa da terra. Fiquei impressionada com o trabalho que deve ter-lhe custado escrever páginas e páginas, incompreensíveis para mim. E também com o fato de que ele era ambas as coisas, escritor e cientista.

Houve amizades mais íntimas, duplas de meninas que ficavam sempre juntas e compartilhavam tudo. A comida era uma preciosidade e, por isso, o pão tornou-se uma unidade de valor. Para mim, até hoje é um assombro que pão seja tão barato. Minha mãe logo trocou sua aliança de casamento por pão, sem grande celeuma. Diante dos outros sempre se mostrava sentimental, como um teatro, mas não na realidade quando se fazia necessário. Um dia trouxe-me algo especial para comer e eu o dividi com Olga. Minha mãe tomou conhecimento disso e aborreceu-se profundamente: tinha-o retirado de sua própria ração para mim, só para mim. Mas você me disse antes que era uma porção extra. Pois então, era só para que você aceitasse. Novamente, encontrava-me diante de um dilema insolúvel: o que é que realmente nos pertence, de modo que podemos presenteá-lo a alguém, e o que nos pertence só de modo condicional? Tais perguntas não apenas se tornavam mais prementes, mas categoricamente distintas em um lugar onde não existia quase nada que se pudesse presentear e onde, no entanto, isso acontecia. Contudo, minha mãe gostava bastante de Olga, ajudou-a depois da guerra e corresponde-se com ela até hoje.

Guardávamos nossos pertences na cama ou em uma prateleira com compartimentos semelhantes a caixas de correspondência. Ficavam abertas, mas não era necessário precaver-se contra furtos. Isso praticamente não existia, vivíamos em uma comunidade e tínhamos orgulho disso.

Ademais, podíamos ser expulsas do alojamento por conduta anti-social. E então teríamos que voltar para os pais, para os galpões e as casernas. Aliás, havia ameaça de expulsão caso bebêssemos a água contaminada da bomba que havia no pátio. E, contudo, por vezes tinha tanta sede ou tanta audácia que arriscava tomar a água, e temia não tanto ficar doente, mas sobretudo ser pega em flagrante. Mais tarde, já em liberdade, nada me ofendia mais, nada me parecia estar mais cheio de preconceitos do que a suposição de que nos campos só se cultivava o mais brutal egoísmo e de que qualquer um que retornasse de um deles estaria moralmente corrompido.

Discute-se até hoje a validade das administrações judias dos campos e dos guetos. Era mesmo necessário que os prisioneiros ajudassem os alemães a manter a ordem, isso não seria colaborar com o inimigo? De minha perspectiva infantil me pergunto: o que teria sido de nós se os judeus não tivessem feito nada para reduzir o caos que os alemães espalhavam em torno de si, se não houvesse estes alojamentos para crianças que eles organizaram e administraram segundo os regulamentos nazistas?

Críticas à nossa comunidade forçada, vindas por parte dos próprios judeus, já ocorriam no gueto de Theresienstadt. A tendência do marginalizado a julgar, pôr em dúvida, revelar motivos ocultos, analisar a situação vigente, esta inclinação, como se diz, tipicamente judia, que enerva tanto o resto do mundo há séculos, não porque seja amoral ("corrosiva", costumavam dizer os nazistas) e sim porque é desconfortável, estava tão disseminada em Theresienstadt como a insatisfação com a terra e com o povo nas profecias dos velhos profetas. É possível educar as crianças nesse sentido, e eu fui educada assim. Em casa, houve desde sempre irmãos e amigos de meu pai que, nem bem entravam em casa, me cumprimentavam com piadas quase incompreensíveis e observações provocadoras. ("Fazer gozação" era o termo.) Esses tios não esperavam que eu me comportasse como uma menina educada e tímida, mas sim que tivesse uma resposta afiada, e se isto acontecia, diziam com aprovação "Está vendo, é isso mesmo". O que para uns significa permissão para o atrevimento, para outros significa aprendizado para um diálogo entre iguais. Em Theresienstadt, a crítica não só era permitida como também natural. Portanto, não me causou surpresa que houvesse vozes contrárias à organização ou até mesmo à existência dos alojamentos infantis. Assim, dizia-se que nossas brincadeiras de grupo eram muito parecidas às dos jovens alemães. Seria preciso refletir se isto era verdade, uma reflexão lúcida, mas que provoca insegurança e incerteza, e provavelmente não se chegará a resultado algum. Eram discussões acaloradas, abertas, um caldeirão efervescente de idéias sem nenhuma tampa.

Visto em perspectiva atual, o tratamento dado às crianças em Theresienstadt me parece exemplar, com uma exceção: a separação entre as crianças tchecas e as crianças de língua alemã. As primeiras nos desprezavam, pois falávamos a língua do inimigo. Além disso, elas eram a elite, pois estavam em seu próprio país e muitos tchecos mantinham relações com o mundo exterior, nós não ou quase nunca. Conheço tchecos que afirmam não ter passado fome um dia sequer em Theresienstadt, enquanto eu não pude matar a fome um único dia. Era inevitável, mas talvez a hostilidade das crianças tchecas em relação às alemãs pudesse ter sido evitada. Eu particularmente me sentia mal com isso, pois tinha a vaga sensação de que merecia um tratamento especial enquanto irmã de Schorschi, o que não aconteceu, porque ele não estava lá e eu não sabia falar a sua língua. Portanto, fomos hostilizadas aqui por algo que não dependia de nós, ou seja, o fato de falarmos a língua materna "errada".

2.

Auschwitz sim, Auschwitz, pelo que chegara aos seus ouvidos, disse Gisela, deve ter sido terrível, mas eu não estive lá por muito tempo, não é? Para mim as coisas tinham corrido relativamente bem, não é?, pude emigrar para a América e fui poupada da miséria do pós-guerra. Comparada à sua mãe, que perdera o marido na frente russa, minha mãe, que casou mais duas vezes na América, tivera muita sorte. Mas quero lhes contar que minha mãe não teve sorte na vida. Empenho e energia, isso sim, embora tardia e esporadicamente; generosidade, embora raramente associada a calor humano; muita coragem e destemor, embora em contrapeso com uma neurose obsessiva e paranóia. Mas sorte, não, isso não.

Isso é o que eu quero contar a vocês, para que entendam por que a comparação de Gisela não se sustenta, por que os familiares das vítimas anônimas nunca podem ter sorte, principalmente as mães. Quero contar a respeito do fantasma de meu irmão.

Eu tinha me alegrado tanto com a possibilidade de reencontrá-lo em Theresienstadt, o menino tcheco Jiri, que vez por outra mandava para nossa mãe cartões-postais do gueto. Ele não estava lá quando chegamos; segundo boatos, fora deportado no inverno do ano anterior para Riga. O boato, excepcionalmente, era verdadeiro: em Riga meu irmão foi fuzilado.

Minha mãe recalcou tudo o que um dia ficou sabendo a respeito da morte de seu filho mais velho. Ou talvez a notícia tivesse sido um ferro em brasa colocado em suas mãos estendidas e ela teve de deixar cair para não sofrer queimaduras. Quando a levei comigo a um dos primeiros congressos sobre o Holocausto, perguntou a um historiador renomado se ele lhe poderia dizer onde e como seu filho morrera. O público comoveu-se com aquela senhora idosa, ele também, eu fiquei constrangida, ela sabe que ele não poderia saber, não é possível ter informações a respeito de cada um dos comboios, e ela não sabia justamente a respeito desse comboio específico? Ela não pode ter esquecido, está fazendo o papel da mãe sofredora em público. Para quê? Mais tarde eu lhe disse novamente: Riga, fuzilamento. Será que me escuta? Como posso saber o que se passa em sua cabeça torturada? Penso que ela guardou isso na lembrança, de fato não esqueceu, mas permite que se esfume. Talvez ela tenha sido perseguida por todos os tipos de morte que Schorschi pôde ter sofrido e envelheceu sob o fardo dessas imagens. E não quer mais reter aquela única morte, a verdadeira.

Eu, ao contrário, fixei tudo na memória, como posso deduzir dos poemas que escrevi sobre ele em Nova York. Mas ela esperou muito tempo por ele, examinou as listas, perguntou às autoridades competentes. E depois esquece tudo mais uma vez. E, de repente, diz para mim ao telefone: "Você não sabe, mas penso nele todos os dias". Ela nunca pergunta se penso nele, se ele representava algo para mim. E confesso que de fato sou tão descrente que não acredito em seu pesar, e fico cogitando se ela não estaria apenas representando. Talvez eu simplesmente sinta ciúmes de seu direito maior de prantéa-lo.

Por isso não posso contar a ela quantas vezes fiquei sentada diante da televisão quando o diabo novamente corria solto nas ruas de Praga, procurando automaticamente por Schorschi. Décadas mais tarde, ainda me surpreendia ao perguntar diante de tal cena em Praga: "Ele não poderia ser esse aí, o careca gordinho na esquina, ou ainda aquele magricela de casaco, que fala tão insistentemente com o soldado russo?".

Onde não existe túmulo, o trabalho de luto nunca termina. Ou então fazemos como os animais e não pranteamos ninguém. Quando digo túmulo não me refiro a um local fixo em um cemitério, mas sim ao fato de saber que a morte ocorreu, que a pessoa querida morreu. Para minha mãe, nunca houve um dia sequer em que ela soubesse com certeza que ambos, o marido e o filho, *não* tivessem escapado do assassinato em massa. A esperança era como uma quantidade limitada de líqüido que vai evaporando com o tempo.

Sob outro ângulo: há vinte anos houve grande consternação entre os protetores dos animais porque no Leste do Canadá filhotes de focas foram mortos a pauladas por homens e crianças, por esporte ou ganância. As imagens na televisão eram muito cruas, os meninos davam pauladas por todos os lados, seus rostos iluminados de inocente crueldade. Meu filho pequeno, que na época escrevia uma redação sobre lobos para a escola, os quais, conforme demonstrou, não faziam jus à má fama e deveriam ser poupados da extinção, saiu pálido da sala, justamente quando mamãe-foca, que defendera seu filhote com tenacidade, teve de ceder aos matadores. E, indefesa, ficou olhando como sua cria era morta a pauladas, soltou um ganido e foi embora. Não ficou por ali. Simplesmente mudou de lugar.

No Canadá, dizia-se na época que os americanos eram sentimentais e a mídia, sensacionalista. Se os filhotinhos não fossem tão encantadores, não se verteriam lágrimas por eles como acontece com filhotes de ratos. Ao olhar para essa caçada macabra, pensei em minha mãe. Ela também agiu assim, foi embora quando nada mais havia a fazer e engoliu sua perda. Mas ela não é um animal e não é capaz de esquecer, e sua cabeça deve ser assombrada pelas mais terríveis imagens, parte fantasia, parte lembrança, o que pode ser uma das razões por que sua companhia se torna insuportável para mim depois de algum tempo.

De tudo aquilo que tentei ser ou conseguir na vida, ela apenas aceita meus dois filhos americanos, que não sabem falar alemão. Despreza meus estudos de filologia germânica e também não compreende por que ando sempre pela Alemanha. Razões profissionais não lhe são suficientes. "Você não precisa disso", diz em tom repreensivo. Ela, por sua vez, nunca saiu da América desde que emigramos para lá, no outono de 1947.

Em meus longos passeios à noite pelas ruas de Manhattan, que se tornaram um hábito para mim quando tinha dezesseis ou dezessete anos, tentei imaginar como seria morrer fuzilado a sangue frio nessa idade, sem o menor risco para o assassino. Teria sido uma matança às cegas ou teria meu irmão visto seu assassino, talvez até falado com ele? Eu conhecia os fatos, mas não os detalhes concretos, e justamente estes me atormentavam. Não podia falar a respeito com minha mãe, era um assunto íntimo demais, constrangedor demais, inconsistente demais; teria sido uma conversa falsa. Assim, escrevi poemas sobre isso que, porém, só atestam minha incapacidade de expressão.

Mas então, de modo inteiramente inesperado, fiquei sabendo de detalhes sobre esta morte. Mais de trinta anos após o fim da guerra, eu estava no mais requintado restaurante de Princeton com um grupo de colegas da universidade. Excluindo a minha pessoa, eram todos historiadores, inclusive o convidado de honra que acabáramos de aplaudir em sua conferência sobre um problema do nazismo. Como sói acontecer quando vários judeus se encontram em torno de uma mesa, começamos a falar sobre a grande catástrofe judaica. Aliás, não me passa desapercebido que as perguntas formuladas por alemães nessas conversas giram em torno dos algozes, enquanto os judeus querem saber mais a respeito das vítimas. Nenhum comentário ocorre aos alemães a respeito das vítimas, a não ser que de fato nada mais lhes restou do que a rendição passiva. Nós, ao contrário, puxamos os assassinados de um lado para outro, queremos que se identifiquem ou que *nos* concedam uma justificativa para o que fazemos ou deixamos de fazer. Comentamos, após o jantar, por que não teria irrompido o pânico durante as execuções; e isto é, no fundo, formulado pelo lado positivo, a pergunta de por que não houve resistência. Esta questão inclui de imediato a exigência de que deveria ter havido resistência. Eu disse que sempre achara uma insolência por parte dos sobreviventes exigir ainda dos assassinados um determinado comportamento ao morrer, algo que torna seu assassinato mais suportável para nós, gestos heróicos de uma resistência inútil ou a serenidade dos mártires. Não morreram por nós, e nós, sabe Deus, não vivemos para eles.

As pessoas com quem me sentava à mesa no La Hière eram suficientemente bem informadas para necessitar de tais esclarecimentos e, no entanto, não estavam dispostas a deixar o assunto de lado. Houve um silêncio. E então uma historiadora inteligente e famosa disse: "Há indícios de que tentaram consolar uns aos outros, não seria isto ainda melhor do que a resistência?". E, de novo, silêncio.

"Mas quando tudo já foi dito e esclarecido, ainda sobra um resto que não compreendemos, algo que não é compatível com a psique humana, tal como imaginamos conhecê-la", disse o convidado, de origem tcheca. "Por exemplo, a morte de todo um comboio em Riga." Descreveu o fim desse comboio, tal qual supunha após examinar os documentos. Tais relatos são bem conhecidos, não preciso retomá-los aqui nem enfatizar os detalhes que lhe pareceram significativos e que prenderam minha atenção, pois tinham a ver com meu irmão. Ele não podia imaginar que seu exemplo me tocava, não devido a seu caráter geral e sim por seu caráter particular. Assim, os detalhes sobre a morte de Schorschi, que imaginei e fantasiei ainda adolescente em Nova York, foram-me servidos junto com o conhaque em Princeton, sem qualquer intenção do narrador. E lá estava ele novamente, o desencontro entre o amigável ambiente universitário que se tornara meu verdadeiro lar, o jantar agradável e estas histórias estapafúrdias que nem deveriam existir, que mesmo na ficção, como no *Macbeth*, por exemplo, nos parecem de um terror exagerado. Fantasmas desnudos, enregelados, sentados à mesa. Naquela noite, embriaguei-me com o conhaque, voltei à casa aos tropeções, acordei no meio da noite, acendi a luz, folheei livros, encontrei tudo de imediato, estava certo: tratava-se de seu comboio. Gemendo, voltei para a cama, sonhei com uma paisagem desolada onde algumas pessoas acenavam de longe umas para as outras ou se ameaçavam.

Arame farpado intransponível entre nós e os mortos. Já anteriormente tentara conjurá-los com imagens e palavras. "Com mãos rubras e frias/ meu irmão cava seu próprio túmulo." Mas eles não se deixavam conjurar. Como devem nos odiar. Vamos ao seu encontro, eles recuam. Dei a um poema que escrevi a respeito o nome de "Yom Kippur" (Dia do Perdão), um dia de jejum que acontece pouco depois do Ano Novo judaico, e que contrapõe à grande alegria deste feriado religioso a reflexão e o luto; à semelhança da Sexta-Feira Santa e da Páscoa, só que em ordem inversa.

YOM KIPPUR

E este ano como todo ano
atormenta e consome a carne dos vivos
a fome dos mortos. Desfazei os nós!
Sede como um pente em cabelos revoltos.

E este ano como todo ano
nosso jejum há de penetrar o vosso.
Mas quem vos descobrirá nas covas? Somos cegos!
Saberei ainda qual deles era o meu irmão?

E não nos ajudais e permaneceis esquivos,
recusando a reconciliação no ano novo,
e afastais de vós nossas mãos e bocas
como afastam das sinagogas os animais impuros.

Há tempos fui, ano após ano, irmã para ti,
que me renegas, imóvel e impassível
onde a morte te encerra como arame farpado.
Seremos os vivos fantasmas para os mortos?

O último verso deveria ser difícil de dizer e não soar de maneira poética. Os animais impuros do templo têm origem no Livro dos Macabeus. Imagino que os mortos formem uma camarilha que exclui os vivos. Um clube que exige tudo. Sobre isso havia a seguinte estrofe em outra versão do poema:

De novo e sempre nas ondas das noites
trazemos, para matar vossa sede, vinagre e lágrimas
do ano que passou. Mas quem vos pode reconciliar
que não beba junto água salgada nem vos tenha levado o mar?

Se não consigo aplacar vocês, então que assim seja. Não posso cavar seus túmulos junto com vocês. Quem não morreu com vocês tem de morrer de outra maneira e em outro momento. Entro em disputa com eles (não com Deus, como o fazem por vezes os judeus ortodoxos, pois este nem mesmo é um fantasma): "Não pago *esse* bilhete de entrada, ainda não", e cada vez que adoecia seriamente e novamente me recuperava, dizia obstinadamente, "ainda não".

3.

Aulas regulares para as crianças de Theresienstadt eram expressamente proibidas pela administração alemã do campo. Fiquei admirada. O intelecto judeu, supostamente desprezado, era considerado um perigo só por aulas escolares para crianças prisioneiras, mesmo aqui atrás dos muros? Havia uma ordem do dia redigida pela administração judia do alojamento infantil, mas a esqueci. Devido à proibição, o aprendizado tornava-se mais atraente.

Theresienstadt transbordava com uma quantidade de pessoas muito inteligentes que trouxeram consigo as idéias e ideologias da Europa e lá continuaram a discuti-las. Professores primários e universitários se alegravam quando reuniam em torno de si um grupo de crianças às quais podiam transmitir algo belo sobre a cultura européia. Mas quando se anunciava uma inspeção alemã, aquelas poucas folhas de papel impresso desapareciam, e algumas vezes, quando os soldados uniformizados apareciam inesperadamente, corríamos a toda velocidade para nos dispersar e sempre o fizemos a tempo. E, no entanto, tratava-se apenas de uma das "aulas" irregulares nas quais um adulto nos contava alguma coisa ou mantinha uma conversa conosco. Em Theresienstadt, não aprendi ou estudei nenhum tópico específico de maneira regular. Dadas as circunstâncias, isto era impossível.

Livros havia poucos, e por isso eram muito valorizados, tratados com muito carinho e passados de mão em mão. Lá havia um especialista em história da arte que possuía um livro de arte com ilustrações que nos mostrava e explicava. Dürer, os pêlos do coelho, feições humanas, superfícies, proporções, os quatro apóstolos. Tudo era novidade: eu nunca estivera num museu, judeus estavam proibidos de freqüentá-los. Havia um professor secundário que ministrava um pouco de história da literatura para algumas crianças interessadas, à noite, não sempre, em uma minúscula despensa. Um garoto que sabia o que era a *Edda*[4] fazia parte do grupo. Eu tinha vergonha de minha ignorância. Uma senhora idosa tentou ensinar-me a ler poemas em voz alta de maneira correta, no cômodo superlotado onde vivia e onde nunca havia um minuto de silêncio. A "Noite de luar", de Eichendorff:[5] "E minha alma despregava/ Amplamente suas asas". A leitura desses versos foi muito boa, elogiava ela. Creio recordar que a primavera e o verão de 1943 foram épocas radiantes em Theresienstadt. Eu escrevia poemas melancólicos sobre a pátria e a liberdade.

Leo Baeck falava para nós no sótão. Ficávamos sentadas naquele lugar apertado para ouvir o famoso rabino berlinense. Explicava para nós como se deveria ler a história bíblica da criação do mundo em sete dias e não contestá-la, uma vez que a ciência moderna fala de milhões de anos. Relatividade do tempo. Um dia para Deus não pode ser medido como os nossos dias e não possui apenas 24 horas. Na sucessão de fatos, ao contrário, a tradição coincide exatamente com a ciência: primeiro Deus criou o mundo inorgânico, depois as criaturas e, por último, o homem. Eu prestava total atenção, impressionada primeiro com a atmosfera solene que envolvia as crianças sentadas sob o teto de vigas nuas e, em segundo lugar, com aquelas idéias expostas de maneira tão singela e tão enfática. Ele nos devolvia o nosso legado, a Bíblia no espírito do Iluminismo, podíamos ter ambas as coisas, o antigo mito, a nova ciência. Fiquei encantada, a vida ainda poderia ser linda. Baeck deve ter sido um pregador extraordinário, do contrário como poderia eu ter guardado tudo isso na memória? Baeck, este leal cidadão alemão sobre quem li mais tarde, com estranheza, que ainda teria pago sua conta de gás, quando os algozes já estavam diante da porta de sua casa em Berlim para buscá-lo. Queria talvez deixar uma boa impressão, evitar *rishes*, antes de ser deportado? Os ju-

---

[4] Manuscritos dos séculos XIII e XIV, contendo antigas lendas dos povos germânicos. (N. da T.)

[5] Joseph von Eichendorff (1788-1857), poeta romântico alemão. (N. da T.)

deus eram como os personagens da lenda que tiravam a luz de dentro de sacos, derramando-a no prédio escuro da prefeitura.[6]

Em agosto de 1943 chegou a Theresienstadt um grupo de crianças que não cheguei a ver, aliás, quase ninguém as viu por lá. Elas deveriam ir com um transporte especial para o exterior, para a Suíça, conforme diziam. Foram mantidas totalmente separadas, e apenas alguns poucos atendentes puderam aproximar-se delas durante o breve período em que estiveram conosco. No entanto, ouvia-se: estas crianças resistiam desesperadamente quando tinham que tomar banho. E também o motivo da resistência correu de boca em boca. Os adultos consideravam a história das duchas, das quais saía gás venenoso ao invés de água, um produto da fantasia das crianças, enquanto as crianças, como eu, as levavam bastante a sério. E por que não? Crianças ainda estão aprendendo como o mundo é. E assim era o mundo, portanto. Via meu ambiente judeu como uma parede fina, uma espécie de divisória pouco segura contra o uniformizado mundo exterior, ariano e masculino, que fazia seus negócios obscuros e obscenos, algo ao mesmo tempo fascinante e repugnante, algo que, articulado em palavras, convertia-se em uma pornografia da morte e, por isso, num tema proibido de conversação.

Procuro descobrir mais sobre esse transporte, não é difícil, tudo está documentado, todavia sinto um desconforto como se estivesse procurando algo muito sagrado ou muito pecaminoso. Continua pesando a proibição sobre estas crianças? Leio que vinham da Polônia, de Bialystok, onde tinham informações a respeito da existência das câmaras de gás, e que seguiram viagem em outubro, com 53 tutores judeus, pensando todos que iriam para o exterior. Mas o destino era Auschwitz, a morte. Entre esses tutores estava a irmã preferida de Kafka, Ottla, na época completamente desconhecida, pois seu falecido irmão ainda não fazia parte da literatura universal. O sexagésimo aniversário do escritor fora celebrado no gueto no mesmo verão e ela havia participado da comemoração. Em Theresienstadt dava-se muita importância à cultura.

Havia gente de cabaré, músicos, artistas famosos, diretores de cinema e teatro, comediantes. Emocionante foi a leitura dramática do sermão

---

[6] A autora refere-se aqui à lenda da mítica cidade de Schilda, cujos habitantes cometiam ações absurdas e disparatadas. (N. da T.)

dos capuchinhos, do *Acampamento de Wallenstein*, do drama de Schiller. O aplauso entusiasmado após o último verso, sobre Friedland,[7] que não permite que haja paz no país, foi a primeira manifestação de protesto que presenciei. E descobri que velhos textos podem ser colocados a serviço de situações atuais. Ao bater palmas, manifestava resistência.

Uma mãe sentava-se à mesa algumas vezes com sua filha no dormitório do alojamento infantil e contava-lhe um pouco sobre a história da Grécia. Sentava-me ao lado delas. Minha mãe não fazia essas coisas. Nacos de uma educação escolar, migalhas de uma cultura.

De certa forma, amei Theresienstadt, os dezenove ou vinte meses que passei ali fizeram de mim um ser social, tendo sido anteriormente uma criança retraída, encapsulada, recalcada e talvez intratável. Tivera manias em Viena, sintomas de neurose obsessiva que superei em Theresienstadt através de contatos, amizades e conversas. É surpreendente como as pessoas se tornam criativamente comunicativas quando têm apenas a conversa como distração, para escapar de uma situação de miséria que, entretanto, precisa ser ainda suportável. Pois a mulher de meu colega tinha razão, Theresienstadt não foi tão ruim. Mas como se atreve a falar assim comigo, quando tudo que vinha dos alemães era uma única e enorme desgraça, e o que era bom vinha de nós, os prisioneiros? Suas vozes ainda ressoam em meus ouvidos, seria preciso matá-las para fazê-las calar, bendita seja sua memória. A maior parte das coisas que aprendi sobre comportamento social (e nem é tão pouco assim, afinal tornei-me uma pessoa em quem se pode confiar) foram ensinadas pelos jovens socialistas e sionistas que tomavam conta das crianças em Theresienstadt — até que precisassem deixá-las partir e eles próprios fossem deportados. Lá havia toda sorte de dificuldades e restrições sem limites. É possível chamar isso de bom? Só era bom o que os judeus conseguiram fazer daquilo e como essa área de menos de um quilômetro quadrado de solo tcheco foi inundada por suas vozes, seu intelecto, sua alegria em dialogar, em brincar, sua perspicácia engenhosa. O que era bom provinha de nossa auto-afirmação. De modo que fiquei sabendo pela primeira vez o que poderia ser este povo ao qual eu podia, precisava e que-

---

[7] Personagem do drama de Schiller, cujo nome significa literalmente "país de paz". (N. da T.)

ria pertencer. Quando coloco a mim mesma a pergunta difícil de responder, por que e de que modo eu, uma pessoa descrente, sou judia afinal de contas, ocorrem-me muitas possibilidades de respostas acertadas, dentre elas uma em especial: "Isto vem de Theresienstadt, foi lá que me tornei judia".

Senti ódio de Theresienstadt, um pântano, uma latrina, onde não era possível esticar os braços sem esbarrar em outras pessoas. Um formigueiro constantemente pisoteado. Quando alguém que também esteve em Theresienstadt é apresentado a mim, envergonha-me este dado comum, asseguro imediatamente que eu não estava mais lá ao fim da guerra e interrompo a conversa o mais rápido possível, a fim de evitar qualquer tentativa de tecer afinidades. Quem gostaria de ter sido uma formiga? Nem mesmo no banheiro era possível ficar sozinha, pois sempre havia alguém lá fora que estava apertado. Viver num grande estábulo. Os detentores do poder, que às vezes apareciam com seus uniformes apavorantes para verificar se o gado não estava puxando a corda. Tinha-se a impressão de ser um lixo humano, e era isso mesmo. Fazer parte de um povo indefeso, que por vezes era arrogante, outras vezes autocrítico até o limite de sentir ódio por si mesmo. Não dominar outra língua a não ser aquela dos detratores desse povo. Não ter oportunidade de aprender outra. Não aprender nada, não poder empreender coisa alguma. Este empobrecimento da vida. Leitmeritz, aquele pedaço de terra onde os oficiais do romance de Saar se alojavam, estava a uma distância tão astronômica de nós quanto Nova York. Caminhar na água, esperar o tempo passar e assim envelhecer. Um permanente estado provisório. Ter-que-estar-ali-à-força: décadas mais tarde, saí de Theresienstadt de carro; foi como a realização tardia de um antigo sonho.

Pois senti-me tentada a voltar a Theresienstadt muito tempo depois do fim da guerra, quis rever o lugar. O antigo lugar denominado Theresienstadt em alemão, hoje é Terezin, uma pequena cidade tcheca. Pareceu-me quase desabitada, pois outrora vivia tanta gente por lá, se é que se pode chamar aquilo de viver. Fui até a caserna dos oficiais, onde ficamos abrigadas, L 414, e bati à porta. A mulher que atendeu compreendeu imediatamente meu desejo de rever aquele cômodo onde habitara com outras trinta meninas. Nosso antigo dormitório era agora sua sala de estar e não era maior, ao contrário, era menor do que minha sala de estar americana. Também subi ao sótão onde ouvira os jovens sionistas e Leo Baeck e pensei, deve ter sido em Rosh Hashanah, pois falara sobre a criação do mundo. Depois vaguei pelas ruas onde crianças brincavam, vi meus fantasmas entre elas, clara e detalhadamente delineados, mas transparentes, como são e devem ser os espíritos, e as crianças vivas eram consistentes, barulhentas e vigorosas. Então fui embora aliviada. Theresienstadt não se tornara um campo de concentração transformado em museu. Era uma cidadezinha onde viviam pessoas. Após a lúgubre cidade militar descrita por Saar, por volta de 1840, e após meu superpovoado campo de trânsito, por volta de 1940, havia lá novamente aconchego e acolhimento.

AUSCHWITZ-BIRKENAU

1.

Se ao menos a guerra terminasse a tempo. Durante toda a época de Hitler, jamais ouvi um judeu expressar o pensamento de que a Alemanha pudesse vencer. Tratava-se de uma possibilidade equivalente a uma impossibilidade, uma frase que representava um tabu, uma idéia que não se pensava até o fim. Ter esperanças era um dever.

Esta palavra se repetirá com freqüência nas páginas seguintes. Em hebraico, esperança chama-se *hatikvah*. Também é o nome de uma canção. Os prisioneiros a caminho das câmaras de gás em Auschwitz teriam cantado às vezes a *Hatikvah* nos caminhões, à época o hino sionista, hoje o hino nacional de Israel. Diz-se que a esperança mantém o homem vivo. Mas, na realidade, a esperança é o reverso do medo, e o medo pode dar a impressão de manter o homem vivo, pois sente-se a língua coberta de areia e uma droga correndo nas veias. "Princípio medo", esse deveria ser seu nome, não "princípio esperança", só que é difícil realizar algo edificante com tal princípio.

Tadeusz Borowski, um jovem polonês genial, que enfiou a cabeça no forno, após a guerra, depois de ter escapado das câmaras de gás, afirmava que só o desespero torna as pessoas corajosas, a esperança, ao contrário, torna-as covardes. Sobre o tema "esperança" em Auschwitz, escreveu:

> *É a esperança que ordena ao homem entrar indiferente na câmara de gás; que o impede de planejar uma rebelião; a esperança o mata e o torna apático... A esperança o impele a lutar por mais um dia, porque exatamente o dia seguinte poderia ser aquele que traz a liberdade... Nunca a esperança foi tão forte no homem, porém nunca invocou tanta maldade quanto nesta guerra, quanto neste campo. Não nos ensinaram a perder a esperança. Por isso morremos no gás.*[8]

[8] *Bei uns in Auschwitz* (Entre nós, em Auschwitz), Munique 1982, pp. 160-1. (N. da A.)

É curioso que se conseguisse acostumar com isso, que não se tremesse continuamente de medo. Além dessa desesperança que encoraja e que Borowski colocou acima da esperança, há ainda a falta de esperança apática, encarnada pelo fenômeno dos "muçulmanos", pessoas que perderam o instinto de sobrevivência no campo de concentração e que reagiam então como autômatos, quase de maneira autista. Eram casos perdidos, nenhum muçulmano poderia viver longo tempo, me disseram. Procurei comunicar essa idéia em frágeis versos infantis, em um poema que intitulei "A chaminé".

> Outrora vivia cheio de horror
> diante do perigo iminente.
> Hoje ele pode olhar tranqüilo,
> encenar sua vida calmamente.
> Estão todos destroçados de dor,
> nenhuma beleza, nenhuma alegria.
> Vida, sol, tudo distante
> e arde a chaminé.
> Auschwitz está em suas mãos,
> tudo, tudo há de queimar.

Nunca perdi a esperança, e hoje penso que isso se deve unicamente à cegueira própria das crianças e ao medo da morte. Que eu, justo eu, não perdera a esperança foi para mim pessoalmente um resultado satisfatório, mas que não desvirtua a improbabilidade de tal resultado, assim como alguém que ganha na loteria não desmente o fato de que a maioria dos apostadores tem de perder, ou que é igualmente improvável que um determinado apostador ganhe, mas é certo que um deles deva ganhar. Não se deve confundir as leis da estatística com a providência, pois essas leis nem selecionam nem favorecem. Do ponto de vista estatístico, provavelmente muitos de nós deviam ter podido escapar dos nazistas, sobretudo porque estes estavam a ponto de perder a guerra. A pergunta sobre quem foram os afortunados faz com que se desvie ligeiramente da estatística em direção à floresta fantástica das histórias com final feliz. E por que você não conta uma história dessas?, perguntam os amigos. Eis o dilema: para nós hoje, a estatística é o que foi, em tempos passados, a necessidade na tragédia para aqueles que acreditavam no destino; porém, de maneira diferente do que a tragédia, a estatística é muito pouco profícua nos detalhes. Onde há medo e alegria, ela guarda silêncio. E todas as histórias a respeito de seres humanos tratam de medos e alegrias. A minha também. Contudo, o leitor amante da verdade não deve creditar o *happy end* de minhas andanças infantis (uma vez que se queira chamar a pura e simples sobrevivência de *happy end*) na conta de esperanças de alguém, não na minha e muito menos em sua própria.

2.

Ainda hoje sinto um arrepio quando vejo vagões de carga. É comum dizer-se vagões de gado, mas nem mesmo os animais são transportados normalmente dessa maneira, e quando o são, não deveriam sê-lo. Seria o maltrato dos animais a única relação entre homens e bichos que nos ocorre quando dizemos que fomos tratados como animais, portanto, enfiados em vagões de gado? O problema não era que vagões de gado não sejam, em princípio, trens de passageiros. Num mesmo ano, fui transportada duas vezes de um campo de concentração para outro em um vagão desses, não importa qual sua designação, de carga ou de gado, e na segunda vez nem mesmo me senti tão mal. Entretanto, na viagem de Theresienstadt para Auschwitz estávamos em uma ratoeira.

As portas estavam hermeticamente fechadas, o ar entrava por um pequeno espaço quadrangular, uma janela. Pode ser que houvesse uma segunda abertura semelhante no outro extremo do vagão, mas lá estavam empilhadas as malas. Em filmes ou livros a respeito desses transportes, que já se tornaram tema de ficção com relativa freqüência, o herói está pensativo à janela, melhor ainda, junto a uma fresta, ou ergue uma criança até a fresta, ou alguém que está do lado de fora vê um prisioneiro parado diante dela. Mas, na realidade, só uma pessoa podia ficar ali e não cedia seu lugar com facilidade; por princípio era alguém provido de cotovelos. O vagão simplesmente estava superlotado. As pessoas tinham levado tudo o que possuíam. Pois lhes haviam dito para levar tudo. Com o cinismo da ganância, os nazistas fizeram com que até o último pertence dos judeus lhes fosse entregue pessoalmente na rampa de Auschwitz, sem deixar de enfatizar as aflições que a falta de espaço deveria acarretar. Não se possuía muita coisa quando se vinha de Theresienstadt, mas ainda era demais para um vagão de carga lotado de gente. Éramos sessenta ou oitenta pessoas? Logo o vagão cheirava a urina e fezes, era preciso procurar recipientes entre os objetos pessoais para tal fim, e só havia uma fresta para esvaziá-los.

Não sei quanto tempo durou a viagem. Quando olho no mapa, a distância nem é tão grande entre Theresienstadt e Auschwitz. Mas essa viagem foi a mais longa de todas. Talvez o trem tenha parado algumas vezes e ficado certo tempo em algum lugar. Com certeza após a chegada a Auschwitz, mas provavelmente também antes, os vagões ficaram parados e a temperatura em seu interior elevou-se. Pânico. Transpiração de corpos que não agüentaram mais o calor e o ar que a cada minuto tornava-se mais irrespirável. Penso que daí me vem à mente como devem ter sido as câmaras de gás. A sensação de abandono, e com isso não quero dizer que havíamos sido esquecidos, isso não, pois o vagão estava sobre trilhos, tinha um destino, chegaria a algum lugar; mas sim repudiados, segregados, enfiados em um caixote como trastes inúteis. Uma senhora idosa perto de minha mãe foi aos poucos perdendo a razão, gemia, soluçava, e eu fiquei irritada, impaciente com o fato de que sua cabeça não resistisse e ela somasse ainda, à grande desgraça de nosso desamparo coletivo, a pequena desgraça de seu desamparo particular. Minha reação foi decerto defesa contra o impensável, ou seja, o fato de uma mulher adulta perder o juízo em minha presença. Finalmente, a velha chegou ao limite. Sentou-se no colo de minha mãe e urinou. Vejo diante de mim o rosto ainda sem rugas, mas tenso e enojado de minha mãe na penumbra do vagão, como empurrava a senhora de seu colo, mas não de maneira brutal, irada. Minha mãe, que não é um exemplo para mim, algumas vezes não deixava de ser exemplar e este instante fixou-se na memória. Foi um gesto pragmático, mas humano, como o de uma enfermeira que se desvencilha de uma paciente que se agarra a ela. *Eu* achava que minha mãe deveria ter se indignado, ao passo que para minha mãe a situação estava além da raiva e da indignação.

Estas experiências não são tema de conversa de salão. Recentemente conversamos aqui em Göttingen durante a sobremesa sobre situações difíceis que vivenciamos, por exemplo, um elevador que pára de repente, túneis longos demais, como o que se planeja sob o Canal da Mancha, falamos sobre tudo que pode acarretar uma sensação claustrofóbica e também, aproximando-se de minha experiência, dos abrigos antiaéreos durante a infância de alguns dos presentes. Eu tinha a oferecer minha viagem no vagão de gado e, naturalmente, pensei o tempo todo nisso, mas como apresentar tal contribuição? Esta história teria abafado a conversa, teria extrapolado os limites de tal maneira que só eu continuaria a falar, os outros, mais ou menos constrangidos, consternados, teriam silenciado, perdido a voz por causa de minha história. Assim, ao invés disso, contei outra coisa, algo sobre a vida de uma amiga de Munique que perdeu metade dos colegas de classe em um bombardeio, tendo a sorte de ser apenas jogada contra a parede. Vocês podem e devem falar sobre suas experiências de guerra, caros amigos, sobre as minhas, não posso nem devo. Minha infância cai no buraco negro desse desencontro.

O que é que você quer, dizem então, que tratemos um transporte para Auschwitz como um elevador parado ou a permanência num abrigo anti-aéreo? E mais uma vez encontro-me junto a minha Gisela, de Princeton, quando ela me apresenta em uma bandeja, no maior asseio e à maneira de uma garçonete, a graça de seu nascimento tardio e leva a mal, impiedosa, meu azar de ter nascido mais cedo. *Ela* não se acanha de fazer comparações, só que suas comparações se tornariam logo equações e, sendo ruim em aritmética, os resultados não bateriam. Por outro lado, se não fazemos comparações, não surgem idéias e tudo cai no ponto morto das frases feitas, como na maioria dos discursos laudatórios. E calo-me e só posso prestar atenção sem participar da conversa. Pertencíamos todos à mesma geração, solidários, bem articulados, mas a antiga guerra destruiu as pontes entre nós e ficamos sentados sobre os pilares que avançam até dentro de nossas novas casas. No entanto, se não houver ponte alguma entre minhas lembranças e as suas, por que, afinal de contas, escrevo isto?

Pessoas que sentiram o pavor da morte em espaços estreitos possuem, por isso, uma ponte para compreender um transporte como o que descrevo aqui. Da mesma forma que, a partir da experiência daquele vagão, tenho algum tipo de entendimento da morte nas câmaras de gás. Ou penso ter tal entendimento. Seria a reflexão sobre circunstâncias humanas sempre algo diferente do que uma derivação daquilo que se conhece para aquilo que se reconhece, que se reconhece como uma afinidade. Sem comparações não se chega a lugar algum.

Do contrário, o assunto simplesmente poderia ser arquivado, um trauma que se furta à empatia. E cada um constrói suas próprias barreiras. Acreditem, existem americanos para quem essas experiências nos abrigos antiaéreos teriam o efeito de um pesadelo grosseiro, sobre o qual não se fala à mesa. E talvez seus próprios filhos já tenham se tornado esse tipo de pessoa. Na ocasião, sempre pensava que teria algo de interessante e importante para contar depois da guerra. Mas as pessoas não querem ouvir, ou somente o fazem com uma certa pose, uma certa atitude, não como interlocutoras e sim como pessoas que se submetem a uma tarefa desagradável, em uma espécie de reverência que facilmente se transforma em repugnância, duas sensações que em todo caso se complementam. Pois tanto o objeto da reverência, como o da repugnância, é sempre mantido a distância.

Quando a coisa estava no limite do suportável, as portas foram abertas. Depois foi rápido, o vagão esvaziou-se num segundo, minha mãe ainda amarrava a trouxa sobre a qual se sentara. (Sempre se prendeu a determinados objetos, assim como eu a palavras.) Empurrada para a frente, caí do vagão, pois era preciso pular; esses vagões são altos demais, impossível simplesmente descer — é curioso. Peter Weiss percebeu isso, bom observador que era. Levantei-me, quis chorar, ou pelo menos choramingar, mas as lágrimas secaram diante do cenário impressionante do lugar. Alívio era o que deveríamos sentir, e por uns instantes também senti-me aliviada de, finalmente, não precisar mais ficar assando em uma lata de sardinhas e respirar ar puro. Mas o ar não era puro, cheirava como nenhuma outra coisa neste mundo. E soube instintiva e imediatamente que aqui não se chorava, não se chamava a atenção sobre si.

Fatigada, extenuada, exausta, engoli o horror que me subia pela garganta como vômito. Agora um pouquinho de calma, uma caneca de água, recobrar as forças. Mas justamente isto não estava no programa, por toda parte uma gritaria insuportável, angustiante, que não cessava. Os homens que nos tinham impelido para fora dos vagões com seus "Fora, para fora", e agora continuavam nos empurrando, eram como cães raivosos a ladrar. Fiquei contente de encontrar-me no meio de nosso amontoado de gente e poder caminhar ali.

Ouviria sempre e sempre nas semanas seguintes esse tom carregado de ódio que elimina o caráter humano dos que são movidos a gritos e berros, reduzindo-os instantaneamente a meros objetos, e sempre me curvava de medo. Era um tom que tinha a finalidade de intimidar e, portanto, de anestesiar. Na maioria das vezes não se percebe quanta consideração repousa num tom normal de conversa, mesmo que seja na irritação, na discussão ou até na raiva. É possível discutir com alguém, mas ali nem mesmo éramos adversários. O comportamento autoritário em Auschwitz visava sempre diminuir, negar a existência humana do prisioneiro, privá-lo de seus direitos. Primo Levi descreveu-o em seu livro *É isto um homem?*. Mas ele chegou ali com a autoconfiança de um europeu adulto, sólido, arraigado espiritualmente no racionalismo e fixado geograficamente em sua pátria italiana. Para uma criança era diferente, pois nos poucos anos em que pude existir como pessoa consciente, fui sendo privada gradualmente do direito à vida, de maneira que Birkenau para mim não carecia de uma certa lógica. Era como se, simplesmente por ainda estar viva, você tivesse invadido um terreno alheio e aquele que dirige a palavra a você não deixa de dar a entender que sua existência não é bem-vinda — assim como dois anos antes, fixava-se em lojas arianas o cartaz bem visível de que eu não era bem-vinda. Agora a roda dentada gira mais um pouco e o chão em que você pisa quer que você desapareça.

Nesta rampa, continuo a cair até hoje. Ao acordar de uma anestesia, sinto-me cair, aliviada e horrorizada ao mesmo tempo, da porta escancarada do vagão até então cerrada, sobre esta rampa que se tornou tão célebre desde então, mas outrora ainda pouco afamada, rua sem saída na loucura homicida de uma cultura obcecada. Instante inesquecível, enrijecido e petrificado em um sentimento vital. Oito ou oitenta, do vagão de gado até a rampa, do transporte para o campo, de um espaço fechado para o ar pestilento. Quedas.

3.

Quem sabe se os nazistas quiseram desfigurar sarcasticamente o Romantismo alemão ao dar nomes idílicos aos campos de concentração? Ou seriam os nomes Buchenwald e Birkenau[9] apenas o resultado da maneira de pensar de uma mente *kitsch*, quando esta tem a intenção de mascarar ou minimizar? Uma pessoa mal-informada poderia cantarolar de maneira inconsciente as palavras "Birkenau e Buchenwald", entoando-as com melodias folclóricas, e compor facilmente versos com temas bucólicos que combinem com elas.

Birkenau foi o campo de extermínio de Auschwitz e constituía-se de vários pequenos campos ou subdivisões de campos. Em todos eles havia uma rua e galpões de ambos os lados. Mais atrás, o arame farpado e outro campo similar. B 2 B era uma exceção, uma vez que homens, mulheres e crianças estavam internados no mesmo campo, embora em galpões separados. Havia também bebês. O apelido carinhoso para B 2 B era "Campo Familiar de Theresienstadt".

Em cada galpão, duas fileiras de beliches estendiam-se junto às paredes. Uma estrutura de tijolos chamada de "chaminé" dividia o espaço em toda a sua extensão. Sobre esta "chaminé" postou-se na primeira noite a decana do bloco, portanto a chefe de um galpão, que aos gritos e xingamentos despejava ordens ou coisa que o valha, enquanto nós ficamos sentadas ou deitadas sobre os catres, pois de pé não havia lugar para todas. Seu tom era intimidador e eu, como um filhotinho de cachorro, ouvia na verdade somente o tom da fala. Contudo, uma frase chamou minha atenção: "Vocês não estão mais em Theresienstadt", era o que dizia, como se tivéssemos vindo do paraíso. Desprezam-nos porque só agora viemos para Auschwitz, pensei surpresa. Começa a desorientação. Pois aquela que discursava era também uma prisioneira. Aprendi a hierarquia dos números: os números baixos indicavam que as pessoas eram superiores, pois já estavam há mais tempo no campo, onde, de fato, ninguém queria estar. Mundo às avessas.

Naquela mesma noite, quando estávamos em um galpão, deitadas no andar médio dos beliches, cinco pessoas sobre um saco de palha, minha mãe me explicou que o arame farpado lá de fora era eletrificado, portanto mortal, e sugeriu que fôssemos juntas até ele. Não acreditei no que ouvia. Se amar a vida e agarrar-se a ela significam a mesma coisa, então nunca amei tanto a vida quanto neste verão de 1944, em Birkenau, no

---

[9] Em alemão, "floresta de faias" e "prado de bétulas", respectivamente. (N. da T.)

campo B 2 B. Eu tinha doze anos de idade e a idéia de estrebuchar na cerca elétrica de arame farpado naquele mesmo instante, e ainda por cima por sugestão de minha própria mãe, ultrapassava minha capacidade de compreensão. Salvou-me a convicção de que ela não estava falando sério. Desagradava-me que fizesse tais brincadeiras para me amedrontar. Minha mãe aceitou minha recusa de modo tão tranqüilo como se fosse o caso de um convite para um pequeno passeio em tempos de paz. "Pois então não." E nunca mais voltou a fazer tal sugestão.

Conheço mal minha mãe, assim como todas as crianças conhecem mal seus pais, e talvez estivesse realmente em jogo um certo prazer suicida, destrutivo. Mas provavelmente ela não tinha vontade alguma de fazer brincadeiras e não era sua intenção simplesmente me amedrontar. Pergunto-me se algum dia a perdoei pela noite mais terrível de minha vida. Nunca mais falamos a respeito. Muitas vezes senti o impulso de perguntar: "Você realmente estava falando sério?". Depois recolho novamente as antenas, como um caracol que aprendeu o suficiente a respeito do mundo exterior e sente-se melhor dentro da casca. Julgo que ela não fará esforço algum para dar uma resposta sincera e dirá apenas o que achar adequado. Além disso, repugna-me a idéia de trocar intimidades com minha mãe — e o que poderia ser mais íntimo do que essa pergunta?

Só quando eu tive meus meninos percebi que é admissível a idéia de matar os próprios filhos em Auschwitz, ao invés de esperar. Com certeza eu teria tido a mesma idéia e possivelmente a teria posto em prática de maneira mais conseqüente do que ela. Pois o suicídio é uma idéia relativamente confortante, principalmente para pessoas que vêm de um país como a Áustria, onde a taxa de suicídios é elevada e metade da população tem na ponta da língua a expressão "acabar com a própria vida". Confortante em comparação com a outra morte, a que era oferecida em Birkenau.

No dia seguinte, tatuaram-nos uns números no braço esquerdo. Diante de um galpão, algumas prisioneiras haviam instalado uma mesa com ferramentas, e ali fizemos fila. As especialistas em tatuagem tinham prática, era rápido. Primeiro, tivemos a impressão de que a tinta preta era fácil de lavar, e a maior parte realmente desapareceu de imediato ao primeiro contato com a água, mas depois permaneceu em finos caracteres pontuados, claramente visível e legível até hoje: A-3537. O "A" significava um número alto. Ou seja, servia como abreviatura para muitos assassinatos cometidos anteriormente. Não significava "Auschwitz", como dão a entender às vezes no cinema ou na televisão. Aborrece-me tal imprecisão. Em primeiro lugar, são fantasias que se apresentam como detalhes realistas e por isso desprezam a memória. Em segundo lugar, existe por trás dessa mania de inventar relações falsas um fascínio que facilmente se transforma em aversão. É curioso que também as axilas dos guardas da SS eram enfeitadas por tatuagens. O mesmo procedimento para a honra e para a vergonha.

Com esta tatuagem impregnou-se em mim uma nova lucidez, a saber: o aspecto extraordinário e ao mesmo tempo terrível de minha situação veio-me à consciência de maneira tão violenta que senti uma espécie de alegria. Eu vivia algo de que valia a pena dar testemunho. Talvez escrevesse um livro com um título como "Cem dias no campo de concentração". (De fato, existiram títulos assim após a guerra.) Ninguém poderia contestar que eu fizera parte dos que foram perseguidos, aos quais todo o respeito era devido (o que não ocorria com aqueles que simplesmente eram desdenhados, marginalizados), por causa da diversidade de suas experiências. Eu teria que ser levada a sério, com o número do campo tatuado no braço, assim como meu primo Hans fora levado a sério pela família. Assim, a partir da experiência do desprezo profundo e da depreciação, fantasiei um futuro no qual justamente esta experiência seria para mim portadora de honra.

Difícil de acreditar, diz alguém entre os leitores, esta "literarização", mesmo em se tratando de uma menina que usava a poesia como compensação, como foi o seu caso. O terror, o pânico devem ter sido imensamente violentos para coibir, se me permite, essa sublimação tão trivial dos fatos. (Essa pessoa diz isto de maneira mais moderada, mais neutra.) Mas a esperança, de modo geral, está sempre voltada para o futuro. Pode-se dizer a si mesmo, agora estou mal, mais tarde estarei bem. Agora tenho medo, mais tarde terei algo a dizer a respeito do medo. Relato, portanto, apenas a minha própria modalidade de um tipo de consolo muito difundido proporcionado pela projeção. Não ficar presa a este agora inimaginável. Querer prestar testemunho significava: chegará um tempo em que tudo aqui terá passado e este número será apenas um indício, uma prova material. Além disso, havia o desejo infantil de experimentar aventuras, acentuado pelo tédio da rotina diária dos prisioneiros. Fome, sede, insidioso desconforto físico são entediantes na medida em que não têm fim, na medida em que se anseia pela passagem do tempo. Aqui havia algo novo, surpreendente, este número que provocou menos pavor na criança do que um assombro crescente sobre tudo aquilo que existia entre nós e os nazistas. E, de fato, nos intervalos entre os ataques de pavor e pânico, consegui duvidar dos assassinatos em massa, simplesmente pela vontade de viver de uma adolescente. Eu não morreria aqui, não eu, com certeza.

4.

A menina de origem proletária, Liesel, que já me provocara mágoas em Viena, não me deixou em paz também em Theresienstadt. É um mistério para mim a razão pela qual ainda mantínhamos contato uma com a outra. Em sua presença, eu batia sempre na mesma tecla, mesmo que em segredo, de que eu lera mais livros do que ela e que meu pai era médico. Aliás, essa soberba também era uma reação à sua superioridade, pois ela não só era mais velha, mas também mais *streetwise*, tinha o traquejo das ruas, sabia como se virar. Em Theresienstadt, ela veio com a notícia de que minha mãe tivera um relacionamento amoroso com um médico casado e meu mal-estar foi motivo de regozijo. "Sim, e aqui no gueto, a sra. W. também descobriu essa história e fez uma tremenda cena com sua mãe." Tentei ignorar o assunto. Verdadeiro ou falso, era uma sujeira a mais com a qual não queria me meter.

Quando reencontrei Liesel em Birkenau, liguei-me a ela, pois estava lá há mais tempo, viera com um comboio anterior, possuía o conhecido número mais baixo, estava familiarizada com os meninos de recado, jovens mensageiros que podiam circular de um campo a outro, e com o pessoal mais privilegiado. E então, como sempre fora sua maneira de ser, passou a me ensinar coisas. Ela sabia das mortes. Seu pai pertencia ao comando especial. Ajudava na remoção dos cadáveres. Ela mencionava os detalhes da mesma maneira casual com que crianças de rua falam sobre relações sexuais, mas igualmente com a mesma provocação sub-reptícia, a mesma conotação sorrateira de corrupção. Assim fiquei sabendo da perversidade da matança e da variada profanação dos cadáveres. Dela aprendi que se arrancavam o ouro dos dentes de nossos cadáveres (sempre penso nisso quando leio a respeito de Shylock e seus descendentes e sua avareza ficcionais) e outras coisas mais que hoje fazem parte da cultura geral sobre o século XX, acessíveis em várias fontes e por isso dispensáveis de serem recontadas aqui.

Seu pai confiava nela e lhe contava tudo. Vi-o uma ou duas vezes, um homem grande e forte, de traços rudes, que pareciam deformados e desfigurados como as feições de um louco. Quando observava suas costas largas ao andar, parecia que se afastava do mundo, como alguém que fora chamado à cozinha do demônio para varrer as cinzas. Eu o temia e evitava. Liesel mudara, estava abatida e parecia um animal encurralado. Mas quando eu lhe suplicava por uma gotícula de esperança, de que talvez as coisas fossem diferentes nos crematórios e não como ela as descrevia, simplesmente balançava a cabeça. Liesel não era uma menina sentimental. Não era possível vir até ela com ilusões, tampouco com poemas líricos alemães. Mas também era uma criança, e o que despejava diante de mim era mais do que ela mesma podia engolir, embora a divertisse ser mais sabichona do que eu. Certa vez, apareceu em pleno dia um caminhão cheio de cadáveres atravessando o campo. Então ela saiu correndo, aos gritos.

5.

A sede me causava muito mais sofrimento do que a fome. Quem nunca sentiu sede verdadeira e constante tem mais simpatia por aqueles que sentem fome. Basta pensar quanto tempo é necessário para que alguém morra de fome e, em oposição, em quanto tempo se morre de sede. Pode-se jejuar por semanas e até meses e continuar vivendo, ao passo que de sede se morre em poucos dias. Em conseqüência, a sede atormenta muito mais do que a fome. Em Birkenau, a comida, aquela sopa diária, deve ter sido salgada demais, pois sempre sentia sede, principalmente durante os longos e quentes toques de reunir sob o sol escaldante. "O que vocês crianças faziam em Auschwitz?", perguntou-me alguém recentemente. "Brincavam?" Brincar! Ficávamos de pé durante o toque de reunir. Assim fiquei em Birkenau, sentindo sede e pavor da morte. E era isso, era só isso.

Habitantes da Europa Central em Birkenau. Por exemplo, a professora secundária que pregava com convicção, após sua chegada a Auschwitz e diante das chaminés fumegantes e chamejantes, que o que se via como evidência não era possível, pois estávamos no século XX na Europa central, portanto, no coração do mundo civilizado. Lembro-me ainda como se fosse hoje: eu a achava ridícula, mas não porque ela *não* queria acreditar no assassinato em massa. Era compreensível, pois a coisa toda, de fato, não era muito plausível (para que assassinar todos os judeus?), e qualquer objeção vinha de encontro ao desejo de viver de uma menina de doze anos e, portanto, a meu medo de morrer. O aspecto ridículo advinha de sua crença na cultura e na idéia de coração da Europa. Eu também apreciava a cultura na medida em que tivera acesso a ela através de livros, mas não acreditava que ela construísse vínculos, que favorecesse uma comunhão. Valera a pena captar por meio da leitura o legado humanista que impregnara as passagens conhecidas da literatura clássica, mas não me surpreendia que os alemães, supostamente, não tivessem aprendido nada com isso. Refleti a respeito somente depois de adulta, quando estava bem. Desconhecia a pretensão didática desta literatura e isto significa para mim até hoje uma exigência excessiva. A literatura não estava associada àquilo que ocorria fora dela. Seu valor consistia no fato de poder consolar, dela nunca esperei que também pudesse ensinar e converter. Não foi por acaso que andei de mãos dadas com meu pai pela rua Mariahilfe em Viena, após a Noite dos Cristais.

Hoje todos conhecem a frase *"Arbeit macht frei"* (o trabalho liberta), lema de uma ironia assassina. Havia outros provérbios semelhantes nas vigas de nosso galpão. "A PALAVRA É DE PRATA, O SILÊNCIO É DE OURO" era um deles. Melhor ainda: "VIVA E DEIXE VIVER". Um grupo que viera num transporte anterior, e que não existia mais, tivera de elaborar esses aforismos. Eu os contemplava diariamente, enojada com sua absoluta pretensão à verdade, uma pretensão que esta realidade desmascarava como mentira total. Desde então, provérbios alemães representam um horror para mim, não consigo ouvir um só deles sem imaginá-lo na viga de um barracão de campo de concentração e desvirtuá-lo imediatamente com uma observação depreciativa. Com esse aparente cinismo já provoquei a irritação de muitas almas piedosas que desconheciam a sabedoria vivificante do campo de extermínio.

Vinheta de Birkenau. Um professor de primeiro grau, de quem me lembro com alguma emoção, mas sem respeito, porque encontrou capim na poeira das ruas do campo e quis fazer com ele uma boa ação para nós, crianças, e para si mesmo. Pacientemente chamava as folhas de capim pelo nome e dizia: "Estão vendo? Até mesmo aqui em Auschwitz cresce o verde". Para mim, entretanto, as histórias de Liesel eram a realidade mais viva e não representava consolo algum pensar que o capim iria sobreviver a mim. Esse professor não se tornou para mim um "está vendo?". Mas como poderia? "Está vendo, ainda estou viva." Em seguida, tentando confortar, como se faz sempre com os mortos: "Ninguém vive para sempre. Também chegará a minha hora".

Segunda vinheta. Dois homens discutem diante de um galpão. "Por que você está gritando tanto?", diz um deles. "Não se altere. A chaminé vai arder tanto para você como para mim."

Havia discussões acerca de se era tecnicamente possível cremar tanta gente como se dizia. Os otimistas achavam que só se cremavam nos fornos aqueles que tinham morrido de morte mais ou menos "natural". Câmaras de gás, ou seja, o próprio assassinato iminente, como tema de conversa diária.

Terceira vinheta. Um guarda que passeia de um lado para o outro, por trás do arame farpado, com um pão espetado na ponta de uma vara. Que idéia, querer mostrar aos famintos que se tem o poder de deixar o pão apodrecer na sujeira. Mas eu estava acostumada à fome e não a associo especialmente a Auschwitz. As lembranças físicas de Auschwitz são o calor (durante o toque de reunir), o fedor (a fumaça sobre o campo) e, sobretudo, a sede.

Quarta vinheta. No lavatório, um menino de doze anos anda nu, com uma longa vareta. Parecia bem satisfeito, pois finalmente tinha arranjado algo para brincar. Um homem diz à minha mãe, "não é uma lástima que também uma criança dessas seja assassinada?". "O que lhe disse o homem?", quero saber. Minha mãe repete suas palavras.

Dia-D em Auschwitz. A notícia chegou até nós. Os americanos haviam desembarcado na Normandia. Sabe-se lá onde era isso. Tinham vindo pela água e pelo ar, em Auschwitz nunca havia água suficiente para mim e no ar havia cinzas. Tinham surgido do mar e pulado de seus aviões. Tentei imaginar tudo isso. Agora não pode demorar muito tempo. Mais tarde, estive casada com um daqueles pára-quedistas durante algum tempo e, provavelmente, ele foi escolhido por mim porque, naquele verão de chumbo do ano de 1944, na lendária Normandia, o libertador saltara das nuvens, por uma porta aberta, sobre a velha Europa.

Minha mãe transporta sopa. A enorme tigela está pendurada no meio de dois bastões. Os carregadores andam na frente e atrás, os bastões sobre os ombros. A carga é pesada demais para minha mãe, fico totalmente estarrecida quando a vejo. Ela deve ter-se oferecido, pensando na porção extra de sopa. Para mim. Não quero isso. Não faça isso comigo.

Duas velhas discutem. Trocam farpas diante da entrada do galpão. Vejo-as gesticulando com mãos esquálidas. Chegou então uma terceira mulher, a decana do bloco ou o que o valha, e socou as cabeças das velhas uma contra a outra. A brutalidade dessa terceira, que certamente estava autorizada a isso, foi para mim um golpe na própria cabeça. Um grande susto, a dissolução da convivência entre as pessoas. Mais tarde, pensei que aquela sensação fora tola e ingênua, havia coisas piores. Hoje penso novamente o inverso, meu susto fora apropriado. Mulheres velhas em Auschwitz, sua nudez e desamparo, as necessidades de gente idosa, o pudor roubado. Mulheres velhas nas latrinas comuns, como seria difícil para elas fazer suas necessidades, ou ao contrário, em caso de diarréia. Tudo público. O que dizia respeito ao corpo era muito menos natural para elas do que para os jovens e as crianças; sobretudo para a geração de minha avó que ainda nascera no século XIX, cheia de recato e pudor. E depois os cadáveres nus amontoados em caminhões, desordenados sob o sol, cobertos de moscas, cabelos desgrenhados, esparsos pêlos púbicos, Liesel foge horrorizada, eu, fascinada, fico observando ainda por algum tempo.

Era a época dos comboios procedentes da Hungria. Certo dia, o campo ao lado do nosso encheu-se de mulheres húngaras. Tinham vindo diretamente de casa e ainda não sabiam de nada. Falamos com elas através do arame farpado, rapidamente, apressadamente, sem poder lhes dizer muita coisa. Percebi como eu estava muito mais adiantada do que elas, à custa de minha experiência em Theresienstadt. Havia uma mulher que falava muito bem alemão e sua filha, aproximadamente da minha idade. Anoitecia, as duas sentiam frio, embora os dias fossem quentes. Minha mãe logo se identificou com essa mãe que se preocupava com o paradeiro de seu filho e seu marido. Tinham sido separados já na rampa. Minha mãe lembrou-se de que ainda possuíamos um par de meias de lã, foi buscá-las e tentou jogá-las por cima da cerca. Interrompi-a, eu sabia atirar coisas melhor do que ela, dê as meias para mim. Minha mãe se recusou, jogou uma vez, duas vezes, errou e as meias ficaram presas no arame. Palavras de desconsolo de ambos os lados. Gesto inútil. No dia seguinte, as mulheres húngaras tinham desaparecido, o campo estava assustadoramente vazio, presas na cerca as nossas meias.

6.

Não há nada de excepcional quando digo que, não importa onde estivesse, eu declamava e compunha poesias. Muitos internos dos campos de concentração acharam consolo nos versos que sabiam de cor. É de se perguntar onde residia de fato o consolo nessa recitação. Na maioria das vezes, mencionam-se poemas de conteúdo religioso ou filosófico, ou aqueles que possuíam um valor especialmente afetivo na infância do prisioneiro. Parece-me, entretanto, que o conteúdo dos versos tinha importância secundária e que, em primeiro lugar, a forma propriamente dita — a linguagem em versos e rimas — nos proporcionava um arrimo. Ou talvez também esta interpretação simples seja exagerada, e seria importante determinar primeiramente que os versos, ao dividirem o tempo, se tornam um passatempo, no sentido literal. Se os tempos são ruins, nada melhor a fazer do que preencher as horas, e cada poema se torna uma fórmula mágica. Pois, do ponto de vista do conteúdo, não havia muita coisa nas baladas de Schiller que me fizesse esquecer a sede durante os intermináveis toques de reunir em Auschwitz: "Apele a seus homens/ Nas terras da Suíça./ Uma peregrinação à procura do Santo Graal,/ No peito, a cruz". Em certas ocasiões, nas quais se trata simplesmente de perseverar, versos menos profundos são talvez ainda mais adequados do que aqueles que fazem mal à cabeça. Aliás, existiram antes situações na vida normal, por exemplo no dentista, em que não podia desfrutar o passar do tempo, mas tentava acelerá-lo com a ajuda de "Os grous de Ibico".

As baladas de Schiller tornaram-se mais tarde os meus poemas durante o toque de reunir, com elas pude permanecer de pé durante horas e horas sob o sol sem desmaiar, pois sempre havia mais um verso para dizer e quando este não vinha à mente, era possível ficar matutando sem pensar na própria fraqueza. Então, possivelmente, o toque de reunir já passara e o disco de gramofone podia ser desligado dentro da cabeça, talvez à altura do: "Somente a coisas eternas e graves/ consagre-se sua boca metálica". Era a hora de se afastar e beber água. Até o próximo toque.

Nesse mesmo ano de 1944 ainda compus dois poemas sobre Auschwitz, mas isso foi no campo de concentração seguinte, Christianstadt, uma espécie de sucursal de Gross-Rosen. Recitei um deles para prisioneiros que não se sentiram particularmente edificados por minhas palavras. Só pus os versos por escrito em 1945, depois da guerra, quando voltei a ter lápis e papel.

O primeiro desses poemas tinha como tema uma manhã em Auschwitz. Um sol de esperança devia surgir no fim dos versos, assim como na canção de Buchenwald que eu já conhecera em Viena. Os últimos versos dizem: "Ó Buchenwald, não choramos ou lamentamos/ nosso amargo destino/ queremos sempre dizer 'sim' à vida,/ pois o dia da liberdade chegará". Versos finais cheios de esperança são típicos desse gênero de poesia. Também os "Soldados do pântano"[10] terminam com as palavras: "Um dia diremos também/ 'Pátria, és minha de novo'". Intitulei meu poema simplesmente "Auschwitz". Aqui vai o início:

> Fria e turva esta manhã,
> vão-se os homens ao trabalho,
> da dor pesados, deprimidos,
> distante o tempo de abrigo —
> lentamente eles se vão.
>
> Mas em pouco tempo agora
> não verão a luz do sol.

[10] Como se chamavam a si mesmos, em uma canção, os prisioneiros dos campos de concentração. (N. da T.)

Usurpada liberdade —
que terrível essa morte
a que tão calados vão.

No segundo poema, quis dar voz à própria chaminé, queria coisificar a desumanização ao encarná-la em uma coisa, e apresentar a máquina da morte como a soberana dos campos, em lugar do sol.

Todo dia por trás dos galpões
vejo subir fogo e fumaça.
Judeu, abaixa a cabeça,
dela aqui ninguém escapa.
Acaso não vês na fumaça
um rosto desfigurado?
Não exclama, cheia de escárnio:
— Já traguei cinco milhões!
Auschwitz está em minhas mãos,
tudo, tudo há de queimar.

Todo dia além do arame farpado
o sol desponta em púrpura
mas sua luz é fraca e sem consolo
e logo irrompe a outra chama.
Pois a cálida chama da vida
há muito já não vale aqui.
Olha lá a chama rubra:
Só a chaminé é real.
Auschwitz está em suas mãos,
tudo, tudo há de queimar.

Em Birkenau, eu não teria chegado a falar em cinco milhões de as-sassinados. (Aliás, dado incorreto: o número foi menor. Não estávamos tão bem-informados. Os rumores iam e vinham.) Lá, tudo era muito próximo, a chaminé provocava um horror angustiante, e o impulso de sublimá-lo poeticamente sucumbiria à necessidade mais intensa de re-calcá-lo. No campo seguinte deu-se o contrário, lá quis elaborar minha experiência do único modo que sabia, em estrofes ordenadas, estruturadas.

O leitor será poupado do restante desses versos, no entanto, eles merecem algumas observações à margem, apesar ou por causa de seu aspecto rudimentar. É preciso colocar as desgastadas palavras na balança como se fossem novas, como de fato o eram para a criança de então e, igualmente, enfatizar a maneira sagaz que me inspirou a emoldurar o trauma das semanas em Auschwitz numa forma poética. São versos infantis que, em sua regularidade, queriam criar um contrapeso ao caos, uma tentativa poética e terapêutica de contrapor a esse circo absurdo e destrutivo no qual iríamos sucumbir, algo lingüisticamente completo, rimado; ou seja, no fundo, a mais antiga pretensão estética. Por isso, deveriam ter várias estrofes, como símbolo da disciplina, da capacidade de estruturação e objetivação. Infelizmente, eu havia lido muito, tinha a cabeça cheia de seis anos de Classicismo, Romantismo e lírica rebuscada. E agora aquele tema. O meu gosto estético posterior teria preferido o fragmentário e o irregular, como expressão de um desespero esporádico, por exemplo. Mas para o gosto posterior tudo é muito fácil. Agora que tudo me parece demasiado claro.

Tão claro para mim como para os outros, a começar por Adorno, refiro-me aos especialistas em assuntos de ética, literatura e realidade, que exigem que não se escreva poema algum de, sobre ou após Auschwitz. Essa exigência deve vir daqueles que podem prescindir da linguagem em versos, pois nunca a utilizaram ou dela necessitaram para manter-se psicologicamente com a cabeça fora d'água, sem afogar. Ao invés de fazer versos, seria preciso apenas informar-se, dizem, portanto, ler e examinar documentos — e isso com o espírito equilibrado, apesar do envolvimento pessoal. E o que os leitores e pesquisadores de tais documentos devem pensar ao fazê-lo? Poemas são uma forma determinada de crítica à vida e poderiam ajudá-los a compreender. E por que não teriam direito a isso? Mas o que significam esse "ter direito", esse "dever"? Algo moral, algo religioso? A serviço de que interesses? Quem se intromete aqui? O tema torna-se uma sarça ardente em solo religioso, que só se pode pisar com pés descalços e humilde submissão.

Tal exclusão da literatura se extrapola facilmente e então exclui também a reflexão racional e, de maneira imperceptível, se transforma em seu contrário. Uma variante de um jovem de Göttingen, que se interessa pelo poeta Celan[11] em sua fase tardia, ou seja, por poemas cujo teor impede saber com certeza de que tratam, afirmando muitos pesquisadores que tratam da história judaica, outros que tratam de problemas lingüísticos: segundo este jovem, o Holocausto deveria ser elaborado exclusivamente com a ajuda dessa poesia hermética. Tal pretensão exclusivista me deixa com o pé atrás. Argumento que esta poesia lírica pressupõe conhecimentos prévios não acessíveis a todos. Pois bem, admite ele, então poesia lírica e conhecimento (organizar arquivos, talvez?), e nada mais. Componho uma paródia inofensiva a um obscuro poema de Celan. Escandalizo pessoas que nunca antes escandalizara. É possível blasfemar contra Deus, o diabo e até Goethe, mas o autor da "Todesfuge" (Fuga da morte) permanece inatingível. E não porque seja um poeta tão bom, Goethe também o era.

Diante de meus velhos poemas infantis perde validade a exigência de deixar de lado interpretações e dedicar-se somente aos documentos. Quem só tem vivências, sem se preocupar com rimas ou pensamentos, corre o risco de perder a razão, como a velha sentada no colo de minha mãe. Nunca perdi a razão, compus rimas. Os outros, que ficam diante de documentos bidimensionais, naturalmente também não perdem o juízo, pois não são confrontados com os fatos e sim apenas com um clichê desgastado. Quem quer se aproximar do que aconteceu, com a mente e o coração, necessita de interpretações dos fatos. Os fatos, por si só, não bastam.

7.

Seleção, ia haver uma seleção; as mulheres entre 15 e 45 anos deveriam se apresentar para um transporte de trabalho, fazer fila diante de um galpão determinado, em um horário determinado. Algumas constataram que até então as coisas só tinham piorado, nunca melhorado, e, por conseguinte, evitaram a seleção, não se apresentaram. Minha mãe era de outra opinião. Pior do que aqui não podia ser. A alternativa era a vida. En-

---

[11] Paul Celan (1920-1970), poeta judeu de língua alemã, nascido na Bucovina (Romênia), suicidou-se em Paris. (N. da T.)

tretanto, a palavra "seleção" tinha uma conotação maldita em Auschwitz. Não havia como ter certeza absoluta de que seria uma seleção realmente para um campo de trabalho e não para a câmara de gás. A idéia do campo de trabalho era lógica; do contrário, por que o limite de idade? Por outro lado, a lógica não era um princípio básico daquele lugar.

Desde o início, minha mãe reagiu da maneira certa no campo de extermínio. Pois compreendeu de imediato o que se encenava ali, tanto que sugeriu o suicídio para nós duas logo após nossa chegada e, diante de minha recusa, aproveitou a primeira e única saída. No entanto, afirmo que não foi a razão, e sim uma profunda mania de perseguição, que a fez reagir desse modo. Psicólogos como Bruno Bettelheim tentam nos convencer de que uma pessoa equilibrada, racional, que não sofreu danos advindos de uma educação burguesa, deveria poder se adaptar a novas circunstâncias de vida, mesmo em um lugar como Auschwitz. Não penso assim. Acredito que os neuróticos obsessivos, aqueles que são acometidos de paranóia, tinham a melhor chance de se sair bem em Auschwitz, pois tinham chegado a um lugar onde a ordem social, ou desordem, tinha superado suas manias alucinatórias. Quem não quer perder a razão, tem razão pelo fato de que ela, como a faculdade humana por excelência, deve ser para nós tão preciosa quanto o amor. Contudo, em Auschwitz, o amor não podia salvar e a razão tampouco. Por isso sei que não existe nenhum meio incondicional de salvação e, entre os meios condicionais, pode estar a paranóia. Minha mãe, que ainda antes e muito mais depois acreditava estar sendo perseguida, dessa vez tinha razão e seu comportamento foi totalmente acertado.

Mas o preço é alto demais. Esta loucura que ela carrega consigo de maneira latente, como se carrega um gato adormecido que só se espreguiça de vez em quando, boceja, arqueia o dorso e caminha suavemente, e de repente rosna e investe com as garras à mostra atrás de um pássaro, para depois deitar-se novamente e dormir, deixando atrás de si as penas ensanguentadas — eu não gostaria de ter comigo uma fera dessas, mesmo que ela pudesse salvar minha vida no próximo campo de extermínio.

De costas para a porta de trás do galpão, de ambos os lados da "chaminé" que se estendia por toda a extensão do alojamento, havia dois homens da SS. Diante de cada um, uma fila de mulheres nuas. O guarda diante do qual me apresentei tinha um rosto redondo, maldoso, como uma máscara. Era alto, precisei olhar para cima. Disse-lhe minha idade, mandou que me afastasse, sacudindo a cabeça, simplesmente. Ao lado dele havia uma escrivã, esta não deveria anotar meu número. Recusada. Naquele movimento de cabeça estava a prova de que eu me apropriara indevidamente de minha vida, que, assim como a um texto proibido, eu não deveria continuar a ler este livro, como a Bíblia que meu tio me arrancara das mãos. O porteiro de Kafka, o guardião da entrada, que nega ao homem sua luz própria em seu próprio espaço, eu o imagino assim.

Minha mãe fora selecionada para o transporte, tinha a idade certa, era uma mulher adulta. Seu número foi anotado, deixaria o campo dentro em pouco. Estávamos paradas na rua do campo, discutindo. Ela tentava me convencer de que eu deveria tentar novamente na outra fila.

Fazia muito calor em junho de 1944, por isso as portas dos galpões, inclusive as de trás, ficavam abertas. Havia vigias nessa porta, mas a guarda era composta de prisioneiros e minha mãe achava que eu poderia me esgueirar por ali e me postar diante do outro guarda da SS. E, desta vez, por favor, nada de ser tolinha e dizer que só tinha doze anos. Houve uma discussão entre nós. "Mas não aparento ter mais idade", disse eu, exasperada. Tinha a impressão de que ela queria me meter numa grande encrenca, tal qual em Viena anos antes, quando mandou que eu fosse ao cinema, apesar da proibição. A diferença entre doze e quinze anos é enorme para uma menina de doze. Correspondia a um quarto da vida que eu vivera e era isso que eu tinha que somar à minha idade. Em L 414, em Theresienstadt, tinham-nos classificado em grupos etários. Ali, a diferença de um só ano já significava um outro dormitório, um outro grupo. O que poderia ser mais importante? A mentira sugerida por minha mãe era pois fácil de ser desmascarada: três anos, de onde eu os tiraria?

Sentia muito medo, mas nada que se assemelhasse ao profundo pavor da morte que me acometia em Auschwitz, como se fossem os acessos de uma doença, sempre que olhava para a chaminé que lançava alternativamente fumaça e chamas, e sim o medo mais suportável diante de adultos maldosos. E esse medo mais suportável podia ser superado. Pois o que seria de mim se tivesse que ficar sozinha em Birkenau? Ora, isso estava fora de cogitação, tranqüilizou-me minha mãe. Se eu não quisesse fazer nova tentativa, então ela também ficaria; queria ver quem iria separá-la de sua filha. Mas não era uma boa idéia. "Ouça bem agora", disse, sem dar a mínima atenção a meus plausíveis contra-argumentos. E mais: "Você é covarde", disse com desprezo, "eu nunca fui covarde assim". "Pois bem, vou tentar. Mas de maneira alguma vou dizer que tenho quinze anos, no máximo treze. E se der errado, será culpa sua."

Entre os galpões havia um cordão de isolamento, exatamente para evitar o que eu estava prestes a tentar. Ficamos paradas, observando. "Agora!", quando os dois homens a postos gritavam algo entre si. E vejo-me correr curvada ao longo da parede do galpão. E por que curvada? Para tornar-me ainda menor, para aproveitar aquela pequena sombra? Depois, contornando a esquina e entrar por trás, sem ser notada, ou pelo menos, sem ser pega em flagrante.

O galpão ainda estava cheio de gente. Imperava uma certa forma de caos organizado ou ordem caótica, que era uma característica de Auschwitz. A perfeição "prussiana" na administração do campo de concentração é uma lenda alemã. Uma organização boa, minuciosa, pressupõe que haja algo valioso a ser organizado ou conservado. Mas nós não tínhamos valor algum, transportados até ali para o extermínio, e por isso a perda de "material humano" carecia de importância. No fundo, o que acontecia nos campos dos judeus era totalmente indiferente para os nazistas, enquanto não lhes desse trabalho. Os homens da SS encarregados da seleção e seus ajudantes estavam de costas para mim. Caminhei depressa e discretamente em direção à porta dianteira, despi-me novamente, conforme prescrito e, respirando aliviada, entrei na fila do outro SS. Conseguira e alegrava-me ter rompido as regras. Minha mãe não poderia mais me chamar de covarde, mas eu era a menor e certamente a mais jovem da fila, uma criança pouco desenvolvida, malnutrida e claramente na pré-puberdade.

Todos os relatos que conheço a respeito das seleções frisam que a primeira escolha era sempre definitiva, que ninguém que fosse mandado para um dos lados e, portanto, condenado à morte, poderia jamais passar para o outro lado. Pois bem, eu sou a exceção.

O que aconteceu então, vaga solto no espaço da memória, como o globo terrestre antes do tempo de Copérnico, pendendo do céu por uma fina corrente. Ocorreu algo que, sempre que ocorrer, será único, singular, um inconcebível ato de misericórdia, dito de maneira mais simples, uma boa ação. E, no entanto, "ato de misericórdia" será mais exato, apesar e também devido à conotação religiosa do termo. Este ato partiu de uma pessoa, mas foi como se viesse do céu, de um só lance, e foi tão imerecido como se o autor flutuasse acima das nuvens. Essa pessoa foi uma jovem, em posição tão desesperada quanto todos ali, que certamente não queria nada mais do que salvar um outro ser humano. Quanto mais intensamente penso na cena que se segue, tanto mais inconsistente e insustentável parece o fato de uma pessoa salvar a vida de um estranho por livre e espontânea vontade, num lugar que alimentava o instinto de sobrevivência até o limite da criminalidade. Há algo aí que fica além do exemplo e que é, ao mesmo tempo, exemplar. Para Simone Weil, quase toda a literatura parecia suspeita porque nela quase sempre o bem era monótono e o mal, sempre interessante, uma exata inversão da realidade, afirmava. Talvez as mulheres saibam mais a respeito do bem do que os homens, que gostam de torná-lo trivial. Simone Weil tinha razão, sei disso desde aquela época, o bem é incomparável e também inexplicável, porque nada o move além de si próprio e nada mais pretende além de si mesmo.

Para mim, todos os homens da SS se confundem numa massa difusa de marionetes uniformizados, de botas, e quando Eichmann foi preso e executado, aceitei o fato com penosa indiferença. Essa gente representou para mim um fenômeno único, e as diferenças pessoais entre eles não eram dignas da menor reflexão. Hannah Arendt contribuiu com o contraponto às afirmações de Simone Weil sobre o bem, quando chamou a atenção para o simples fato de que o mal é praticado no espírito da mais tacanha estupidez. Entretanto, ela desencadeou com isso um grito irado entre os homens, que entenderam muito bem, embora não forçosamente de maneira consciente, que tal desmascaramento da violência arbitrária coloca o patriarcado em xeque. Talvez as mulheres saibam mais a respeito do mal do que os homens, que gostam de demonizá-lo.

Ao lado do encarregado da SS, que estava sentado, à vontade e bem-humorado, e que de vez em quando mandava uma das meninas nuas exibir-se em exercícios de ginástica, provavelmente para que aquela tarefa entediante tivesse também alguma recompensa, estava a escrivã, uma prisioneira. Que idade teria, dezenove, vinte anos? Ela me viu esperando na fila quando eu já estava praticamente na frente. Deixou então seu posto, aproximou-se rapidamente de mim e perguntou a meia-voz, quase permitindo que o guarda da SS ouvisse, com um sorriso inesquecível que deixava à mostra seus dentes irregulares: "Quantos anos você tem?".

"Treze."

E ela, olhando-me fixamente nos olhos, de modo insistente: "Diga que você tem quinze".

Dois minutos depois, chegou minha vez, olhei de soslaio rapidamente para a outra fila, temendo que o outro guarda da SS pudesse casualmente olhar em minha direção e reconhecer em mim aquela que já fora recusada. Mas ele estava ocupado com seu próprio trabalho. É de se perguntar também se ele teria me reconhecido com um eventual olhar de esguelha. Pois certamente nos tornávamos para ele um mingau de seres inferiores. À pergunta sobre minha idade, dei a resposta decisiva, que não quis aceitar como sugestão de minha mãe, mas sim desta jovem postada à direita do mestre da Alemanha.[12] "Tenho quinze anos."

"Mas ela ainda é muito pequena", observou o senhor da vida e da morte, não em tom desagradável, mas como se examinam vacas e novilhos.

E ela, avaliando a mercadoria no mesmo tom: "Mas é de constituição forte. Tem músculos nas pernas, ela pode trabalhar. Olhe só".

Lá estava alguém que trabalhava para essa administração e se empenhava por mim, sem ao menos me conhecer. Para o homem, ela talvez fosse um pouco menos indiferente do que eu para ele, e ele concordou. Ela anotou meu número, eu ganhara uma prolongação da vida.

Quase todos os sobreviventes têm o seu "acaso", o fato especial, específico, que os manteve vivos de maneira inesperada. Meu acaso tem a particularidade de ter sido provocado pela intervenção de uma estranha. As pessoas que ainda hoje exibem o número de Auschwitz no braço são todas praticamente mais velhas do que eu, com no mínimo dois ou três anos a mais, exatamente o número de anos que representaram minha mentira. Há exceções, sobretudo os gêmeos que serviram de cobaias para o dr. Mengele testar seus medicamentos. Existem também algumas crianças de minha idade que foram selecionadas logo à chegada, na rampa, sendo logo despachadas para outro lugar, as quais, por vestirem vá-

---

[12] A autora se refere aqui a um verso-chave de um poema de Paul Celan, "Fuga da morte": "Der Tod ist ein Meister aus Deutschland" (a morte é um mestre da Alemanha). (N. da T.)

rias camadas de roupa, não foram reconhecidas como crianças. Mas estas só ficaram na rampa de passagem e não receberam números, não estiveram no campo propriamente dito. E para escapar dali era preciso, de fato, ter mais idade.

Sim, dizem as pessoas levianamente, compreendiam isso muito bem, muita gente é altruísta, essa era uma delas. Por que vocês preferem não compartilhar este assombro comigo?

Não era algo comum, não era como se alguém tivesse o poder e o exercesse de maneira cega e soberana com um objeto qualquer. Este era o caso do meu homem da SS que não acreditou de imediato que a capacidade de trabalho de uma menina esfomeada (já havia vinte meses que não recebera alimentação suficiente) pudesse colaborar de maneira eficiente para a vitória final alemã ou atrasar significativamente a solução final. Entretanto, ele tinha que decidir a questão de uma maneira ou de outra e mandar anotar ou não o meu número. Naquele instante decidiu ouvir o que dizia minha verdadeira salvadora. Quero dizer, seu ato foi arbitrário, o dela, voluntário. Livre e voluntário porque, diante de tudo que se sabia a respeito das circunstâncias, pressupunha-se o contrário, porque a decisão dela rompeu a cadeia causal. Ela era uma prisioneira e arriscou muito ao sussurrar-me uma mentira no ouvido e interceder abertamente por mim, uma jovem pequena demais para o comboio de trabalho e uma total estranha para ela. Viu-me parada na fila, uma criança condenada à morte, veio até mim, me disse as palavras certas, veio em minha defesa e me fez passar. Nunca tinha havido um ato livre e espontâneo como aquele, como ocorrera ali, naquele momento. Preciso reiterar e repetir esse fato porque nada de mais enfático me ocorre do que a repetição. Foi isso que vivi, o ato puro. Reflitam sem criticar, por favor, aceitando o que está descrito aqui, e o guardem na memória.

Ou então vocês preferem afirmar o contrário, ou seja, que não existe altruísmo, não existe ação alguma que não esconda atrás de si o proveito próprio, mesmo que seja apenas a consciência do próprio ato livre. Aliás, este seria apenas uma ilusão, pois a verdadeira liberdade também não existe. Talvez estejam certos, talvez só existam realmente aproximações à liberdade, como ao bem. Talvez devamos definir liberdade simplesmente como aquilo que não é predizível. Pois jamais alguém conseguiu calcular o comportamento humano como se faz, por exemplo, com as amebas. Em relação aos cães, cavalos e vacas também já não é tão fácil assim, mas em relação a seres humanos não se atinge mais do que um certo grau de probabilidade. Seres humanos decidem no último instante, por isso não se pode calcular o último instante que desencadeia a ação. Mesmo que se soubesse tudo o que existe para conhecer a respeito de alguém e se armazenassem estas informações no computador mais complexo que se possa imaginar, o que acabo de descrever aqui continuaria sendo impossível. Que houvesse naquele lugar uma pessoa que eu não conhecia, que nunca tornei a ver, que queria me salvar, simplesmente isso, e o conseguiu.

E por isso afirmo que a máxima aproximação à liberdade só pode ocorrer no mais desolado cativeiro e perto da morte, ali onde as possibilidades de decisão foram reduzidas a praticamente zero. No espaço exíguo que ainda resta, ali, bem perto do zero, está a liberdade. (E quando se chega a zero? Sempre penso que o zero é a câmara de gás, quando se pisoteiam as crianças, sob o domínio da angústia da morte. Será que está certo?) Em uma ratoeira onde o amor ao próximo é a coisa mais improvável, onde as pessoas rangem os dentes e onde todos os sinais apontam para a própria sobrevivência, e onde, contudo, resta um pequeno vácuo, é ali que a liberdade pode aparecer como a coisa mais surpreendente. No campo de concentração, quem passava para baixo os golpes que recebia de cima só fez o que se poderia esperar do ponto de vista biológico e psicológico, como estava previsto. E assim seria possível dizer que justamente naquele Auschwitz perverso existia o bem por excelência como possibilidade, como um salto por cima do roteiro. Quantas vezes isso ocorreu, não sei dizer. Certamente, poucas vezes. Certamente, não só no meu caso. Mas foi isso que vivi.

8.

Liesel permaneceu fiel a seu pai. Como ela mesma explicava, ele não podia sair porque sabia demais. Por isso ela não pôde apresentar-se para o transporte de trabalho, embora a tivessem aceito muito mais facilmente do que a mim, já que ela era alguns anos mais velha. Nem mesmo tentou, quis ficar perto dele, foi assassinada junto com ele na câmara de gás.

Não tinha absolutamente nenhuma ilusão a respeito de sua morte. Eu não teria me sacrificado por minha mãe. Sabia e sei disso. Contando com certa mediocridade de minha parte e com a incompreensão daí resultante de que a menina literalmente amara o pai mais do que a própria vida, menciono este fato aqui mais uma vez, falo aqui mais uma vez a respeito dessa vida infantil truncada que não posso comentar e muito menos analisar, porque nada me ocorre para dizer, porque foge à minha compreensão. Quando penso em Liesel, de quem nunca gostei de verdade e por isso não admirava de modo algum (pois como se pode admirar pessoas que não nos são simpáticas?), então a própria vida que foi salva me parece bem menos valiosa do que me costuma parecer.

9.

Nós, as selecionadas, passamos do pequeno campo familiar para o campo de mulheres, maior, onde ainda esperamos alguns dias pelo transporte para o campo de trabalho, espremidas como sempre, alojadas em grupos de cinco em cada andar dos beliches. Foram dias de grande angústia, sem ocupação e sem possibilidade de se movimentar, sem ter outro lugar para ir a não ser esses beliches, além disso novamente os toques de reunir que duravam horas e gente demais num espaço minúsculo. Ali, no campo de mulheres, pelo menos em nosso galpão, dominavam as prisioneiras políticas. Elas se vangloriavam pelo fato de os nazistas terem lhes colocado triângulos vermelhos sobre a roupa, e não triângulos amarelos como os nossos. A decana vermelha de nosso bloco gritava seu desprezo por nós aos quatro ventos em alto e bom som; fazia isso muito bem, tivera o treinamento adequado, apesar das pretensões humanísticas que aprendi em Theresienstadt como sendo a parte mais importante do socialismo. Do lado esquerdo, lá onde fica o coração. Para elas, no campo, importava apenas a própria sobrevivência, talvez ainda tivessem algum sentimento pelas próprias companheiras, mas os judeus eram para elas também a coisa mais insignificante, um lixo, tal qual para os nazistas.

A certa altura, minha mãe perdeu a cabeça e devolveu os berros. Como castigo, teve de ficar de joelhos sobre a mencionada "chaminé", a parte central do galpão, uma posição que se torna insuportável depois de pouco tempo. Estava num estado deplorável, totalmente fora de si, a demência ardia em seus olhos enquanto ela, já de joelhos, continuava a gritar para a decana. Fiquei ali ao lado, desconcertada, como diante de algo totalmente inapropriado, testemunha de como minha mãe estava sendo castigada. Talvez esta cena seja a lembrança mais viva, mais gritante de Birkenau. E, no entanto, nunca falei a respeito. Pensei que não pudesse descrevê-la e queria, ao invés disso, acrescentar aqui que existem coisas sobre as quais não posso escrever. Agora que as transpus para o papel, as palavras para descrevê-la são tão normais quanto quaisquer outras e não foram difíceis de encontrar. Teria sido uma hesitação provocada pelo pudor, porque necessitava de modelos e porque o modelo deveria ser um superego inatingível?

A espera tornou-se demasiado longa para mim. Não acreditava mais no transporte para o campo de trabalho e o medo apossou-se de mim como a infecção pustulenta de uma enfermidade infantil. Fui dominada totalmente pelo pânico aterrorizante, não conseguia pensar em outra coisa a não ser que estaria morta, assassinada, dentro de dois ou três dias.

Passei insone a noite anterior à partida, com pavor da morte, e num último vestígio de religiosidade, pensei: Deus certamente tem outros planos para mim, Deus me manterá viva, do contrário não me faria escrever poemas. Talvez quisesse antes de qualquer coisa e em primeiro lugar insinuar-me perante Deus, para que Ele me tratasse como um caso excepcional.

Estávamos sentadas em grupos de cinco sobre o catre do campo de mulheres, tínhamos uma vasilha de água, não sei de onde viera, mas queríamos compartilhá-la. Eu era a última e a menor, rogava que me deixassem um golinho de sobra, a mulher à minha frente olha-me com um olhar maldoso, assim me parece, olhos apertados, e bebe novamente. A vasilha já estava vazia antes de chegar a minha vez. Era noite, pensei que não pudesse sobreviver a ela com aquela sede, mas adormeci assim mesmo.

A Auschwitz nunca mais voltei e tampouco tenho intenção de fazê-lo nesta vida. Para mim, Auschwitz não é um lugar de peregrinação, um santuário. Poderia vangloriar-me por ter saído de lá com vida, mas quero dizer que Auschwitz não se tornou um lugar de referência para mim, que passei por ali e esse lugar não conseguiu me reter. Mas é um perigoso absurdo pensar que pudéssemos ter contribuído muito para a própria salvação. Não pertenço àquele lugar que vi com os olhos, senti com o nariz e temi como nunca, e que hoje existe apenas como museu, e nunca pertenci a ele. Um lugar para os que querem preservar a área.

E, no entanto, esse lugar torna-se para todo aquele que ali sobreviveu uma espécie de local de origem. A palavra Auschwitz tem hoje uma aura, mesmo que seja negativa, de modo que ela determina em grande medida o que se pensa sobre uma pessoa quando se sabe que ela esteve lá. Também em relação a mim, as pessoas que querem dizer algo importante a meu respeito mencionam que estive em Auschwitz. Mas não é tão simples assim, pois não importa o que vocês possam pensar, não venho de Auschwitz, eu venho de Viena. Viena não pode ser posta de lado, ela se percebe pela minha linguagem; Auschwitz, porém, era tão estranho para mim quanto a lua. Viena é uma parte de minha estrutura mental e fala através de mim, enquanto Auschwitz foi o lugar mais despropositado onde jamais estive e a lembrança que tenho de lá permanece na alma como um corpo estranho, como um projétil de chumbo que não pode ser extirpado do corpo. Auschwitz foi apenas um acaso monstruoso.

Em 7 de julho de 1944, os prisioneiros remanescentes do Campo Familiar de Theresienstadt foram mortos na câmara de gás de Birkenau. Está escrito nos livros, eu os consultei.

CHRISTIANSTADT (GROSS-ROSEN)

1.

Recentemente, proferi uma palestra para um público acadêmico a respeito de relatos autobiográficos de sobreviventes dos campos de concentração. É claro que não falei de minhas próprias anotações, ainda incompletas, mas de memórias conhecidas e muito difundidas, embora minhas próprias reflexões a respeito possam ter sub-repticiamente exercido alguma influência. Afirmei que o problema residia no fato de o autor ter sobrevivido a elas. Para o leitor, daí se origina a aparente pretensão a uma carta de crédito que o autor pode abater de um grande saldo em haver. Lê-se o texto e pode-se talvez pensar: pois então tudo acabou bem. Quem escreve, está vivo. O relato, que na verdade só foi elaborado para prestar testemunho da grande tragédia, transformou-se para o autor em mera *"escape story"*.

E esse é também o problema de minha visão retrospectiva. Como posso impedir que vocês, meus leitores, se alegrem comigo, agora que, sem a ameaça das câmaras de gás, posso ir ao encontro do *happy end* de um mundo pós-guerra que compartilho com vocês? Impedir que leiam estas páginas como se fossem talvez um apêndice e a corroboração do livro de Anna Seghers, *A sétima cruz*,[13] um romance que foi apontado pela crítica como "o mais belo livro sobre o Terceiro Reich", mas cuja beleza se expressa no fato de a fuga bem-sucedida do indivíduo e sua sobrevivência dentre sete outros representar o triunfo, a vitória da totalidade, do bem? Como posso impedi-los de suspirar de alívio? Pois para os mortos, isso não significa nada. Imaginem um pensamento contrário, mudem os contextos. Reflitam: em Auschwitz centenas de milhares de pessoas perderam a vida por causa de um pesticida usado para exterminar piolhos. (Não quero novamente fazer para vocês o cálculo de quantas foram, pois sei que vocês não gostam disso e deixam de prestar atenção quando ouvem os números indesejáveis neste contexto.) E reflitam, agora, que

---

[13] Anna Seghers (1900-1983), escritora, viveu na ex-República Democrática Alemã. (N. da T.)

existem também, além destas vítimas, ainda outras mil ou dez mil como eu (ou melhor, existiram, pois nesse meio tempo a maioria morreu de morte natural), que não podem ser acrescentadas aos mortos, não podem ser deduzidas do total de vítimas com um truque de álgebra afetiva. Não formamos uma comunidade com aqueles que lá perderam a vida; simplesmente não é válido que vocês nos adicionem àquele número e permaneçam a salvo na outra margem desse rio negro, mesmo que esteja certo que nós, ao contrário de vocês, carregamos e carregaremos pela vida afora um fardo trazido desse lugar, assim como eu caio da rampa quando durmo mal, quando acordo da anestesia, quando corro perigo de vida. (Aliás, uma obsessão repetitiva muito tênue, se comparada a outras.) Somos pessoas que educaram mal seus filhos por lhes contarmos coisas demais ou de menos a nosso respeito. (Eu, por exemplo, contei-lhes muito pouco. Meu filho cobra isso de mim agora que é adulto: você me excluiu de sua vida, diz, nada sei a seu respeito. Fico perplexa. Não queria sobrecarregar meus filhos, poderiam não ter gostado.) Apesar disso, também me encontro na outra margem, junto com vocês, em nosso mundo comum do pós-guerra, e o número de vítimas assassinadas não diminui pelo fato de não ter sido aumentado por nossa causa. O prato da balança com os mortos sobe apenas de maneira muito imperceptível, com um mínimo acréscimo de peso representando aqueles que, como eu, se encontram lá em cima, do outro lado da balança.

Assim que terminei minha comunicação, um teórico de literatura pediu a palavra e declarou que ele não podia identificar-se com as vítimas e não queria identificar-se com os algozes. Que alternativa restava? Era evidente que esse tipo de literatura nada tinha a ver com ele. Um outro participante observou que havia realmente tanta injustiça no mundo que alguém estaria a ponto de acabar com a própria vida se quisesse ler tudo a respeito. Se até os sobreviventes fracassam na tarefa de resolver por escrito o problema dos campos de concentração, como acabei de demonstrar, como poderiam os leitores de tais textos levar a cabo tal tarefa?

De fato, a quem dirijo minhas palavras? Certamente não escrevo para judeus, pois não escreveria em uma língua que na minha infância era falada, lida e amada por tantos judeus, chegando a ser considerada por muitos como a língua judaica por excelência, mas que hoje é dominada apenas por muito poucos judeus. Será que escrevo então para aqueles que não querem ou não podem sentir empatia pelos algozes e pelas vítimas; para aqueles que acham que não é psicologicamente saudável ler e ouvir muitas coisas sobre as atrocidades humanas? Ou escrevo para aqueles que acham que emana de mim uma estranheza que é impossível para eles superar? Dito de outro modo: escrevo para alemães. Mas será que vocês o são de fato? Vocês realmente querem ser assim?

Vocês não precisam se identificar comigo, prefiro mesmo que não o façam; e se eu lhes parecer "fora dos padrões", "um ser de outra espécie",[14] estou disposta a aceitar isso também (embora a contragosto) e, caso os tenha irritado pelo uso dessa forma ruim de expressão, estou disposta a me desculpar. Mas pelo menos permitam a provocação, não usem escudos protetores, não digam de antemão que isso não tem nada a ver com vocês ou que isso só tem a ver com vocês dentro de um espaço limitado, desenhado cuidadosamente com régua e compasso, vocês já tiveram que engolir as fotografias com os cadáveres amontoados e pagar seu ônus de culpa e compaixão. É preciso que vocês procurem a discussão, a argumentação, o confronto.

2.

Era um belo dia de verão do final de junho, recebemos batas cinzentas, uniformes de prisioneiros, e fomos transportados para fora de Auschwitz. Para mim, esses uniformes significavam que realmente iríamos embora, para outro campo, não para a morte. Uniformes de prisioneiro eram mais confortáveis, melhor sob todos os aspectos, preferíveis aos trapos que usávamos antes. Eram práticos, por isso muitas vezes bons demais para judeus. Uma conhecida que passou o inverno em Auschwitz contou-me como essas batas eram cobiçadas. Lembrava-se de uma mulher que sentia frio durante o toque de reunir, a quem tinham dado um velho traje de gala, apenas isso. Aquela mania de divertir-se à custa dos desfavorecidos, como o já mencionado pão na ponta da vareta do guarda da SS: isto só pode significar que, para aqueles seres superiores, não lhes era tão

---

[14] "Artfremd", jargão nazista que significa algo estranho, diferente, que foge aos padrões "arianos". (N. da T.)

fácil assim trabalhar nos campos da morte. Tinham de provar a si mesmos com atrocidades insolentes que aqueles seres inferiores não eram gente. E ao provarem a si próprios, os outros voltavam a ser gente, pois contava-se com sua reação às brincadeiras. A brincadeira não teria sentido sem a humilhação que pretendia alcançar. Que transtornos psíquicos isso deve ter acarretado aos verdugos?

Antes da partida, houve ainda um exame médico realizado por prisioneiras, que não visava aferir nossa saúde e sim verificar se as mulheres transportavam algo de valor nos orifícios do corpo. É difícil para mim relatar esta lembrança, em si mesma pouco traumática, e percebo que o fiz com palavras complicadas, não conseguindo encontrar outras que a descrevam. De maneira semelhante, quando redigi um primeiro esboço do episódio da seleção, inventei que vestíamos roupas de baixo, o que me deixou muito surpresa quando o reli, uma vez que estávamos nuas.

Não sou pudica, o motivo para tais falhas deve situar-se em algum outro lugar e deve estar vinculado à importância, do ponto de vista psicológico, da nudez e da vestimenta. A cultura voluntária da nudez, por exemplo, no Englischer Garten, um parque público de Munique, significa relaxamento das coações sociais, não pode ser entendida de forma diferente nem mesmo por aqueles que consideram imoral a falta de roupas; a nudez imposta significa o contrário, ou seja, a auto-alienação, a perda de identidade. Quem se despe porque quer, afirma: faço o que bem entendo; ou até mesmo: ora, dane-se. Um aumento da auto-estima. Quem é forçado a se expor nu, vai se perdendo aos poucos. A circunstância é neutra; o contexto é tudo. Curiosamente, isso vale para ambos os sexos na mesma medida.

Dá-se o mesmo com as roupas. Tanto as vítimas quanto os criminosos usavam uniformes e, justamente devido aos diferentes uniformes que lhes eram conferidos, não segundo a qualidade dos indivíduos, mas segundo sua função, eles se confrontavam praticamente como gêneros humanos diversos.

Quando estava no campo de concentração, pensava com freqüência que nunca faria uma apresentação de mim mesma por meio das minhas roupas e nunca me identificaria com elas, como as pessoas o fizeram aparentemente em tempos de paz. Ainda haveria de descobrir que onde não há coação não resta outra coisa a não ser escolher. Quando estive em situação de escolher minhas roupas, preferi a princípio o desprezo por elas, portanto, uma espécie de desmazelo que me caracterizou, da mesma maneira como a elegância também pode ser uma característica.

Assim, tínhamos evoluído e conquistado uniformes de prisioneiro. Nem mesmo tinham raspado nossos cabelos, como era habitual, apenas foram cortados bem curtos, talvez porque ocasionalmente devêssemos ter contato com a população civil. De novo foi uma viagem em um vagão de carga, mas desta vez foi bom, por assim dizer. Éramos mais ou menos vinte, de qualquer modo não era gente demais. E nada de bagagem. Nada mais que nos pertencesse. A porta do vagão ficava aberta, assim tínhamos bastante ar. O importante era que saíamos de Birkenau. Estava feliz de tanto alívio.

E, no entanto, tudo parecia diferente. Vindo do campo de extermínio, olhei a paisagem normal fora do trem, como se esta tivesse se tornado irreal. Na viagem de ida, não a vira, e agora a paisagem com a qual os silésios ainda hoje sonham estendia-se diante de mim com a graça de um cartão-postal, como se o tempo tivesse parado e eu não estivesse deixando Auschwitz. Ciclistas em estradas vicinais tranqüilas, campos dourados de sol. Queria estar lá fora. O mundo não tinha mudado, Auschwitz não se localizava num planeta estranho, mas fazia parte da vida espraiada diante de nós, que continuava seu curso como antes. Refletia sobre a incongruência de aquele sossego existir no mesmo espaço que nosso comboio. Nosso trem pertencia aos campos, à particularidade da existência dos campos, e lá fora estava a Polônia, ou a Alemanha, a Alta Silésia, ou como quer que fosse chamada a pátria das pessoas por quem passávamos, lugar onde se sentiam em casa. Aquilo que eu vivenciara nem ao menos tocava de leve aquelas pessoas. Descobri o segredo da simultaneidade como algo insondável, não inteiramente imaginável, próximo à infinitude, à eternidade.

Nosso trem passou por um acampamento de férias. Lá estava um rapaz, bem ao longe, que agitava uma bandeira, um gesto de afirmação da face radiante do sistema, por cuja face escura, suja de sangue e excrementos, estávamos sendo arrastados. Tanta claridade! Como era possível? Mais tarde, associei livremente este rapaz a meu amigo Christoph, que se tornaria para mim o exemplo máximo do intelectual alemão do pós-guerra. Injustamente, decerto. Porém, ainda me vejo passando por ele, eu o vejo, ele não, nem pode, estou no trem, talvez ele veja o trem, trens em marcha combinam com aquela paisagem, provocam uma nostalgia agradável. Para nós dois, trata-se do mesmo trem, o seu visto de fora, o meu visto de dentro, e a paisagem é a mesma para nós dois, contudo, é a mesma apenas para os olhos, para o sentimento trata-se de duas paisagens irreconciliáveis.

3.

No fim da tarde, chegamos à Baixa Silésia. Estávamos em um bosque e o vilarejo próximo chamava-se Christianstadt. A certa altura, ficamos sabendo que se tratava de um campo sucursal de Gross-Rosen, um nome até hoje pouco conhecido, embora esse lugar, com seus inúmeros destacamentos externos, fosse um dos maiores campos de concentração. O bosque era idílico e tranqüilo, o campo com seus barracões de madeira pintados de verde, ainda não habitados, parecia suportável. Os barracões não eram como em Auschwitz, um único grande estábulo cheio de beliches, e sim divididos em dormitórios onde dormiam respectivamente de seis a doze mulheres.

Fomos recebidas por mulheres alemãs de uniforme que nos dirigiram a palavra num tom normal, embora um pouco cortante, e usavam o tratamento formal, a senhora, as senhoras, para as mulheres adultas. Durante nossa permanência no campo, tivemos contato principalmente com estas mulheres, embora aparecessem homens também que, com toda certeza, tinham o comando nas mãos. Estas guardas são sempre chamadas de "mulheres da SS". Contudo, é sabido que não houve mulheres na SS, pois a SS foi estritamente um clube masculino. Isso é sabido, mas apesar de em outros contextos se usar essas designações de maneira bastante precisa, não há como apagar a denominação "mulheres da SS".

Muito se fala sobre a crueldade das guardas, mas pouco se pesquisou. Não que se deva poupá-las, mas exagera-se a respeito. Eram de origem humilde, vestiram-nas com uniformes, pois tinham de vestir alguma coisa e nada de roupas civis para este serviço em campos de trabalho e de concentração. Com base no que li, ouvi e vivenciei, creio que, na média, elas eram menos brutais do que os homens e, mesmo que hoje sejam condenadas na mesma medida que eles, um julgamento e uma sentença dessa natureza servem como álibi para os verdadeiros responsáveis. Na verdade, tais reflexões dão margem a objeções ferozes, por vezes até indignadas. Argumenta-se que as mulheres nazistas simplesmente tiveram menos ocasião de cometer crimes do que os homens. Resta o fato de que as mulheres alemãs, mesmo as nazistas, realmente cometeram menos crimes do que os homens, como se comprova. Condena-se uma pessoa não pelo que ela faria ou poderia fazer em certas circunstâncias, mas pelo que de fato fez. Por certo, as mulheres alemãs aclamaram o *Führer* de forma tão entusiástica quanto os homens. Entretanto, não importa quão repugnante seja esse entusiasmo para nós hoje, ele não significa um ato criminoso.

É possível que os notórios exemplos de crueldade feminina nos campos se refiram sempre ao mesmo grupo relativamente pequeno de guardas femininas? Não se menciona sempre o nome de Ilse Koch?[15] Os fatos não são claros, seria preciso comparar depoimentos e estatísticas. Na falta de material exato, levanto a tese de que nos campos de mulheres houve em média menos atrocidades do que nos campos masculinos. As guardas de Christianstadt eram moderadas e exerciam seu poder, por um lado, quando não podiam refrear seu mau humor e, por outro, quando elegiam favoritas entre as crianças prisioneiras. Nos primeiros dias, escolheram algumas crianças, dentre elas eu, com as quais caminhavam até o bosque para colher frutas silvestres. Bastante curiosa essa ocupação idílica com as mulheres uniformizadas, nem um pouco antipáticas. Uma criança húngara faz o papel de palhaço com grande habilidade, dança em torno da guarda, comporta-se como um macaco, acho eu. A mim chamavam de Mico Preto, como no jogo de cartas infantil. Era desagradável para mim, pois ia contra minha inclinação por princípios claros e definidos. Afinal, elas eram minhas inimigas. O fato de não me atormentarem estava bom, mas para intimidades, como em um jardim de infância, já era tarde demais. Se ao menos tivéssemos algum proveito com isso. O novilho com o qual se brinca sempre será um animal a ser sacrificado. Não que-

---

[15] Esposa do comandante de Buchenwald, famosa por sua crueldade. Chamada de "bruxa de Buchenwald", foi condenada à prisão perpétua em 1951 e suicidou-se, na prisão, em 1967. (N. da T.)

ria ser um animal de sacrifício. (Estas comparações com animais, que se criam por si mesmas, acabaram por me transformar em vegetariana.)

No começo, predominou a alegria de ter saído de Birkenau e de estar viva naquele verão de tempo bom. Demorou um pouco até que os grupos de trabalhos estivessem organizados, e assim havia horas em que eu podia ficar deitada na grama na mais pura euforia, talvez pela primeira vez na vida, sem que ninguém me perturbasse.

À medida que o ano avançava, o desânimo foi tomando conta das guardas, que começaram a agir arbitrariamente, mas raramente sofremos maus-tratos por parte delas. Às vezes, como castigo, raspavam o cabelo de uma prisioneira. E, naturalmente, também houve casos de desaparecimento de prisioneiras que foram deportadas e nunca mais apareceram. No entanto, não eram violentas. Provavelmente, éramos como animais para elas, mas animais necessários. Freqüentemente imaginava que se podia chamar a atenção daquelas mulheres para a humanidade que nos unia, através da língua, por exemplo. Elas têm de *escutar*, têm de perceber que não sou diferente das outras meninas de minha idade que elas conhecem lá fora.

Já na época me vinha a idéia, que infelizmente hoje está mais arraigada em minha mente do que a indignação pelos crimes inimagináveis: a consciência do absurdo de tudo aquilo, o contra-senso, a total falta de sentido desses assassinatos e deportações que chamamos de "solução final", de "Holocausto", de "catástrofe judaica" e, recentemente, de "Shoah", sempre novas designações, porque as palavras para designá-lo apodrecem rapidamente na boca. O absurdo, a irracionalidade de tudo, e como isso poderia ter sido facilmente evitado, pois ninguém lucra com o fato de eu ter carregado pedaços de trilhos ao invés de freqüentar os bancos escolares, e o papel que o acaso teve nisso tudo. Compreendo muito bem como a situação chegou a tal ponto, pelo menos sei tanto quanto os outros sobre os motivos. Mas esse conhecimento não explica nada. Contamos e recontamos tudo o que houve antes e damos por certo que o radicalmente diferente surgiu dali. Todos que se fizeram ouvir na Alemanha antes de nosso tempo têm sua culpa a pagar. Seriam então Bismarck e Nietzsche e os românticos e, finalmente, Lutero, aqueles que criaram os pressupostos para os crimes enormes de nosso século. E por quê? Porque cada criança tem uma bisavó, assim como também cada coisa precisa ter uma causa. E a pobre bisavó tem que assumir de repente a responsabilidade pelas barbaridades praticadas por seus descendentes. Se isso fosse certo, então deveríamos ter a ousadia de afirmar: com Calvino em vez de Lutero, ou romances realistas no lugar dos contos de Hoffmann, não se teriam produzido essas atrocidades nos anos quarenta do século XX. A conta não fecha. Não se podia prever nada porque tudo justamente é possível, porque nenhuma idéia chega a ser tão absurda a ponto de não ser praticada em sociedades altamente evoluídas e civilizadas. Os nazistas, bárbaros? Ridículo. Não eram primitivos de maneira alguma, ao contrário, tinham compromisso com a ciência, embora somente pela via da superstição. E quando eu pensava que deveria ser possível trocar uma palavra sensata com eles, subjazia a este pensamento a idéia fantasiosa de que bastaria a palavra adequada para que todo aquele pesadelo se desvanecesse. E então horrorizava-me novamente a idéia: queria eu de fato, depois de tudo que acontecera, ser acolhida por estas alemãs de uniforme como se fosse sua filha? Não me ocorreu, ou então não percebi, que, de qualquer maneira, eu mudara muito e, por isso, mesmo vestindo outras roupas, eu não podia estar mais distante do que imaginava das crianças "lá de fora".

4.

Vivia mais do que antes entre mulheres adultas, que já haviam tido antes da guerra uma outra vida que lhes podia servir de parâmetro para o futuro sonhado. Trocavam receitas de cozinha, assim como eu recitava poesias. Era o divertimento favorito superar-se, à noite, no preparo de bolos de mentira com porções generosas de manteiga, ovos e açúcar. Eu nem mesmo conhecia a maioria dos pratos e não podia fazer uma idéia muito precisa destas delícias seletas, tampouco das viagens, reuniões, anos de estudo, danças e festas que habitavam a lembrança, relatadas ali e descritas com todo o colorido. Ouvia com ouvidos atentos, mas também com um leve desconforto, primeiro porque o abismo era muito maior do que os anos que me separavam das narradoras e, em segundo lugar, porque decerto havia ali algo que não se encaixava. Se antes tudo fora tão cor-de-rosa, como pudemos acabar deste jeito? Não tinha idéia do que se poderia esperar lá fora.

A princípio, só havia no campo as alemãs, austríacas, tchecas e algumas húngaras do Campo Familiar de Theresienstadt, de Birkenau. Depois vieram ainda as judias do leste, que falavam iídiche e haviam sido selecionadas logo na rampa de Auschwitz. E, imediatamente, nos tornamos uma sociedade de duas classes. As outras eram sujas, afirmavam as nossas, e mantinham-se afastadas. Eu me mantive menos afastada, pois me faziam falta as crianças de Theresienstadt, e entre as recém-chegadas havia também as crianças que tinham escapado porque vestiram muitas camadas de roupa umas sobre as outras e, por isso, pareciam mais velhas. Durante a seleção na rampa tudo tinha sido muito rápido, contou-me uma delas. Em pouco tempo, aprendi iídiche muito bem.

O tempo logo se tornou úmido, depois muito frio. Era o inverno de 1944-45, e alguém que esteve na Europa naquela época jamais esquecerá. Pela manhã, éramos acordadas por uma sirene ou um apito e formávamos fileiras para o toque de reunir ainda no escuro. Ficar parada, simplesmente, de pé, é até hoje para mim tão insuportável que às vezes saio de uma fila e vou-me embora, mesmo que esteja para ser atendida, simplesmente por não querer ficar mais um segundo sequer parada.

Recebíamos um caldo preto, parecido com café, para beber, uma porção de pão para levar e marchávamos em fileiras de três para o trabalho. Ao nosso lado, marchava uma guarda que tentava manter o ritmo da marcha com seu apito. Ele pouco adiantou. Apesar da irritação da mulher, não conseguimos aprender a marchar no ritmo. Alegrava-me com o fato de que não conseguiam obrigar as donas-de-casa judias, que representavam a maioria, a marchar no passo correto. Os homens estão mais dispostos a fazer isso com facilidade, pensava, num rompante precoce de feminismo.

Estávamos tão subnutridas que nenhuma mulher menstruava, o que, por sua vez, com a falta de roupas íntimas, era uma vantagem. Pergunto-me, porém, se seria apenas a desnutrição. Convém aqui uma comparação com os animais? Mesmo mamíferos bem-nutridos no zoológico raramente dão crias. A reclusão é prejudicial, da mais inferior à mais elevada escala da evolução.

O trabalho era para homens, roçávamos o mato na floresta, desenterrávamos os tocos de árvores e os levávamos embora; cortávamos lenha (ainda consegui fazer isso muito bem oito anos mais tarde, desde então nunca mais o tentei) e carregávamos trilhos. Certamente algo iria ser construído, o quê, não nos foi dito e nem ao menos me interessou saber. É inerente à essência do trabalho escravo que este não tenha um objetivo determinado, que o trabalhador-escravo não conheça o sentido de seu trabalho ou o despreze. Marx sentiria imensa alegria e, espera-se, também um enorme espanto com esta prova exemplar. O que se propunha construir em Christianstadt, não importa o quê, não se concretizou. Na verdade, sinto desde então uma aversão a trabalhos físicos que só aumentou no decorrer dos anos, pois, no início, minha mentalidade sionista exigia que se sentisse alegria ao usar o ancinho e o arado e seus correspondentes femininos, quiçá a pá e a enxada. Quanto mais meu sionismo ia se desvanecendo tanto mais percebia novamente o trabalho físico como uma coisa imposta, forçada, à qual se contrapõe a letargia como mecanismo de defesa. Na ocasião, perpetrei tantos atos de sabotagem quanto pude, lançando mão da recitação de poemas, por fraqueza, por tédio, por convicção.

Às vezes éramos emprestadas à população civil e então ficávamos sentadas em sótãos e montávamos réstias de cebolas com barbantes para pendurá-las. Era melhor do que trabalhar ao ar livre. Os moradores da aldeia nos olhavam como se fôssemos selvagens. De vez em quando, minha amiga Ditha e eu tínhamos de ir à pedreira, o local de trabalho mais antigo de Gross-Rosen, motivo pelo qual, aliás, este campo de concentração fora construído. Na pedreira, sentíamos um frio de gelar. Abraçávamo-nos, mas isso pouco adiantava e eu quase me desesperava. Não era possível proteger-nos do frio, nossas roupas eram finas demais, enrolávamos os pés com jornal, o que remediava, porém não a ponto de evitar feridas pustulentas nas pernas, pois tudo cicatrizava muito lentamente. Esperávamos ansiosamente pela pausa seguinte, hora de almoço, depois o fim do expediente. Talvez eu possa ficar amanhã no campo e fazer limpeza por lá. Meu Deus, como vamos poder suportar isto ainda, não pode durar para sempre. (Doze anos depois, mais ou menos, vejo Ditha brincar com seus filhos pequenos na areia. A voz tranqüilizante, segura, faça assim ou não faça assim. Subitamente, vejo-nos no passado, as duas agachadas perto uma da outra, na pedreira, no frio. Ditha coloca o braço ao redor de meus ombros. Afasto-me dela e das crianças, pois a areia petrifica-se e transforma-se em granito da Silésia, e a brincadeira infantil torna-se sombria. Por que não vai para casa com as crianças, é tudo uma grande mentira.) Ainda sonho com a pedreira às vezes. É um lugar totalmente desolado, quero esquentar-me em algum lugar, mas onde?

A maioria das mulheres, minha mãe inclusive, trabalhava em uma fábrica de munição, junto com franceses, homens, que eram mais bem alimentados do que nós, pois eram mais aptos para este trabalho e por isso valiam mais. Em compensação, sabiam tramar sabotagens melhor. Quando se aproximavam lentamente das mulheres, com um sorriso matreiro nos lábios, dizendo: *"Plus de travail, les filles"*, podíamos contar que tinham mais uma vez parado uma das máquinas, soltando os parafusos certos ou fazendo algo que não chamava muito a atenção, e os alemães tinham primeiro de achar o defeito e depois arrumá-lo. Trabalho escravo tem suas manhas e rendia freqüentemente menos para os nazistas do que estes calculavam antecipadamente na prancheta. Infelizmente, ainda assim era demais.

Nós, mulheres, éramos a força de trabalho pior, mais barata, mais fácil de substituir e, por conseguinte, malnutrida. Eu seguia para o trabalho, os olhos presos no caminho, na esperança de que houvesse por ali algo de comer, pois alguém um dia encontrara uma ameixa. Pensava, quem sabe uma maçã, mesmo que esteja verde ou meio podre, seria muito bom. Mas nunca encontrava nada. Como poderia? Andávamos em fileiras, eu em algum lugar no meio; se houvesse algo no caminho, alguém já teria encontrado antes de mim.

A melhor coisa era poder ficar no campo fazendo o serviço de arrumação. Algumas vezes consegui.

5.

Na época, meu modelo era uma jovem tcheca. Vera, cujo desprezo máximo por este bando de carrascos, mesmo que amáveis, eu admirava. Gostaria de ter também essa atitude. Certa vez, eu estava descarregando verduras e podia, por isso, permanecer mais tempo no porão que servia de despensa da cozinha e, com a ajuda de Vera, roubei alguns tubérculos e um repolho. Quem quer que pudesse se aproximar dessas provisões as roubava. Era uma prática bastante comum que nunca fora contestada em minha presença. Alcancei-lhe as verduras através da pequena janela gradeada do porão e depois senti orgulho de ambas as coisas, do risco que correra e do sucesso obtido. Vera então me deixou insegura ao demonstrar que fizéramos aquilo por estarmos famintas, mas em última instância estávamos roubando o próprio grupo de prisioneiros. Para mim, essa foi uma nova maneira de ver as coisas, infelizmente muito convincente. Até então, meu cérebro de treze anos somente captara que não se podia roubar de uma pessoa e, naturalmente, também não de uma entidade como Eretz Israel, terra tão sonhada, que sempre fora a realização de todos os meus anseios. Jamais me ocorrera que a sopa dos demais ficaria mais rala com a falta daquelas hortaliças que eu pegara do porão. Não posso afirmar que a objeção de Vera tivesse provocado grandes conflitos de consciência, mas foi em todo caso um alargamento de meus horizontes. Eu a admirava por pensar desta maneira, sabendo que quase mais ninguém pensava assim.

Aprendi com ela algumas canções socialistas, por exemplo, *"Bet und arbeit ruft die Welt"* (Reza e trabalha, clama o mundo). Concentrei-me na idéia do forte braço operário que consegue deter o movimento de todas as rodas. Metáforas eram bem-vindas para mim e esta, a serviço da rebelião e da resistência, possuía a aura de formas exóticas de comportamento, em algum lugar onde a vida não dependia da obediência.

Em outubro de 1944 completei treze anos e, num acesso de mística auto-afirmação, jejuei pela primeira vez em Yom Kippur. Guardei minha ração até a noite e a comi após o pôr-do-sol. Foi um gesto de solidariedade com aquelas mulheres do campo que eram religiosas e uma profissão de fé no judaísmo, e minha entrada no mundo dos adultos, como competia a alguém de treze anos. Olhando para trás, estes três motivos me emocionam muito pouco, somente um deles tem a ver comigo e me parece correto: a auto-afirmação que ocorre quando nos impomos voluntariamente uma disciplina difícil de cumprir, por exemplo, quando uma criança faminta consegue postergar o consumo de sua ração.

6.

Minha irmã de criação, que já mencionei e a quem chamei de Ditha, apegou-se a minha mãe quando precisamos mudar do campo familiar de

Birkenau para o campo de mulheres. A expressão "apegar-se" não deve ser entendida aqui de maneira pejorativa, embora também possa ser utilizada para gatinhos perdidos. Simplesmente está correta. Conhecia Ditha vagamente de Viena, lá fazia parte de um dos grupos de crianças mais velhas em nossas brincadeiras no cemitério judeu e causou-me enorme impressão, pois não tinha pavor de aranhas, gostava de pegá-las do chão e deixá-las andar sobre suas mãos e braços, para alegria das outras crianças. Era órfã e fora deportada sozinha da casa de sua avó para Theresienstadt. Lá ficou no alojamento infantil L 414, em um grupo de apenas quinze meninas que ocupavam um cômodo especialmente pequeno e eram conhecidas por sua convivência estreita e exclusiva. Pois bem, depois esteve em Birkenau, perturbada como todas nós e sem nenhum vínculo familiar. Então minha mãe disse "venha", e desde então ficamos as três juntas.

Isto é, portanto, o que de melhor e mais relevante posso contar a respeito de minha mãe: adotou uma criança em Auschwitz. Considerava esta menina com a maior naturalidade e sem qualquer restrição como parte de nossa família, e cuidou dela até que um tio de St. Louis apareceu depois da guerra e Ditha pôde emigrar ainda antes de nós. Em Christianstadt tive apenas uma amiga, Ditha, que considero ainda hoje minha irmã, pois de outra maneira não é possível descrever esta relação que se baseia em poucos interesses comuns e, ao mesmo tempo, possui algo de absoluto. O absoluto: 1944, 1945.

Ditha sempre afirmou que minha mãe lhe salvou a vida. Sem dúvida, minha mãe, com sua dedicação, evitou-lhe muitos traumas na alma, poupando-a do total desamparo psicológico que ocorre quando ninguém neste mundo se importa se você existe ou não. Para nós, Ditha não só existia, mas também era importante, e assim a existência passou a ter um significado para ela, simplesmente porque minha mãe tornou-se para ela uma referência pessoal afetiva, uma vez que Ditha era uma de nós. Sem nós, teria ficado isolada; conosco, era um membro da família, contava. Se teria conseguido permanecer viva sem minha mãe, não posso afirmar. Como pequena unidade familiar, creio que talvez tenhamos salvado a vida umas das outras.

E, no entanto, hoje esta relação se deteriorou, pior ainda, minha mãe rejeita por completo esta mulher que um dia considerou e tratou como sua filha de criação. Estou visitando minha mãe naquela pequena e feia casa em San Fernando Valley, perto de Los Angeles, onde se sente bem há trinta anos, e marco um encontro por telefone com Ditha. Comunico a minha mãe energicamente, pois espero resistência, que Ditha virá me buscar à noite, à tal hora. Minha mãe retruca: "Se você quiser sair com ela, por mim, tudo bem. Mas entrar em minha casa, não. Não quero vê-la. Agora vou dormir". Ditha, com seus sessenta anos também, chega e fica diante da porta de minha mãe, esperando que eu saia, pois não lhe é permitido entrar. É uma cena insólita, acontece com freqüência. O motivo pelo qual permito tal humilhação e concordo em não encontrá-la em algum outro lugar resume-se na esperança de que um dia minha mãe abrirá a porta e tomará Ditha nos braços, ela que, no decorrer dos anos, muitas vezes foi para ela uma filha melhor do que eu.

Entretanto, com o passar do tempo, Ditha e eu acreditamos menos em tal mudança. Minha mãe teme Ditha. Esta tornou-se enfermeira, ainda por cima enfermeira psiquiátrica, e incorreu no erro de tratar minha mãe com uma atitude de cuidado condescendente. Comigo, sempre fez isso, com apelidos infantis e exibição desdenhosa de sabedoria de vida. Privilégio dos mais velhos, mas enquanto reajo de maneira irritada, minha mãe reagia com temor e pânico. Imagina que Ditha queira interná-la em uma clínica psiquiátrica. A paranóia, que sempre esteve presente nela, ficou oculta na época de Hitler por uma realidade assassina que superava qualquer fantasia, sendo que desde então ela tem dificuldades em avaliar objetivamente a realidade. E nesse meio tempo é Ditha quem sofre, e todas as minhas tentativas de convencer minha mãe de que Ditha daria sua vida por ela estão condenadas ao fracasso, porque no empenho de minha mãe de pôr a realidade em ordem, Ditha foi sempre parar no lugar errado.

Assim, Ditha sente-se rejeitada. Uma sensação especialmente dolorosa nas grandes festas religiosas, queixa-se ela, que não é mais religiosa do que eu.

7.

Na floresta, ao cortar o mato ou colocar trilhos, vez por outra tínhamos contato com civis alemães, como, por exemplo, os capatazes que dirigiam nosso trabalho. Um dia, durante a pausa, eu estava sentada sobre um tronco ao lado de um homem gordo, atarracado, que deve ter puxado conversa comigo, por iniciativa própria, do contrário não teria me sentado ao lado dele. Estava curioso, era evidente que eu não correspondia à imagem corrente de um trabalhador forçado. Uma criança prisioneira, de cabelos escuros, esfomeada, que, porém, falava corretamente o alemão, ainda por cima uma menina, pouco apta para tal trabalho, uma menina que devia estar na escola. Também era esse o tema de nossa conversa. Quantos anos eu tinha. Fiquei pensando se a verdade seria apropriada aqui, ou seja, dizer que tinha só treze anos. Demandava-se cautela, pois os três anos de diferença haviam se tornado há pouco uma estratégia de sobrevivência. Não sei mais o que lhe respondi, mas sei que só tinha um pensamento: gostaria de convencê-lo a me dar seu pão com banha. Não se tratava apenas de uma questão de fome e sim, associada à fome, teria sido um feito e tanto se pudesse dividir tal delícia com minha mãe e Ditha, iguaria que, por certo, não existia no campo. Ditha mantinha ligações com a cozinha e aparecia às vezes com bons bocados e eu não podia competir com ela. Eis a questão: ou dizia ao gordo minha verdadeira idade para sensibilizá-lo ou, por medida de segurança, melhor a mentira que havia salvado minha vida, portanto, quinze anos, agora dezesseis. Não me lembro qual foi minha resposta, apenas que não me deu o pão com banha. Cortou-me um pedaço com seu canivete, assim só pude agradecer e engolir imediatamente. Fez uma série de perguntas que respondi com muita reserva. Mesmo se quisesse, não teria encontrado as palavras adequadas para os massacres em série. Porém, naturalmente, nem queria isso. Nada me parecia tão distante do que me aventurar sobre um terreno escorregadio com um civil, um alemão totalmente estranho.

Este, ao contrário, contou-me que as crianças alemãs agora também não freqüentavam a escola, estavam todas alistadas. Talvez quisesse convencer a si próprio ou a mim de que a manutenção do trabalho escravo aqui em Christianstadt era aceitável? Ele devorava seu pão com vontade, enquanto me fazia um relato da Alemanha faminta.

Aqui em Göttingen, onde desenterro estes bocados de memória no ano de 1989, sempre encontro pessoas que tiveram trabalhadores forçados em casa e se lembram dessas pessoas com satisfação e, por vezes, com afeto. Elas passavam bem conosco. Brincavam conosco, com as crianças, riam ou cantavam bastante. Os narradores bem-intencionados não fazem idéia da alerta atitude de reserva, da desconfiança, do desprezo, da supervalorização ou subvalorização do inimigo que deve ter dominado essas pessoas. E mesmo que para muitas delas a vida na Alemanha se tornasse agradável e passassem a simpatizar com os inimigos, isto significa que o inimigo os subjugara. Se as crianças alemãs de então, os adultos de hoje que me contam estas histórias, não percebem, não querem aceitar este conflito, isto advém do fato de que nenhum deles se vê simplesmente como o inimigo. O inimigo é o outro, como pensar em uma criança como um inimigo, principalmente se ela é amável e é considerada a menina dos olhos dos pais. Por isso, esses trabalhadores nunca são chamados aqui de trabalhores forçados e causa um estremecimento quando não me furto em utilizar a expressão trabalho-escravo.

Em Oldenburg, proferi uma palestra sobre Kleist[16] e depois, enquanto tomávamos uma taça de vinho, uma professora aposentada contou que durante a guerra havia *Gastarbeiter* ("operários hóspedes") trabalhando na fazenda em que ela se criou. Não eram hóspedes, disse eu, com obstinação, eram trabalhadores forçados. "Pois então, é isso mesmo, eram prisioneiros de guerra, poloneses." Não dão a mão à palmatória com facilidade. Também não eram prisioneiros de guerra, digo eu, a guerra com a Polônia não durou muito, eram civis. Lança-me um olhar sério. "Sim, trabalhadores forçados, coisa triste, um polonês e uma polonesa." Mas o polonês não parecia ter sentimentos de ódio, ao contrário, resgatara para eles o cavalo roubado por bandos de poloneses. Não era rancoroso. Seja como for, eu a convenci de que havia algo ali de que se podia ter rancor.

Gisela, minha amiga de Princeton, lembra com aprovação tipicamente alemã o caso de um exilado que havia recebido condecorações na Alemanha e nunca nutriu ressentimento algum contra alemães. Eu o conheço e me pergunto surpresa: teria ele tão pouco caráter a ponto de oferecer um perdão e uma reconciliação que não tem por que dar? Antes eu tivera uma opinião melhor sobre ele. Uma injustiça não é anulada pelo estado de espírito daqueles que foram atingidos por ela. Eu escapei com vida, isso é muito, e não com um saco cheio de recibos de culpa que os fantasmas me deram para carregar a fim de distribuí-los a bel-prazer.

---

[16] Heinrich von Kleist (1777-1811), poeta e dramaturgo alemão. (N. da T.)

Nesse caso, os algozes deveriam poder desculpar as vítimas pelo fato de estas os terem confrontado com um difícil problema de consciência. (Acontece às vezes de os verdugos se considerarem magnânimos quando deixam as lembranças vir à mente. Wolf Biermann[17] a esse respeito: "Eles nos perdoaram tudo/ Tudo o que nos fizeram.")

Façam o esforço de perguntar o que pensavam ou queriam aquelas pessoas violentamente arrancadas de suas raízes. Se vocês perguntarem com insistência, posso oferecer esta pequena contribuição para o problema: eu queria a fatia do pão com banha do gordo. De resto, ele não me interessava. E eu não apenas a queria para ter o que comer, mas também para dividi-la. Dividir, não por amor, mas também por uma necessidade de afirmação. Seja como for, não ganhei o pão.

Na lembrança do gordo, assim o imagino, eu era ou sou uma judiazinha que nem estava passando tão mal, pois não contara histórias de terror, por mais que ele de maneira persistente lhe desse a oportunidade para tanto, e até mesmo insistira para que ela discorresse sobre sua vida; medo ela não sentia, ou seja, não havia motivo para sentir medo, do contrário ela não teria falado com tanta franqueza. E talvez ele se sirva deste nosso encontro para demonstrar que, na guerra, os judeus não tiveram uma vida pior do que os demais.

8.

Minha mãe pediu um livro emprestado de um capataz simpático da fábrica, sua filhinha iria gostar muito de ler alguma coisa novamente. Segundo minha mãe, ele ficara surpreso com esse pedido, mas lhe prometera trazer algo. Eu não tinha esperança alguma. Pensei, ele vai se esquecer ou, caso se lembre, virá com um romance água-com-açúcar, como os que circulavam às vezes no campo, dos barracões das guardas até as prisioneiras que lá faziam a limpeza, até chegar a nós. Eu tivera a oportunidade de ler dois desses livros no verão, nada mais desde então. Mas o capataz cumpriu sua promessa. Na tarde seguinte, minha mãe apareceu com

---

[17] Wolf Biermann (1936), poeta e cantor alemão, teve atuação marcante na ex-RDA. (N. da T.)

o livro, um pouco decepcionada, não era a leitura certa. O que ela trouxe para mim foi uma velha cartilha, meio rasgada, sem capa, na qual faltavam muitas páginas. Fiquei feliz. O presente superou todas as expectativas. Uma porta bem conhecida se abrira novamente, reencontrara um acesso familiar para o mundo.

Que textos havia no livro, não sei mais, com uma exceção. Era o "Passeio da Páscoa", do *Fausto*. Na ocasião, quase enlouquecida de fome, assava cascas de batatas num fogareiro que aquecíamos com lenha roubada, e não as comia cruas porque provocavam vômito ou também disenteria. O frio era constante e inclemente. Mal nos esquentávamos um pouco sobre um saco de palha, já tínhamos de sair para o toque de reunir. E lá estava aquele poema no qual logo no início se colocavam lado a lado o frio e a prisão: "Livres do gelo estão rios e riachos". É preciso tomar fôlego para ler este primeiro verso: tomei fôlego. Uma voz que se dirigia diretamente a mim. Vento de um grande despertar, ressurreição expressamente não-religiosa, não-cristã ("Pois eles mesmos ressurgiram/ De sombrios aposentos de casas baixas"), da qual eu, portanto, não me sentia excluída. A retirada do inverno ("para montanhas inóspitas") e a retirada do exército alemão (podíamos ouvir a artilharia) eram uma única e mesma coisa. Haveria de ser bem-sucedida, o inimigo, o frio, estavam em fuga, enviavam apenas "Chuva impotente de gelo granulado/ Em filetes sobre os campos verdejantes".

Era algo diferente do que o *Cavaleiro Toggenburg*, de Schiller, ou o *Combate com o dragão*. O fato de que pessoas possam escapar de um portão oco e sombrio, fugir de um espaço estreito e angustiante, que a liberdade e o calor sejam a mesma coisa, isso tudo só compreendo hoje em dia por tê-lo compreendido muito bem então. Não me apropriei desses versos devido ao final célebre "aqui sou um ser humano, aqui posso sê-lo": pois qualquer sentimento de júbilo por parte de grandes e pequenos *en masse* deixava em mim um travo desagradável. Decorei o texto quase imediatamente por causa das promessas que continha. E que cumpriu. "No vale verdeja a esperança venturosa." Foi realmente um inverno muito rigoroso.

Por isso, no primeiro poema que escrevi depois, digo: "Derrete o gelo, rompe-se a corrente", numa referência à iminente dissolução do campo. No ínterim, a corrente ainda não se rompia. Era o começo do ano de 1945, diariamente ouvíamos a artilharia dos russos, ansiado som da guerra. O trabalho foi interrompido, passávamos fome, frio e esperávamos. Uma bênção não ter mais que trabalhar, mas o custo foi alto, pois a cada dia havia menos comida. Durante o toque de reunir, berrava um homem da SS: "O tal Roosevelt não vai poder ajudar vocês", de onde concluí que os americanos finalmente iriam nos ajudar. Vieram prisioneiras de outros campos vizinhos de Gross-Rosen, dormiam uma noite no chão do edifício central, onde ficava a cozinha comum e o refeitório das guardas (nós comíamos ao ar livre ou nos barracões), e eram evacuadas no dia seguinte. Conversei com uma delas quando estava deitada no chão. Vejo-me ainda de pé no refeitório, inclinada sobre ela. Parecia-me a encarnação da exaustão. Esse curioso sentimento de piedade e simpatia por aqueles que precisam de sono. Senti-me privilegiada, pois nunca tivera que andar tanto.

Fazíamos planos, principalmente nós, as jovens. Ao invés de nossos uniformes de verão, recebêramos roupas mais quentes, um monte multicolorido de roupas que provavelmente vieram de Auschwitz e cujos donos originais não estavam mais vivos. Precisávamos recortar um pedaço das costas de cada uma das roupas e em seu lugar pregar um retalho amarelo. Durante os últimos dias, em vez de receitas de cozinha, falava-se mais das chances de fuga, muitas cortaram o retalho amarelo das costas e tornaram a costurar o pedaço recortado anteriormente ou recobriram o retalho com um outro pedaço de pano.

9.

Havia agora tão pouca comida que não se pensava mais em outra coisa do que em alimento. Quando recebia minha ração diária, metia os dentes no pão, louca de voracidade, como se precisasse enfiar o pedaço inteiro de uma só vez na boca. Muito raramente, imaginava-me vista de fora e sentia vergonha.

Quanto pior a alimentação tanto maiores se tornavam as — não se pode dar outro nome para isso — diferenças sociais entre as prisioneiras. As cozinheiras e seus filhos engordavam visivelmente. Quanto menos comida havia, tanto mais gordo ficava o pessoal da cozinha. Não admira, pois o pessoal cozinhava para as guardas, tinham acesso a tudo que havia. Luz acesa na cozinha, encontro-me do lado de fora diante do barracão central e posso olhar para dentro, uma cozinheira mostra para outra mulher, vestida de farrapos, a bela saia que a filha ganhara. A menina rodopia como em um desfile de modas. A andrajosa admira a filha da cozinheira vestindo a nova saia velha, pois espera receber uma ração extra de sopa.

Certa noite, ouvi Ditha dizer que talvez distribuíssem alguns restos na porta dos fundos do barracão da cozinha, que as cozinheiras queriam expressamente fazer chegar às mãos das crianças. Corri até lá, fiquei parada por ali, aos poucos chegaram outras mulheres que também tinham ouvido os boatos. Fiquei impaciente, elas talvez queiram passar na minha frente, eu cheguei primeiro e, finalmente, subi os degraus do barracão e dei uns poucos passos no corredor estreito e iluminado que levava à porta de trás da cozinha. Abriu-se então uma porta lateral, uma guarda bem alta saiu, atrás dela um homem da SS que eu não conhecia. Chamou ("Senhorita, venha até aqui"), fico diante dele, prato e talher na mão, ele pergunta o que quero, eu lhe digo, dizem que há sobras por aqui, ele diz algo como, "Senhorita, agora, preste atenção", eu, idiota, penso que ele vai me deixar passar, pois não iria querer que se jogassem fora as sobras, caso houvesse alguma, ainda mais com a fome que grassava, e então ele me dá uma bofetada com toda a força no rosto. Cambaleio, estrelas diante dos olhos, os tamancos escapam dos pés, o prato cai da mão antes de eu mesma cair no chão. As outras mulheres se afastaram, o SS, depois de algumas palavras ameaçadoras que deveriam nos afugentar, desapareceu novamente com sua companheira. Ditha ajuda-me a levantar, uma ou duas mulheres ajuntam minhas coisas, entregam-nas para mim estalando a língua de maneira tranqüilizadora. Fico xingando no caminho de volta até o barracão ("Aquele porco me chamou de senhorita", como se isso fosse o cúmulo do desdém), a bofetada ainda arde, e nada de ração extra.

Quando voltamos, minha mãe faz a afirmação absurda de que teria devolvido a bofetada, caso estivesse lá. "Pois então tivemos sorte", Ditha e eu dizemos em coro, "que você não estava lá". Fico irritada com ela, que volta a me reduzir ao papel de pobrezinha infeliz enquanto banca a heroína. À humilhação do tapa na cara vem se somar mais este exemplo de compaixão por parte de minha mãe.

Mas naquela noite, diante do público formado por minhas companheiras de alojamento, recitei meu poema sobre a "Chaminé", no qual a personificação da máquina da morte faz a profecia:

De mim ninguém nunca escapou,
A ninguém, ninguém hei de poupar.
E quem me construiu feito uma cova
no fim também hei de tragar.
Auschwitz está em minhas mãos,
tudo, tudo há de queimar.

Declamei com altivez, pensando: "Ele vai ter o que merece, esse sujeito que me bateu, cedo ou tarde, ele vai ter o que merece". Era então um consolo, mas também um absurdo, pois certamente não teve o que mereceu. Se não conseguiu uma mansão confortável na América do Sul, talvez viva em Göttingen e seja aquele senhor aposentado que chamou minha atenção na loja de Schmidt, a Drogaria Markt, quando conversou com uma jovem balconista e soltou o verbo contra aqueles parasitas dos refugiados polacos. "Os estrangeiros, esses a gente deveria meter na câmara de gás, e junto com os políticos", afirmava. Eu estava justamente tentando escolher uma das várias pastas de dentes, e estas quase me caíram das mãos. Olho em sua direção, avalio sua idade, já tem bastante idade, deve saber do que está falando. Percebe meu olhar, fixa os olhos em mim. "Que frase!", digo-lhe, trocamos olhares, meu velho amigo, nós nos conhecemos, ele diz então com um olhar firme, irônico: "Sim, é isso mesmo, a senhora ouviu direito".

10.

Esperávamos que os alemães simplesmente abandonassem o campo ante o avanço dos russos. Não o fizeram, surgiram mais e mais homens de uniforme, estes nos evacuaram. Essas deportações de um campo para outro no fim da guerra não haviam sido pensadas como marchas para a morte, conforme me disseram. A vontade de organização dos alemães falhou mais uma vez. O fato de que tantas pessoas morressem de fome não estava planejado. Este fato poderia servir hoje como uma desculpa parcial para os alemães, mas é apenas mencionado por jovens historiadores.

Dessa vez, avançamos a pé. Tínhamos que carregar nossos cobertores e os utensílios de comer, nada mais. Só as péssimas roupas que vestíamos, muitas com o remendo amarelo já escondido ou ainda por esconder. Eram os primeiros dias de fevereiro de 1945, ainda fazia muito frio e nos arrastávamos ao longo da estrada, cortando as aldeias. Bem devagar e sempre à beira da total exaustão. Quando é que tudo isso vai terminar?

À noite, a SS encarregada da vigilância confiscava alguns celeiros para pernoitarmos. Não havia lugar no celeiro, nem mesmo de acordo com minha concepção de espaço que era, de fato, bastante modesta. Estávamos tão apertadas que nem se conseguia sair para urinar. Para isso, havia recipientes de lata. O odor era nauseante. Eu tinha, só Deus sabe, adquirido o costume de conviver com pessoas que têm de ficar deitadas ou viver ao lado umas das outras num espaço extremamente exíguo. Mas aquela noite, naquele celeiro, ultrapassou minha capacidade de adaptação, talvez porque também as mulheres estivessem tão esgotadas, tão à beira do colapso. Fiquei apavorada com essa gente, que, afinal, era a minha gente, mas de repente não havia mais nada em comum, sentia repulsa, não agüento mais, para mim chega.

De manhã, continuamos a marcha. Esse tédio, quando o caminho se prolonga e mal se tem pernas para andar. O tédio é um estado de espírito menosprezado quando comparado ao desprazer do luxo. O tédio significa simplesmente que se quer escapar do tempo. Pode-se fugir de um lugar, mas do tempo não dá para escapar, ele precisa se desvanecer por si mesmo. Por isso, o tédio é a percepção de que se é um prisioneiro do tempo, sendo assim é um parente próximo do desespero. No meu caso, talvez a debilidade física tenha provocado esta sensação quase insuportável de prolongamento do tempo, ou seja, provavelmente eu não tinha mais forças para continuar.

Na segunda noite, em meio ao caos do alojamento, escapamos. Era novamente uma daquelas aldeias com celeiro e, desta vez, nossos guardas só puderam confiscar *um* celeiro, que foi longamente negociado com os proprietários, pois os habitantes da localidade recusavam-se a cedê-lo para nós. Ainda vejo o lugar diante de mim, algumas luzes nas casas, penumbra entre a multidão à espera da próxima ordem, mais adiante escuridão e silêncio. Fiquei ali parada e parecia que a última faísca de energia se apagara, e a repugnância diante de mais uma noite como a anterior no grande celeiro entupido de gente me subiu à garganta. Havia também mais um motivo de tentação que partia da terra, de suas cercanias. Era início de fevereiro de 1945 e, apesar do frio que imperava, já havia prenúncios da primavera no ar e o ímã irresistível desta época do ano. Lá fora existia uma aura misteriosa e furtiva que não nos tocava diretamente, mas que parecia possível atingir. Podia ser sentida a poucos passos desta nossa existência estranha, da miséria do campo de concentração que carregávamos nas costas, junto com o cobertor e os utensílios. Lá perto havia uma natureza, orgânica, silenciosa.

Fugir, agora, imediatamente. Minha mãe queria esperar pela próxima ração de pão. Com amargura e convicção, eu me opus. Certamente acharíamos o que comer, mesmo que fosse aquele pouquinho que nos davam, principalmente nos últimos tempos. Agora ou nunca, agora ninguém está olhando, estão ocupados e provavelmente muito cansados também. Cair fora, nada de entrar nesse celeiro, nesse lugar horrível. Três jovens tchecas eram da mesma opinião. Ditha, a meu favor, convencida por mim. A decisão está tomada. Sim.

A maior parte das decisões mal merece esse nome. A gente se deixa levar, mesmo em situações bastante difíceis. Mas quem alguma vez na vida pôde decidir com liberdade sabe a diferença que existe entre se deixar levar e decidir. A decisão de fugir foi livre.

Ontem escrevi estas palavras, hoje elas me parecem falsas, erradas. Quero apagá-las, hesito. O que não está certo aqui? A começar pela expressão "Quem alguma vez...". Estou falando de um instante em minha vida como se ele tivesse o caráter de uma revelação. Frases autoritárias, "Eu sei algo que você não sabe", que me autorizam a generalizar. O que sei eu de decisões livres, exceto que às vezes, como por exemplo aquela noite, superei a inércia que estou acostumada a considerar meu elemento vital propriamente dito ou que é, de fato, o meu elemento vital. Inércia não é igual à preguiça. Quem é preguiçoso evita esforços. Acho que a inércia também pode ser trabalhosa, como, por exemplo, continuar a marchar ao invés de fugir, e ainda assim continua sendo inércia. Eis aqui um poema a esse respeito que, mesmo de maneira oculta, menciona esta noite da fuga e a relativiza.

Os irredentos

Fogos de gasolina flamejam
no lodo na margem
de noite.

De dia
paira a fumaça
teimosa
sobre o rio
sobe indolente o gás venenoso
inchando a esponja do pulmão.

Palavras, na garganta,
na boca, impregnadas,
respiram o velho cheiro;

flutuando são levadas
no líquido breu
para um mar
de água — oh água! —
mas então apenas sal.

Bem se vê, a imagem relativa ao "levar e ser levada" que primeiramente me ocorreu, essas não são palavras minhas, são palavras lidas, clássicas, citadas, decoradas. Muito mais adequada para a ilusão da liberdade na ausência de liberdade é para mim a idéia de nadar, ser carregada, flutuar, não em águas claras e sim em um elemento denso, viscoso. E isto na ambigüidade do *apokoinu*, o verso que pode se referir tanto ao anterior quanto ao subseqüente.

Acerca das limitações, basta. E no entanto: experimentei então a sensação inesquecível e excitante de me constituir de novo, de não me deixar determinar por outros, de dizer o sim e o não à vontade, de estar em uma encruzilhada onde ainda havia pouco, nenhum caminho se cruzava, de deixar algo para trás sem ter nada pela frente. Até que ponto uma tal decisão depende das circunstâncias? Certamente havia razões e motivos para nos animarmos a agir, assim como também havia razões e motivos para o comportamento da maioria de continuar a arrastar-se com o comboio. Nós escolhemos: eu sobretudo, com a excitação que dá o convencimento, escolhi a liberdade do proscrito.

A fazendola na qual deveríamos ser alojadas durante a noite ficava sobre uma pequena colina. A faísca de energia prestes a se apagar reacende-se, alastra-se, converte-se em fogos de artifício, faz piruetas na cabeça. Nós seis damos meia-volta, descemos a rua correndo.

Depois de publicado este livro, recebi notícias de Vera, mencionada anteriormente. Ela tivera a oportunidade de ler uma resenha e achava que podia se tratar de mim. Telefonemas, cartas, uma visita a Praga. Vera fora transportada com outras mulheres de Christianstadt após longa e penosa marcha e em trens superlotados para Bergen-Belsen. (Não para Flossenbürg, como eu assumi erroneamente, depois de consultar uma obra pouco confiável.) Lá, os sobreviventes foram finalmente libertados por ingleses.

TERCEIRA PARTE

Alemanha

FUGA

1.

Nos minutos seguintes, quando nós seis descíamos a rua correndo e nos afastávamos cada vez mais dos prisioneiros enregelados, famintos, à espera de abrigo, com sua paciência auto-imposta, atravessamos uma fronteira: do mundo do campo de concentração para a Alemanha. Embora os campos se localizassem na Alemanha e fossem *made in Germany*, eles representavam, ou me pareciam, uma cápsula que tínhamos rompido. E, de fato, a partir daí o que existia era a liberdade dos proscritos.

A exaustão paralisante e a fraqueza tinham subitamente, mesmo que por um curto período de tempo, se transformado em seu contrário. Eu sentia uma enorme descarga de energia que durante a corrida me surpreendeu, e em meio à excitação provocada por nosso novo começo, me veio rapidamente a pergunta se realmente estava tão mal quanto imaginara: como podia de repente seguir em frente naquela rapidez se pensara há pouco não poder dar mais um passo sequer? Pareceu-me então um milagre, hoje sei que esse milagre possui a simples designação química de adrenalina.

Paramos, sem fôlego, em um cruzamento e nos separamos. As três tchecas queriam tentar chegar à fronteira de sua pátria. Nós esperávamos poder aguardar a chegada dos russos nas aldeias vizinhas. Despedida rápida, apressadamente desejamos mutuamente a melhor sorte possível. Os rostos marcados pelo esgotamento tornaram-se animados, como se pudessem enfrentar qualquer dificuldade.

Nós três nos dirigimos para a direita, descemos, agora mais devagar, a estrada deserta, à procura de um esconderijo e de um lugar para passar a noite. Encontramos um pequeno estábulo, cujas portas não estavam trancadas, onde duas ou três vacas nos olhavam placidamente, admiradas com nossa presença. Fiquei aliviada de poder dormir "a sós", em meio a tanto feno, sem a presença de ninguém exceto as duas, minha família mais próxima. Desejei a todas nós um estábulo semelhante como dormitório pelo resto de nossos dias, pois onde se poderia adormecer melhor e, exausta, peguei logo no sono.

Na manhã seguinte, minha mãe, que sempre afirmava saber fazer tudo, tentou ordenhar uma vaca. A vaca era amável, mas recusou-se a cooperar. Ao invés de leite, encontramos água e uma bacia, e nos lavamos. Quando saímos do esconderijo, a terra parecia tão fresca e limpa como eu me sentia, e a natureza, que fora anteriormente sobretudo calor e frio que tínhamos de suportar durante os toques de reunir e o trabalho, estava hoje cheia de objetos luminosos. Aquela terra oferecia tarefas inesperadas e prometia possibilidades tanto de aproximação quanto de descoberta.

Era como se tomássemos posse do mundo somente porque fazíamos uso da estrada por iniciativa própria. A pergunta nem era para onde ir, isso não me interessava. Liberdade queria dizer escapar. Escapar da marcha letal, de toda aquela gente, da constante ameaça. O ar tinha um aroma diferente, primaveril, agora que o tínhamos somente para nós. De todo modo, não sabíamos o que cada novo dia iria nos trazer e, como não podíamos nos prevenir, não me preocupava com isso.

A liberdade, diz uma leitora atenta, também pode dar calafrios — sobretudo se é este tipo de liberdade absoluta, sem segurança alguma, que acabei de descrever. A transição foi rápida demais, diz ela, vocês devem ter sentido medo. Talvez eu tenha esquecido o medo, pois já o conhecia. E a novidade era que a existência tornou-se então leve como pluma, tendo sido até ontem pesada como chumbo, aí não se pensa que agora alguém pode assoprar e levar você embora, ao contrário, pensa-se que se está voando. Havia uma sensação de bem-estar, como se finalmente estivesse ocorrendo aquilo que eu esperava que ocorresse desde que me conhecia por gente.

Nossos planos para os dias seguintes eram muito simples: queríamos alcançar os aliados tão cedo quanto possível e, nesse ínterim, comer, encontrar um abrigo, principalmente quando chovia granizo. Pois caíra granizo nos primeiros dias de nossa fuga, chovera também, muitas vezes uma chuva gelada. Mas então o tempo esquentou e nunca mais fez frio. Em toda a minha vida, nunca mais fez frio de verdade; mesmo quando em Nova York ou Cleveland o vento sopra tão gelado que só se pode sair à rua com o cachecol cobrindo o rosto, mesmo assim o frio, desde então, foi só moderado.

Aquilo que me parecia ser a cornucópia da vida era, na realidade, uma terra em mudança, repleta de fugas e rupturas. Era a época em que, naquelas zonas de fronteira entre a antiga República Democrática Alemã e a atual Polônia, as casas ficaram vazias e as ruas, cheias. Caros amigos, muitos de vocês conheceram essas ruas e estradas, quando vocês ainda eram crianças e estavam em fuga, e se lembram delas não exatamente com alegria. Nós fomos levadas de roldão pela corrente de refugiados e seguíamos aquela gente que tinha perdido sua pátria, e cuja própria miséria lhes tolhia a fala e não perguntavam mais com desconfiança de onde vinha o outro. Vocês choravam aquilo que deixaram para trás e, principalmente, a pátria que perderam, nós estávamos felizes por deixar para trás os lugares de nosso aprisionamento e ter conseguido ganhar tanta coisa, isto é, o direito de decidir para onde nos levaria o passo seguinte.

Aqui há um ponto de interseção, aqui nossos caminhos se cruzaram, aqui se apresentam comparações que não são somente diferenças. Entre os pontos em comum, há, por exemplo, a lembrança do sabor prazerosamente nutritivo do tubérculo que leva o nome de *Wrucke*,[1] conservando para muitos de vocês, assim como para mim, o aroma do alimento que sacia. Conhecido pelo nome genérico de *Steckrübe*, esse tubérculo foi rebaixado hoje na Alemanha Ocidental a alimento para gado; no entanto, um pequeno grupo de pessoas em Göttingen, do qual faço parte, ainda sabe que essa hortaliça, devido a suas boas ações, é uma princesa di-

---

[1] Rutabaga, uma espécie de nabo. (N. da T.)

famada, desterrada e injustamente desprezada, e lhe faz as honras à mesa como salvadora em tempos sombrios, chamando-a pelo antigo nome real de *Wrucke*.

A mãe de um dos meus pintores de cerca nasceu durante a fuga da região que é hoje a Polônia. Tão distante no tempo. E tão próximo ainda.

Se escrevi há pouco que não queria ver em minha história o otimismo que caracteriza um romance como *A sétima cruz*, retiro agora este pedido, ainda que com reservas, pois naquelas estradas da Alemanha do Leste, nesses dias logo antes do fim da guerra, estávamos tão esperançosas como nunca, rindo à-toa e cheias de energia. Este é um comportamento subjetivo e não diminui sequer em uma única morte a tragédia daquele tempo. Ríamos muito durante a fuga. O perigo é solo fértil para a comicidade, não sei por quê. (Um amigo lê esta frase e me oferece a resposta: o riso como válvula de escape para os temores, daí o humor negro. Os neuróticos, diz ele, são os melhores cômicos.) Brotou então o desejo de aventura que existe em toda criança, portanto, também em Ditha e em mim. Não estávamos assustadas por causa de nosso longo aprisionamento, ao contrário: desfrutávamos daquilo que possuíamos, a vida nua e crua que, pela primeira vez, realmente nos pertencia. Para minha mãe deve ter sido mais difícil, mas ela também reviveu, tornou-se divertida e engenhosa. Um motivo para nosso bem-estar era certamente o fato de que logo pudemos comer o suficiente ou quase, e não mais vegetávamos à beira da inanição. Mendigamos e roubamos, e ambas as coisas foram relativamente fáceis. Os camponeses que tiveram de abandonar seus sítios possuíam mais víveres do que puderam carregar e eram generosos. Abatiam animais e os preparavam, vez por outra ganhávamos refeições de verdade, carne também. De qualquer modo, havia batatas, rutabagas, maçãs. Graças a roupas doadas, logo nossa aparência tornou-se menos suspeita.

Inventáramos uma história, uma história bem simples se comparada à nossa, verdadeira. Fazíamos de conta que éramos refugiados alemães do leste com um parente adoentado, personagem cujo papel seria meu. Por minha causa, tínhamos abandonado nosso grupo em fuga e procurado um médico. Isso levara algum tempo e os outros teriam prosseguido sem nós. Primeiro com espanto; e depois com uma sensação crescente de auto-afirmação, comprovamos: "Isso vai dar certo, vamos em frente".

Ditha e eu ainda hoje conversamos sobre nosso sucesso na época, duas mulheres de mais idade, rindo à socapa: "Você se lembra?".

Você se lembra quando um policial nos observava com seus olhos vesgos e, enquanto minha mãe e eu tentávamos sair de seu caminho e apressávamos o passo, você se dirigiu a ele mastigando uma maçã e lhe perguntou o caminho para a aldeia mais próxima? De onde você tirou esse conhecimento de psicologia? Quantas risadas — e como a admirei!

Você se lembra quando as pessoas nos disseram que tínhamos direito a ajuda das autoridades? E você, então, nem dá para acreditar, contra a vontade de minha mãe, foi até o prefeito de uma pequena aldeia. Com sua cabeleira ruiva, você foi invadindo a sala dele, certa de que eles não tinham idéia de que havia judeus ruivos, só quem mora na cidade é que pode saber. E você lhe disse, perdemos nosso comboio, agora não temos mais nada, nenhum documento, nem mesmo cartões de racionamento, o senhor pode imaginar como tudo isso é difícil, ainda mais com minha irmãzinha doente, e isso é uma organização comunitária do povo alemão? Imaginei que fosse diferente quando cumpri meu ano de serviço social, foi o que você, atrevida, inventou. (Em Viena, você deve ter prestado mais atenção do que eu nas palavras de ordem da juventude hitlerista, pois você, quando necessário, as repetia com prazerosa ousadia, como se sempre tivesse sonhado um dia pô-las em prática.) De onde você tirou a história do serviço social obrigatório? Como gostaria de ter estado presente quando a secretária sussurrou ao prefeito, mas você pôde ouvir: "Quando nós tínhamos a idade dela, não teríamos a coragem de falar dessa maneira com pessoas mais velhas". E você voltou carregada, trouxe cartões de racionamento, roupas, até mesmo sapatos.

E ainda me lembro quando uma vez, sozinha, fui cercada por um bando de crianças que me fazia perguntas sobre o paradeiro de meu pai. Respondi com toda inocência que ele estava na frente de batalha. Mas elas continuaram a insistir. Queriam saber quantas vezes ele tinha obtido permissão para voltar para casa. Dei então a resposta errada, quero dizer, fiz o pai inventado voltar muitas vezes para casa, porque não sabia o que dizer. As crianças que tinham me submetido ao interrogatório por desconfiança, partiram satisfeitas para fazer o relatório aos adultos. Então vocês duas voltaram, não importa onde tivessem estado, culpei a mim mesma e a vocês, vocês não deveriam ter-me deixado aqui, pus tudo a perder: e, de repente, a aldeia inteira estava atrás de nós, como se fôssemos bruxas e demônios e, é claro, nós tivemos de sair às carreiras.

Corremos como loucas, nossos pertences eram um estorvo. "Joguem fora os cobertores", gritei, histérica, "assim vamos mais depressa."

"Precisamos deles nesse tempo", gritou minha mãe.

Mas consegui prevalecer. Em nosso aperto, jogamos os cobertores na valeta mais próxima e escapamos da aldeia a salvo, mas de mãos vazias. E não morremos de frio, pois as pessoas não eram assim tão raivosas em toda parte, e encontramos abrigo. Essa idéia de livrar-se dos cobertores tornou-se para mim desde então uma metáfora para decisões difíceis de tomar mas necessárias, decisões em que se sacrifica algo de grande valor na esperança de que os deuses misericordiosos não desdenhem o sacrifício. Na verdade, trata-se de uma imagem bem particular que precisa ser interpretada. Somente Ditha me entende de imediato quando digo: "Mais uma vez, joguei fora os cobertores".

2.

Podíamos fazer uma pausa e descansar quando e onde quiséssemos, e seguir caminho para a direita ou para a esquerda a nosso bel-prazer. Para nós, crianças, essa era a definição máxima de autodeterminação e nos dava uma segurança que nem mesmo se justificava, pois, conforme os exemplos citados, éramos eventualmente reconhecidas como o que de fato éramos: prisioneiras em fuga. Antes de ter arranjado roupas novas, caímos uma vez nas mãos da polícia militar, denunciadas pelos retalhos costurados nas costas. Não tínhamos documentos, minha mãe admitiu tudo, pois era inútil mentir. Agora é o fim, pensei, e senti não exatamente medo, mas uma enorme consternação devido ao súbito desfecho de nossa existência vagabunda.

Nesse ínterim, o homem nos levou à delegacia onde pretendia nos entregar ao seu chefe. No caminho, minha mãe encetou uma conversa com ele e continuou a falar, imperturbável. O pouco que pude captar me causou estranheza, pois o tom e o conteúdo pareciam totalmente inadequados à situação. Ocorrera a minha mãe representar o papel de grande dama e convencer o policial ou soldado que provinha das mais altas camadas sociais. Assim, discorria sobre música e cultura. Ele era uma pessoa culta, diz ela.

Casualmente, o chefe não se encontrava por lá. Esperamos. O policial, na verdade simpático, mas algo confuso com sua pescaria inusitada, nos deu algo para comer. Minha mãe acha que nós causamos boa impressão com a maneira educada com que dividimos a comida. Nenhum sinal ainda do chefe. Nosso homem começou a ficar inquieto. Tinha outras coisas a fazer, queria sair, mas não estava à vontade para cumprir seu dever. O que deveria fazer conosco? O comboio dos prisioneiros já tinha desaparecido de vista. Ditha diz que ele gostou de minha mãe e por isso deixou-se convencer por um pedaço de papel no qual ela atestava que ele salvara prisioneiras do campo de concentração, o que por sua vez lhe seria útil junto aos aliados, segundo minha mãe. Qualquer um pode escrever um papel desses, retruquei. Sim, mas eu assinei meu nome inteiro e acrescentei nosso endereço de Viena, respondeu com sua convicção irracional própria. Creio que ele nos deixou ir embora porque nossa presença era incômoda demais para ele.

Às vezes, ficávamos durante dias nas aldeias, outras seguíamos em frente o mais rápido possível. Com certeza, havia algo em nós que sempre causava estranheza, por exemplo, o fato de não termos bagagem. Para a maioria dos habitantes da região, contudo, não fazia a mínima diferença quem estivesse vagando pelas estradas. E depois éramos, de fato, inimigas do povo e detentas bastante improváveis: uma mulher com duas adolescentes falando alemão correto, como falantes nativas. De qualquer modo, tentavam manter-me sempre atrás ou mesmo escondida, porque eu tinha uma aparência indiscutivelmente judia, como Ditha e minha mãe não cessavam de me fazer acreditar. De nós três, eu era a que mais se aproximava da imagem costumeira que se faz do judeu, não só na aparência, mas também porque aprendera o iídiche bastante bem em Christianstadt e, se não tomasse cuidado, empregava facilmente expressões tipicamente iídiches. Ademais, as duas criticavam principalmente minha postura, meus gestos e meu jeito de andar, por exemplo, com as mãos nas costas. Qual um *bocher* no *cheder* (um aluno em uma escola judaica ortodoxa), assim me ridicularizavam, o que me aborrecia bastante.

Passamos alguns dias em uma "aldeia de vênedos", na casa de um camponês a quem não precisamos ocultar segredo algum. Na verdade, aqueles que moravam ali eram sorábios, uma minoria eslava que não gostava de ser confundida, na República Democrática Alemã, com os vênedos; na época, esta designação mais ampla era comum. A língua sorábia é tão parecida com o tcheco que minha mãe podia conversar um pouco com nosso anfitrião. E era, de fato, um anfitrião que considerava as vítimas e os inimigos dos alemães como seus amigos. Queria ficar escondido em seu sítio até a chegada dos russos, pois como eslavo sentia-se fraternalmente ligado a eles. Entretanto, enviara antes sua mulher e filha para o interior do Reich, pois com os russos as mulheres não estavam seguras, absolutamente nenhuma, nem mesmo as eslavas.

Nossa intenção primordial de esperar pelos russos, ou até mesmo avançar em sua direção, revelava-se cada vez mais irrealizável. O caminho para a frente de batalha estava interrompido, teríamos ido direto de encontro à catástrofe. E a evacuação das aldeias era executada meticulosamente. Não teria sido fácil esconder-se, até o camponês vênedo que estava em casa ali tinha projetado seu esconderijo. Além disso, havia rumores, bastante plausíveis, sobre estupros em massa de mulheres alemãs pelos russos. Em princípio, isso não deveria nos preocupar, pois éramos vítimas dos alemães, mas os crimes contra a população civil não podiam ser considerados por nós como um ato de justiça distributiva e, por isso, não parecia aconselhável confiar em tais vencedores.

Certo dia, minha mãe foi acometida por um ataque de grandeza. Confiando em nossos sucessos, achava que deveria e poderia nos providenciar documentos de identidade. Mas como? Simples: procurar um pastor de aldeia, contar-lhe nossa história e pedir ajuda. Talvez se sentisse capaz de muitas coisas, após ter posto à prova sua capacidade de convencimento junto aos soldados, talvez estivesse inspirada pela aventura de Ditha com o prefeito. Ditha e eu nos mostramos céticas, pois em nossa curta existência não conhecêramos exemplos de caridade cristã. Mas minha mãe era de opinião que as igrejas e os nazistas eram inimigos e, além disso, considerava os protestantes mais abertos que os católicos, talvez porque vivera antes da guerra entre cristãos que eram católicos. Absolutamente, não acreditava que algum pastor nos entregaria, estivesse ele disposto ou não a nos ajudar. Eu desconfiava que talvez ela tivesse lido alguma vez um romance no qual um pastor tivesse um papel positivo. Era uma idéia absurda, quando não maluca e — como se revelou — a única acertada. O religioso ao qual se dirigiu era um cristão verdadeiro, como os cristãos diriam. Os judeus diriam que ele era um *tzadig*, um justo. De fato, ele existiu.

Ela não nos levou consigo nessa empreitada, não importa quanto eu quisesse tê-la acompanhado. Talvez não quisesse testemunhas críticas de sua retórica, pois de qualquer maneira deve ter sido uma cena e tanto e, talvez, nosso destino lhe parecesse sombrio demais e ela o enfeitou e dramatizou com histórias de sua lavra. Pois gostava de mentir, mesmo sem necessidade.

Ela mesma ficou surpresa com a impressão que havia causado, e voltou com as mãos trêmulas, nas quais segurava os documentos ("Vejam, consegui!"), que nos tornavam oficialmente uma família alemã e que até o fim da guerra garantiram nossa identidade. Foi um presente incomparável. Contou-nos que o pastor ficara praticamente mudo de espanto quando lhe disse quem era, e nem por um minuto sequer pôs seu pedido em dúvida. Não o incomodou que fosse passível de punição, ele só queria fazer justiça. Correra em direção a seus arquivos para escolher algo adequado para nós. Possuía registros de batismo e outros documentos de pessoas que já haviam se mudado dali e nos muniu de documentos: uma mãe com duas filhas. Os anos de nascimento mais ou menos coincidiam.

Penso freqüentemente neste estranho que nunca teve rosto para mim, a quem minha mãe se apresentou sem convite e que preparou o caminho para nossa sobrevivência. Deveria fazer algo por ele, devo-lhe algo, mas só posso mencioná-lo em conversas e o faço com relativa freqüência, apresentando-o como um ser humano altruísta e corajoso. Devo considerar isso uma espécie de agradecimento, mesmo que o interessado não tenha benefício algum? Ele, que nos deu novos nomes, não deixou nome em minha memória, só consigo lembrar do nome de sua aldeia.

(Meus amigos alemães ficam alegres quando chegam a este trecho. Uma delas, a filha de um pastor da Bekennenden Kirche,[2] afirma, desdenhosa, que não havia sido um risco tão grande, os pastores tinham o direito de providenciar documentos de identidade, até sob os nazistas, seu

---

[2] "Igreja Confessionista", composta em grande parte por teólogos e cristãos protestantes, foi um núcleo de resistência anti-hitlerista durante o Terceiro Reich. (N. da T.)

pai não teria agido de maneira diferente. Tanto melhor, se houve outros como aquele.)

Esqueci-me também de *nossos* nomes. Após o fim da guerra, nunca mais pensei no assunto. Não se trata de recalque, simplesmente deixei para trás. Conheço um judeu polonês, hoje professor de romanística nos Estados Unidos, que viveu por quatro anos na Bélgica durante a época nazista sob um nome falso. Ele também não se lembra mais desse nome falso, embora o tenha usado durante tanto tempo. Sua filha americana diz que isso seria o exemplo mais perfeito de recalque. Ao contrário, vejo-o como um esquecimento saudável. Aquilo que não é repetido com insistência é simplesmente esquecido. O homem não reprimiu o fato de ter assumido um novo nome. Mas o nome propriamente dito é como o número de telefone de uma casa onde não se reside mais. Com certeza se sabe que lá havia uma linha telefônica, mas a seqüência dos números é insignificante, por isso desaparece, se apaga. Quando, finalmente, se pode assumir de novo o nome verdadeiro, por que trazer à lembrança a identidade falsa?

Depois de ter escrito estas linhas, o nome esquecido não me parecia tão distante. Disquei o número de minha mãe em Los Angeles e berrei no fone, ultrapassando terras e mares: como nos chamávamos na época, na Baixa Silésia, na Baviera, antes do fim da guerra? Você ainda se lembra? Eu não. E ela, com seus 87 anos e problemas de audição, responde, naturalmente ela se lembra e, após curta hesitação, traz à tela da memória o nome arquivado: Kalisch era o nosso sobrenome nos documentos falsos.

De início, o nome não me diz nada. Kalisch. Parece uma iguaria que se tira do refrigerador, sem cheiro, sem sabor. Ao descongelar, sentimos um leve aroma. Sinto-o de longe, ao provar. Por ter estado congelada, agora à temperatura ambiente, ela mantém a fragrância do vento de fevereiro de 1945, quando o sucesso foi total. A menina de treze anos observou que ali havia um "k" e um "l", como em Klüger.

Em um lugarejo perdido, subimos certa noite num trem que levava refugiados para o sul da Alemanha. Como em outras ocasiões, tivemos de decidir rapidamente e a oportunidade parecia favorável, pois trens de passageiros eram uma raridade. Com nossos novos documentos, pudemos viajar sem problemas. Tanto na estação quanto no trem reinava uma atmosfera pouco burocrática, resolutamente prática e simpaticamente matriarcal. Todos estavam no mesmo barco, todos eram bem-vindos.

Deitei-me em um banco de madeira que estava desocupado, satisfeita de poder esticar as pernas. Também estava vestindo roupas quentes, uma boa calça comprida, e estava totalmente feliz. Apesar disso, apareceu uma mulher, uma mãe acompanhada de filhos, viu-me deitada e trouxe um cobertor, que estendeu sem-cerimônia sobre mim, uma criança estranha. Naturalmente, fiquei agradecida, quem não ficaria quando uma outra pessoa aparece para cobrir você? Pois esse é um dos gestos mais maternais que existem. Mas estará se dirigindo a mim? Talvez pense que faço parte deles e me coloca o cobertor porque acha que sou uma criança alemã. Não, coloca-me o cobertor porque *eu* estou deitada aqui, tridimensional, eu e ninguém mais. Ela me vê adormecer agora sob o cobertor, pois cobertores dão sono, olha para mim e para ninguém mais e também não me confundiu, portanto, simplesmente se dirigiu a mim. Estarei tomando algo por esperteza ou recebendo algo? Quem saberia distinguir?

E assim me vi entre os alemães.[3]

3.

Viajamos durante dias, porém, simplesmente não registrei esses dias em minha memória. Concentro-me, mas não obtenho nenhuma imagem nítida, apenas uma seqüência de paisagens borradas. Recordo-me apenas de ter dormido, provavelmente porque esses trens na maioria das vezes só andavam de noite e ficavam parados durante o dia, para não chamar a atenção e ser bombardeados de cima. Creio que devem ter sido dias de exaustão e descanso.

As mulheres da assistência popular nacional-socialista, a NSV, chegavam até o trem e distribuíam pães muito saborosos. A NSV era uma organização de caridade, o que não impediu os soviéticos de deportar para seus campos de fome pessoas que dela participaram. NS eram letras ruins e deveriam dar ensejo a vingança onde quer que aparecessem. Um

---

[3] A autora cita um verso do poema "Hyperion", de Friedrich Hölderlin (1770-1843): "So kam ich unter die Deutschen". (N. da T.)

bom amigo, que tinha somente quatro anos de idade em 1947, quase perdeu sua mãe por esse motivo, pois ela se encontrava entre aquelas que me ofereceram um pão com salame no trem. A deportação só teria sido evitada, conta ele, por causa da grande cena lacrimosa de uma tia que fora repetidamente estuprada pelos russos. Assim, essa tia não sentia mais medo dos russos e, com o sobrinho nos braços e uma encenação patética, conseguiu a libertação das condenadas, ali ao lado, de malas prontas. Os russos ficaram comovidos, principalmente porque a tia falava um pouco de russo. Estes confusos pontos de contato formam a base de minha amizade com ele e outros alemães. Uma base surpreendentemente sólida.

Finalmente, acordei certa manhã em Straubing, em meio a uma multidão de refugiados na cidadezinha bávara, então ainda menor do que hoje. Eu sentia uma sensação estonteante de felicidade, que não coincide com as experiências dos alemães; estes acreditavam ter perdido tudo, enquanto nós tínhamos a esperança de ter ganho tudo: por exemplo, a vida. Motivo de depressão para outros refugiados, para mim foi o auge da euforia esta chegada a Straubing: pessoas livres que se queixavam à chegada a respeito disso ou daquilo, algo inimaginável para os transportes de massa que tínhamos vivenciado até então. Éramos conterrâneos, assim fomos saudados e alojados rapidamente em diversas casas. Nós três fomos mandadas para uma pequena propriedade rural na periferia da cidade. Compartilhamos um quarto para três, que nem mesmo era pequeno, o mais puro luxo, e recebemos alimentação como os outros refugiados.

No entanto, a contrapartida, o outro lado destes triunfos da fuga, é a sensação de traição. Dois exemplos a respeito, o primeiro deles, a traição como comédia. A camponesa, com quem minha mãe manteve certa amizade, perguntou-lhe uma noite, olhando-a fixamente nos olhos, por que uma de suas filhas tinha uma aparência tão judia. Minha mãe admitiu em silêncio que suas duas "filhas" não tinham semelhança alguma uma com a outra, o que seria mais fácil de explicar pela existência de dois pais, e confidenciou à camponesa, num rompante de solidariedade feminina, que num momento de fraqueza teria dado um mau passo com um judeu e implorou-lhe que guardasse para si o segredo que já lhe causara muitos desgostos. Uma confissão de mulher para mulher. O relato deixa um travo amargo e desagradável: ou seja, a comicidade prevalece por pouco, quase nada, o lado cômico não é muito bom.

E o segundo exemplo: fui fazer algumas compras e, de repente, lá estava parado um trem cujos ocupantes, prisioneiros de campos de concentração, caminhavam no meio da cidade, naturalmente não sobre a calçada, e sim ao longo da via carroçável, acompanhados e vigiados por cães e homens da SS. E eu, sobre a calçada. Nunca tivera uma visão de fora de "nós". Apenas algumas semanas me separavam deles, após anos de convivência. Tinham o aspecto tão cansado, pareciam todos "muçulmanos". Ao contrário, os cães pastores a seu lado pareciam alertas e bem alimentados. Meus antigos companheiros eram lentos e apáticos, eu já havia me acostumado a um passo muito mais firme. Tornara-me uma criança alemã que às vezes ia à igreja aos domingos e lá aprendera com algum esforço a fazer o sinal da cruz, ajudava na horta de batatas e, no mais, ia e vinha como queria. E lá estavam eles, minha gente. Observei-os com atenção e insistência, mas se algum deles me viu, decerto eu representei para *ele* o mesmo que o rapaz no acampamento de férias representara para mim durante o transporte de Auschwitz para Christianstadt: um estranho pertencente ao mundo dos portadores de armas.

Nessa hora, o sentimento de estar cometendo uma traição não se inseria em nenhuma comédia. Queria guardar na memória esse encontro unilateral, mas voltar, não. Os sentimentos de culpa dos sobreviventes não giravam em torno do fato de que acreditávamos não ter direito à vida. Eu, pelo menos, nunca acreditei que deveria ter morrido porque outros haviam sido assassinados. Não tinha feito nada de mal, por que deveria pagar? O termo deveria ser sentimento de "dívida". Fica-se empenhado de uma maneira estranha, não se sabe a quem. A vontade é tirar dos algozes para dar aos mortos, e não se sabe como. A sensação é a de ser, ao mesmo tempo, credor e devedor, e se praticam ações compensatórias dando e exigindo, que não fazem sentido à luz da razão. Páginas atrás, afirmei que não tinha talento para a amizade. E acrescento agora: e também para o reverso da amizade. Não praticara traição alguma, era o que sabia. Era inocente, não havia feito nada de reprovável, só havia engolido o fruto do conhecimento.

Foi meu último contato com a gente dos campos de concentração. Caminhavam no meio da cidade, no meio da rua, em plena luz do dia, e à minha direita e esquerda havia transeuntes, homens, mulheres e também crianças, que desviavam o olhar. Ou fechavam a cara, assim nada poderia penetrar. Temos nossos próprios problemas, por favor, não nos perturbem com exigências humanitárias. Esperamos na calçada até que os seres inferiores passassem. Quando os americanos chegaram pouco depois, ninguém tinha visto coisa alguma. E, de certa maneira, era verdade. De fato, não se enxerga aquilo que não se percebe ou capta. Nesse sentido, só eu os tinha visto.

"Mas o que nunca se sabe" — retrucou o segundo de meus pintores de cerca, que usava um grande crucifixo de madeira no pescoço — "é como se teria agido então, ou agiria hoje em um Estado policial desse gênero. Teríamos a coragem de esconder um fugitivo se isso pusesse em risco a própria vida?"

Está certo, respondo, não se pode exigir coragem por razões de consciência, pois é uma virtude; se fosse óbvio, não seria necessário admirá-la como algo exemplar. Por isso, a covardia também não é uma razão desprezível para a falta de vontade ou a incapacidade de agir. O normal é a covardia, e não se deve julgar ninguém por um comportamento normal. Apenas não se pode afirmar, ao mesmo tempo, que não sabíamos nada a respeito das atrocidades nazistas e que não reagimos a elas por temor ou covardia. Ou não se fazia idéia da existência dos campos de concentração ou se tinha medo de acabar num deles. Ambas as coisas não são possíveis. Ele concorda. Isso é água para seu moinho. Estes dois jovens, que haviam se oposto ao serviço militar por razões de consciência, não necessitam de grandes sermões sobre a má-fé da geração dos pais e avós. Nesse sentido, estão bem informados.

Entretanto, é simpático quem, como este jovem, duvida de sua própria firmeza. Sua pergunta não me sai da cabeça. Se a covardia é o comportamento normal e, enquanto filha do instinto de sobrevivência, merece receber um nome mais neutro como, por exemplo, prudência, então somente deveria ser desaprovado aquilo que *subjaz* à covardia: a participação ativa, o trabalho diligente por uma má causa. O que deve esperar o dono de uma consciência humana como a sua?, pergunto-lhe. Até onde vão os limites da covardia que alguém se permite a si mesmo? Matar porque o adversário pertence a um grupo étnico específico, porque é negro, judeu, suíço? "Certamente", diz ele, "se não posso esperar tanto de mim, não teria optado pelo serviço civil, ao invés do serviço militar." "Isto é mais do que um bom começo", digo e reflito que é preciso pensar algo assim a seu próprio respeito e a respeito dos próprios filhos, do contrário como seria possível lidar consigo mesmo e com os próximos? Mas está certo?

Romances policiais são confortantes por seu realismo moral, pois neles todas as personagens se tornam suspeitas pelo simples fato de aparecerem na história. A única exceção é o detetive, pois é a fada que resolve tudo. O elemento *kitsch* deste tipo de ficção, motivo pelo qual se lê o livro uma única vez, reside na certeza de que o problema será resolvido no final. Na maioria das vezes, o fim me decepciona, o início e o meio me divertem porque correspondem à minha convicção de que nunca se pode saber o que cada um vai fazer. Isso me parece correto, mesmo que no desenrolar da história os motivos do criminoso sejam um tanto quanto exagerados. A permanente capacidade de educação do ser humano — e é isto justamente o que chamamos de liberdade e de que temos um conceito tão elevado — significa simplesmente que nunca se acaba de aprender. Assim, ninguém é educado para a vida toda, e nunca se tem certeza quando se diz: "Eu o conheço. Agirá desta ou daquela maneira em tais e tais circunstâncias. Jamais fará isto ou aquilo". Pois ele pode mudar de idéia sempre e a qualquer hora. Quem é livre muda de opinião, e não se pode contar com ele. Quem é livre torna-se perigoso para os outros. Isto se aplica a pessoas e não a animais, que param de aprender ainda jovens, como explicou o especialista em comportamento, de maneira tão eloqüente. Quando param de aprender, é possível prever seu comportamento, pois estão programados para a vida toda. Entretanto, não se poderia prever o comportamento do especialista em comportamento: ele se tornou nazista e um professor catedrático para eles, depois tornou-se novamente um cidadão sensato, com opiniões políticas sensatas. Contudo, o mal ficou sendo para ele sempre o "assim chamado mal", e não quis admitir a tentação para o mal que reside na liberdade humana; ao contrário, ele a confundiu obstinadamente com as agressões animais pré-programadas que pesquisou tão a fundo.[4]

[4] A autora se refere a Konrad Lorenz (1903-1989), fundador da etiologia moderna, e a sua obra mais célebre, *Das sogenannte Böse* (O pretenso mal). Suas teorias do comportamento são baseadas no estudo do comportamento dos animais, em especial das aves (gansos). Em 1973 recebeu o prêmio Nobel. Lorenz simpatizava com a ideologia nacional-socialista. (N. da T.)

4.

A época de nossa fuga foi também a época dos últimos e mais intensos bombardeios. A Alemanha era um país ferido, que passava de algoz a vítima. As grandes cidades ardiam em chamas. Por toda parte caíam bombas e, além delas, às vezes caíam também panfletos que exortavam a população a se render ou a resistir aos nazistas. Nada poderia surtir menos efeito do que essas frases lançadas pelas odiadas, estridentes, anônimas e metálicas máquinas de morte. As pessoas punham as folhas de lado com desprezo, encolhendo os ombros, ainda que só uma minoria acreditasse na vitória final por meio de uma arma milagrosa.

Os aliados não bombardearam os campos de concentração e assim eu não tinha nenhuma experiência com a morte que vinha do ar. A princípio, pouco ligava para as sirenes: estava tão convencida de que os americanos não me matariam, uma vez que os alemães não o conseguiram, que na maior parte das vezes não me dirigia ao porão durante o alarme. Isso era justificável na medida em que o porão não era um abrigo antiaéreo, e sim um depósito para repolhos, batatas e maçãs, além de um local refrigerado no qual se preparava requeijão. Senti medo pela primeira vez quando o camponês e eu fomos surpreendidos por vôos rasantes no campo de batatas, mas estes seguiram seu curso e não nos molestaram. Deitamos no chão e olhei para cima, percebendo que estávamos tão desprotegidos como se estivéssemos de pijamas com os braços estendidos diante de um canhão. Por instantes, meu coração disparou, e respirei aliviada quando voltei a ver somente nuvens no céu. Tomei o segundo susto quando, durante um bombardeio em pleno dia, as vidraças explodiram dentro do quarto em estilhaços. Nessa hora, corremos em disparada para baixo, pois contra estilhaços o porão bem que oferecia segurança, ainda que não contra bombas.

Conheço o medo da morte apenas como uma espécie de doença da infância e em estágio agudo: como febre alta ou quando imagino um ataque epilético. Sua variante sorrateira, portanto, a revolta contra os limites da vida propriamente dita, o temor de desaparecer a qualquer hora, nunca senti na própria pele, ou melhor, na própria psique, mas somente o ataque repentino, o perigo real — como posso escapar com vida, já, agora, ou no máximo depois de amanhã? O perigo por si só não provoca esse estado de espírito; tem que ser o perigo em uma armadilha da qual não se consegue desvencilhar, quando as duas reações naturais ante o perigo, a fuga e a defesa, não estão a seu alcance. Ficar sentada, não fazer nada numa situação de perigo de vida, isso é capaz de enlouquecer qualquer pessoa. Senti esse medo no campo de extermínio e, pela segunda vez, durante um bombardeio em Straubing, pouco antes do fim da guerra.

Vivíamos nos limites da cidade, mas junto a uma linha férrea, o que talvez tenha sido o motivo de tantos e tão severos bombardeios por ali. Dessa vez, todos os que se encontravam na casa correram ao porão. A camponesa chorava baixinho, o camponês estava agachado atrás de um tonel, como se este objeto pudesse protegê-lo. Vez por outra, sua cabeça aparecia sobre a beirada do tonel e, quando ouvia a bomba seguinte cair, encolhia-se novamente. Apesar do susto, achei graça nele. A comicidade floresce, como se diz, em casos de perigo.

As bombas, no final, pareciam cair diretamente sobre nossas cabeças. Muitas vezes me convenci de que estava tudo terminado, o pânico tomou conta de mim, creio que perdi a razão por instantes, gritei e agarrei-me a minha mãe, que mais uma vez estava totalmente *cool*. Cessado o alarme, mal pude acreditar que a casa ainda estivesse de pé. Uma bomba havia caído no pátio, a menos de dois, três metros da casa. O galinheiro desapareceu, as galinhas não sobreviveram. Arregalei os olhos para o enorme buraco da cratera provocada pela bomba e vacilei entre a perspectiva do horror de ter a vida salva por um minúsculo acaso e o triunfo de ter escapado novamente por pouco, por assim dizer, só com "a pele dos meus dentes", como se diz tão apropriadamente nos Estados Unidos. Graças a Deus, eu não acreditava mais que o bom Deus tivesse algo a ver com isso. Nós nos dispersamos, seguimos nosso caminho e nunca mais falamos sobre estas horas no porão. É surpreendente que se tenha tão pouco a dizer justamente a respeito de acontecimentos tão extremos. A linguagem humana foi inventada para outros fins.

E certo dia, lá estavam eles, os americanos. O tempo estava lindo, já chegara a primavera, tomaram a cidade ao avançar com seus tanques e jipes, e não houve batalha por Straubing. Terminou de repente o longo pesadelo que fora minha vida, estes sete anos malditos desde que as tropas de Hitler, também estas sem batalha alguma, invadiram a Áustria. Tínhamos alcançado nossa meta.

Não tínhamos planejado nada antecipadamente até este momento. Nós três fomos para o centro da cidade, olhamos atônitas umas para as outras e perguntamos: "E agora?". Minha mãe resgatou seu melhor inglês aprendido na escola, que aliás se revelou bastante bom, dirigiu-se tranqüila ao primeiro soldado americano que viu pela frente, um MP (*military policeman*), que cuidava do trânsito naquela esquina, e lhe contou sem rodeios que tínhamos nos evadido de um campo de concentração. O que ele respondeu não compreendi, porque ainda não sabia falar inglês, mas seus gestos eram inequívocos: tapou os ouvidos com as mãos e deu meia volta. Minha mãe traduziu. Ele já estava farto das pessoas que afirmavam ter estado nos campos de concentração. Apareciam por toda a parte. E agora nós.

O sol de abril aquecia a pele. Eu podia usar mangas curtas a partir de agora, e não importava se alguém percebesse a tatuagem com o número de Auschwitz; também pude voltar a usar meu nome verdadeiro. Seria para sempre um dia inesquecível, mas eu estava encantada com o fato de que tínhamos já antes nos libertado a nós mesmas e não precisávamos tanto dos vencedores, pois o grande momento da libertação, longamente esperado, uma festa grandiosa em minha imaginação, tinha se revelado um tanto frugal demais. Aqui estava meu primeiro americano e ele tapava os ouvidos.

De modo que, uma coisa, porém, estava clara: não foi por nossa causa que se lutou nesta guerra.

BAVIERA

1.

Por quem se lutou nesta guerra? "Não por nós" — a frase representa apenas meia-verdade, mas ainda assim uma metade verdadeira. Os vencedores não nos carregaram nos braços, como a irmãos e irmãs que se pensava perdidos, e que foram reencontrados e triunfalmente libertados. Passo a enumerar alguns fatos a respeito de vencedores e libertados que me chegaram aos ouvidos nas semanas e meses seguintes.

Soube de mulheres judias que só por pouco se salvaram das tentativas de estupro pelos libertadores russos, donde se conclui facilmente que outras mulheres não tiveram a mesma sorte, tendo que suportar mais este trauma ao final de sua permanência nos campos de concentração. As tropas de Stalin não faziam discriminações tão sutis a ponto de atacar somente as mulheres dos culpados. Sob um ponto de vista patriarcal, os estupros em massa de mulheres alemãs foram um ato de vingança, injusta, sem dúvida, mas de certa forma compreensível em vista das atrocidades alemãs no leste. Estupro como uma usurpação de direitos masculinos de propriedade, mais ou menos no sentido: "Infelizmente fulano teve sua mulher estuprada", talvez até com certa restrição mental secreta, baseada em rivalidades masculinas: "Bem feito para ele, esse porco". E as mulheres, convertidas assim em objetos, se calam. É melhor mesmo calar sobre um ato de violência, que também leva o nome de "desonra". A língua serve aos homens ao colocar o pudor da vítima a serviço do violador. As pessoas torturadas e estupradas têm em comum o fato de que o tempo não apaga o que lhes aconteceu, e elas, ao contrário daquelas que foram vítimas de um acidente ou de uma doença, têm de lidar a vida inteira com aquele ato de violência, para poder superá-lo. É importante distinguir se os sofrimentos de cada um no decorrer dos anos foram acidentais ou infligidos propositadamente. As guerras pertencem aos homens, mesmo sendo estes vítimas da guerra, elas lhes pertencem.

Ouço falar de pessoas que morreram após a libertação dos campos de concentração porque não se previra tratamento hospitalar algum para elas, ou também porque, por algum sentimentalismo não-intencionado e irrefletido, deram aos famintos uma alimentação pesada, gordurosa e, por isso, indigesta para eles. Muitas vezes, não se prestou a devida atenção às vítimas propriamente ditas, satisfazendo-se com um sentimento de consternação que era mitigado por fotografias.

Fotografar: aliás, esse voyeurismo sublimado, lascívia reprimida dos vencedores, capricho ao qual também os nazistas se entregavam ao levar suas câmeras para fotografar os campos e as execuções em massa, não obstante as proibições. Há um documentário britânico sobre a libertação de um campo de concentração, no qual os ingleses prazerosamente filmaram jovens mulheres nuas sob o chuveiro. Suposta finalidade da cena: documentar a limpeza e a higiene das mulheres judias, negadas pelos alemães. Finíssimo véu sobre a exploração visual: como se mulheres que se lavam muito merecem ser mais poupadas de assassinato do que aquelas que o fazem raramente. Quando eu, certa vez, estava na rua em Straubing, sem documento de identidade, após o toque de recolher, recebi como castigo a ordem de ir a um exame ginecológico. Um amigo da mesma idade conta que ele e outros rapazes tiveram de arriar as calças para os ingleses, para que estes se certificassem de que os prisioneiros eram de fato judeus.

E conversei com judeus poloneses que voltaram a sua terra natal após o campo de concentração e, sob ameaça, foram expulsos por cristãos poloneses que desejavam que os nazistas tivessem feito um serviço mais completo com os judeus. Straubing, uma cidade alemã e, assim sendo, um endereço malquisto, pelo menos não oferecia perigo de vida.

E li no jornal a respeito de jovens sobreviventes que foram condenados pelos americanos a uma longa pena de prisão por terem roubado frutas de um pomar particular. Trataram esses adolescentes como réus reincidentes, como se os próprios tivessem estado no campo de concentração por terem realmente cometido algum crime. Pensei nisso quando após o milagre econômico vi uma grande ânfora antiga na casa de um abastado médico de Colônia. Nós mesmos pescamos esta peça da água quando passamos férias na Iugoslávia, disseram os donos com orgulho. Mas ela pertence aos iugoslavos, retruquei intrigada. Ao que o divertido casal acrescentou, sim, por isso tivemos que levá-la conosco escondida como contrabando. E falaram então tranqüilamente sobre o furto de carvão no pós-guerra, mencionando também uma deliciosa travessura juvenil quando um caminhão inteiro foi organizado para isso. Contei minha história dos ladrões de frutas. Esta foi friamente ignorada, os americanos tinham razão, é preciso que haja ordem.

E tive amigos que estavam nas marchas para a morte e foram bombardeados por aviões aliados em vôos rasantes, embora justamente os pilotos desses vôos devessem ter visto que não se tratava de inimigos, mas sim das vítimas esgotadas e famintas desses inimigos que vagavam pelas estradas, deportadas de um campo de concentração para outro. Ou ninguém tinha informado os pilotos que nós existíamos?

Ouvi mais histórias sobre a mentalidade desses pilotos quando estava na América, recém-casada. Éramos convidados de veteranos, companheiros de meu marido, que fora pára-quedista na guerra. Então, um desses pilotos, lembrando-se talvez prazerosamente do antigo exercício de poder, contou como poupou a vida de uma pessoa desesperada, por ela ter "merecido" o favor, depois de tentar escapar por estradas e valas num obstinado esconde-esconde. O piloto havia perseguido o pobre coitado como se caça um coelho, desistiu da empreitada rindo e cheio de "admiração", afirmando ter acenado ainda para o "poupado" com as asas de sua máquina. Não ocorreu a este alegre americano que o alemão estava naquele momento num estado de espírito bem diferente do que o daquele que se encontrava seguro no avião e podia escolher entre matar e não matar; que o homem caçado não terá entendido essa saudação com as asas, caso a tenha percebido, como um cumprimento de camaradagem. Não pude continuar a ouvir e repliquei que não se deveria brincar dessa maneira com uma vida humana; protestei, não por amor ao alemão, e sim porque esse homem não sabia fazer comparações, pois via jogador e adversário onde deveria enxergar caçador e caça. Pode ser que os papéis fossem intercambiáveis, que ambos nem fossem tão diferentes quanto ao caráter, que o torturado também poderia ser o torturador e talvez o tivesse sido em algum momento, isso tudo não sei. Sei que no momento em questão eram um algoz e uma vítima, um deles à mercê do arbítrio do outro. O interlocutor está contrariado, não esperava contestações, fica claro para mim que as mulheres são apenas aceitas nesse círculo se não abrirem a boca. Também meu marido, com quem estou casada há menos de um ano, fica irritado com sua esposa impertinente.

Em Straubing, naquela ocasião, tinha-se a impressão de que de fato a maioria dos soldados americanos, à exceção dos judeus, possuía uma idéia bastante difusa de por que, para que e contra quem estavam lutando. A sorte estava a nosso favor: Straubing recebera um comandante judeu e minha mãe conseguiu um emprego junto ao governo militar, no qual se encarregava, principalmente, dos DPs de Straubing e cercanias.

A abreviatura significava *displaced persons*, portanto, os libertados, os deportados de antes, que agora desejavam voltar para casa ou, apátridas como nós, queriam emigrar. Fomos os primeiros DPs de Straubing, o que não causa espanto, pois já estávamos lá antes que essa designação pudesse se aplicar a nós. Pouco a pouco vieram os outros, pelas estradas vicinais ou vindos de esconderijos, de marchas da morte saídas dos campos de concentração libertados em direção às cidades, até serem recebidos em campos de DPs. Quase nenhum acima de trinta anos, na maioria judeus. Cada um deles com sua própria história aventuresca de sofrimento e sobrevivência. O governo militar lhes oferecia alojamento, os americanos, depois as Nações Unidas, cuidaram deles.

Entre a população alemã, o ódio aos judeus se encontrava agora em estado latente, mas continuava fervendo como um ragu cozinhando por algum tempo em uma panela de boa qualidade, mantendo o calor, depois que a chama do fogão fora há muito apagada. E como poderia ser diferente? Os sobreviventes, por sua mera existência, faziam lembrar o passado e o acontecido. Talvez houvesse o temor de que os sobreviventes quisessem vingar os maltratos, ou então nos comparassem àqueles cães que, quando surrados, se tornam agressivos, cães que se tornam inviáveis para o convívio. Quem tivesse estado do lado de fora, em liberdade, acreditava com irrefletida facilidade que só criminosos tivessem sobrevivido aos campos de concentração; ou gente que lá se tornara criminosa. O que, por sua vez, contradizia a persistente convicção, muito difundida também, de que os campos de concentração nem teriam sido tão ruins, e para tanto, nós, que os havíamos superado, éramos a melhor prova.

Honra aos mortos; aos vivos é melhor a desconfiança.

2.

A primeira moradia a nós designada pelo governo militar foi uma casa inteira, luxuosa, que supostamente pertencia a um alto funcionário nazista. Foi um sonho morar nessa casa, e irreal a súbita mudança da miséria e da violência para a profunda paz em um verão quente e florido, com jardim e lindos livros. Isso não despertou em mim um sentido de propriedade, apenas uma sensação de usufruto provisório. Contava emigrar em breve. Livre e provisória, mas também aninhada em tranqüilidade, assim me parecia a vida nos primeiros tempos de paz em 1945. Ditha e eu aprendemos a andar de bicicleta e nadávamos no Danúbio. A corrente nos levava rio abaixo, corríamos de volta pela margem e aplaudíamos os rapazes de nossa pequena e provisória comunidade judaica, que procuravam nos impressionar ao nadar um bom trecho rio acima, ofegantes. Todos nos conhecemos durante o longo suspiro de alívio do primeiro verão do pós-guerra.

Em contraste, a atmosfera dos campos de DPs era mais agitada, mais inquieta. O campo próximo era Deggendorf, para onde Ditha gostava de ir, pois lá se podia dançar, enquanto eu me sentia deprimida, simplesmente porque era mais uma vez um campo. Perguntei a mim mesma seriamente como agüentaria em um *kibutz*, com minha aversão a alojamentos comunitários; em Eretz Israel, teria de morar em uma cidade, o que não correspondia totalmente ao ideal.

Naturalmente, os habitantes do lugar não estavam nem um pouco satisfeitos com o fato de as tropas de ocupação confiscarem suas casas. Já era bastante ruim quando os conquistadores tomavam as casas para seu próprio uso, mas aí era preciso se resignar, pois eram os vitoriosos; mas que repassassem essa propriedade legítima a vagabundos que perambulavam por ali superava qualquer possibilidade admissível.

Uma amiga de Göttingen se lembra da casa em que morou na Polônia quando criança durante a época nazista, após a saída do Báltico. Lá ainda havia louça sobre a mesa, tal a rapidez com que os moradores poloneses tiveram de abandonar sua propriedade, e os gatos miavam de fome sem parar, seus donos tinham ido embora havia dois ou três dias. Foram esses pratos sobre a mesa, diz a amiga de Göttingen, que causaram horror a sua avó, por lhe terem alertado sobre os direitos de outros que também comiam em pratos.

O dono da casa em que moramos primeiro logo a recebeu de volta, talvez por ter conseguido comprovar que não fora um nazista de verdade. Será que nestes casos de confisco se tratava sempre de moradia de nazistas? Quanto à inocência dos que foram desalojados de uma hora para outra eu não poria minha mão no fogo, nem tampouco por sua culpa. Para mim tanto fazia onde morássemos, bastava que não fosse em um campo. Mais tarde, mudamos para o centro da cidade.

Alguns judeus poloneses, que eu conhecia relativamente bem e que receberam uma moradia muito bem mobiliada, encontraram objetos que só poderiam provir de alguma sinagoga. Destruíram então deliberadamente o que não precisavam, deixaram tudo aos pedaços. Não aprovei essa atitude, pois muita coisa já havia sido destruída, mas tive de admitir que as razões para o vandalismo, caso houvesse alguma, não eram nada ruins em se tratando daquela residência elegante, ricamente decorada graças à pilhagem de sinagogas.

Certo dia, pedalava em direção aos escritórios do governo militar para buscar minha mãe, quando um estranho me agarrou, derrubando-me da bicicleta, vociferando. Assustada, a princípio acreditei que se tratasse da bicicleta propriamente dita, que também fora confiscada e designada a mim. E como prezava a bicicleta, pude avaliar que seu antigo dono a prezasse ainda mais. Contudo, meu agressor, um homem idoso, esquálido, com um bem educado sotaque bávaro, típico da classe média alta, atirou a bicicleta para o lado em meio aos arbustos, de onde se concluía que ele tremia de raiva por outros motivos. Tentei desvencilhar-me, em vão, esperneava e gritava. Ele: "Você vem comigo", para onde, não ficou claro. Nesse instante, como se estivesse combinado, minha mãe virou a esquina. Um olhar, uma fúria a cuspir fogo, ela se lança contra o homem. Comparada à sua ira em ebulição, a dele era uma simples amostra: por trás dos insultos dela, a indignação contra os assassinos, por trás dos insultos dele, apenas a indignação por ter sido despejado. Ademais, as ameaças *dela* tinham atrás de si a autoridade das potências vencedoras.

Verificou-se que o homem me vira ao lado de DPs que lhe arruinaram a casa, o que o fez pensar que eu também morasse lá ou no mínimo tivesse acesso irrestrito a ela, julgando-me igualmente responsável. Ele queria me forçar a acompanhá-lo a sua antiga casa para abrir-lhe a porta. Obviamente isso era impossível. Sua fantasia senil, assim concluí, levava-o sem dúvida a imaginar orgias nas quais eu representava em sua antiga moradia o papel principal, acompanhada dos amigos fraternos mais velhos e, depois disso, seus pertences destruídos não me provocaram mais pena alguma. Justamente a menor e mais fraca criatura entre os judeus da localidade lhe viera a calhar. Só não contara com minha mãe.

3.

No verão de 1945, não existiam jornais em abundância (aliás, como nenhuma outra coisa) e os que havia tinham apenas poucas páginas. Eu lia jornal quando encontrava algum, acompanhava as notícias da guerra — os americanos ainda lutavam no Pacífico — e as primeiras informações oficiais sobre os campos de concentração. Decidi mandar meus dois poemas sobre Auschwitz para o jornal. Copiei-os com cuidado, um com oito estrofes, o outro com quatro, e anexei uma carta na qual, por assim dizer, declarava autênticos os meus versos, descrevia as circunstâncias de sua composição, informava minha idade e constatava de modo grandiloqüente que vivenciara mais coisas em minha breve vida do que muitas pessoas mais velhas. Nenhuma resposta. Fiquei decepcionada, algumas semanas depois minha decepção passou e, quando já tinha tirado o assunto da cabeça, um conhecido informou-me: "Você saiu no jornal", e deu-me um endereço onde poderia conseguir um exemplar.

O jardim no qual desci da bicicleta, bronzeada pelo sol e num vestido de verão, pertencia a um dos moradores locais, cujos rostos se petrificavam quando viam um judeu. Com a alegria de uma autora recém-publicada, solicitei-lhe um exemplar. "O senhor teria...? Sou a fulana que..." Lançou-me um longo olhar ("Então a senhorita é..."), no qual se lia que minha aparência atual e minhas supostas experiências se contradiziam. E simplesmente jogou o jornal em minha direção. "Pode ficar com ele." Não soou como se estivesse me oferecendo um presente, e sim como se quisesse afastar algo suspeito da casa.

Ao invés de uma humilde notícia, encontrei meia página a meu respeito. No centro, uma fotografia de um trecho de minha carta, que fora primeiro cuidadosamente recortada, de maneira que as margens irregulares e a letra infantil pouco experiente de alguém que não freqüentava muito os bancos escolares podiam dar a impressão de uma espécie de mensagem dentro de uma garrafa atirada ao mar. Além disso, um desenho representando uma criança esfarrapada, assustada, que, para piorar, casualmente trazia alguma semelhança comigo. Apenas duas estrofes de meus poemas foram reproduzidas, inseridas em um texto lamuriante, suplicante, implorando a compaixão do público e sua simpatia por crianças. Compreendi então a reação do homem que me dera o jornal.

Imaginara que, ao enviar um manuscrito como aquele, mesmo que não fosse publicado, receberia por carta uma resposta gentil. E se fosse publicado, a autora deveria receber, na melhor das hipóteses, alguns marcos como pagamento, e não precisaria pedalar por metade da cidade para conseguir um exemplar. O fato de a redação não ter entrado em contato comigo depois indignou-me sobremaneira, pois isso entrava em contradição com as efusões sentimentalóides do jornalista que havia preparado aquele mingau emocionante no qual eu não tinha importância alguma, uma vez que nem mesmo me procurara ou perguntara como estou, se talvez escrevera alguma outra coisa. Eu queria ser vista como uma jovem poeta que estivera no campo de concentração, não o contrário, a criança prisioneira que escrevia versos.

Depois disso, quis que meus poemas publicados caíssem o mais depressa possível no esquecimento, contudo, por algumas semanas tornei-me uma pequena celebridade local entre os DPs, por mais que isso me envergonhasse. Os "políticos" entre os antigos prisioneiros queriam fazer de mim uma mascote. Deveria recitar meus poemas em público, ao passo que eu mesma me repreendia por tê-los enviado e quase até por tê-los escrito.

Este episódio é um aspecto dos primórdios da "superação do passado" (*Vergangenheitsbewältigung*), que então ainda não recebera essa designação. Sobre a história do "passado recente" (que com o passar dos anos não parece se tornar mais velho e, por isso, de algum modo, é tão atemporal quanto o Juízo Final) já se pesquisou e escreveu muito, tanto que aos poucos acreditamos conhecê-lo, enquanto que a história da "superação do passado" ainda está por ser escrita. Ao invés disso, há objeções e contra-objeções, das quais participo com empenho, como o demonstra cabalmente o presente texto.

Afirmo então: Vocês falam a respeito de minha vida, vocês falam sem me perguntar, vocês agem como se estivessem se referindo a mim, entretanto vocês se referem apenas aos próprios sentimentos.

Cara leitora, livros como este são muitas vezes chamados de "estarrecedores" nas resenhas. A expressão emerge, sim, a expressão vem à tona e se insinua. Um resenhista que escreve assim sobre minhas memórias não as leu até este ponto.

Há um epílogo para esta história de minhas primeiras publicações. Cerca de catorze anos depois, os versos mutilados e rechaçados pela autora apareceram à porta de minha casa na Califórnia, como se fossem filhos rejeitados, mas obstinados à procura de sua mãe. Um colecionador zeloso os coletara e publicara em um belo volume intitulado *Palavras ao vento*, junto com outros poemas de campos de concentração e do exílio, sem me perguntar, embora desta vez a desculpa era a de que eu não seria fácil de encontrar. Desde então, vagueiam como fantasmas por aqui e ali em salas de aula alemãs, e uma segunda vez, novamente sem meu conhecimento, reproduzidos em um volume de nome *Palavras clamadas no frio*.

Algo mais sobre o epílogo. Em Berkeley, no começo dos anos 60, conheci um renomado germanista pelo fato de que seus poemas do exílio constavam do mesmo volume. Por recomendação sua, o *German Department* ofereceu a mim, uma bibliotecária divorciada com duas crianças pequenas, portanto, com poucas probabilidades de fazer uma carreira universitária, um cargo de assistente, caso eu ainda tivesse vontade de fazer um doutorado. Tornei-me assim, graças a meus poemas sobre Auschwitz, uma germanista estrangeira nos Estados Unidos. Quando estou de mau humor, isso não me agrada, pois não consigo deixar de desconfiar que essa profissão representa uma falta de caráter para alguém como eu. Como se por causa disso eu me tornasse devedora dos alemães. Em seguida, digo novamente a mim mesma, com a lógica própria só acessível a nosso órgão espiritual pouco confiável, a consciência, que, por outro lado, não encaminhei um pedido de "reparação", de indenização que o governo da República Federal da Alemanha pagou nos anos 60. Isto me satisfaz. Curiosa contabilidade de ter e haver, compensação, liqüidação. Nada devo aos alemães, digo a mim mesma, eles é que me devem. Pois, pela lógica, poderia ter financiado meu estudo tardio de filologia germânica com tal subvenção. Mas isso também foi possível de outra maneira. Se estou de bom humor, vejo uma verdade poética no fato de que o caminho para minha profissão adequada-inadequada partiu justamente desses poemas. Que, dessa maneira, um círculo se fechou.

4.

Nos círculos dos sobreviventes, a superação possível se dava fosse por meio de histórias de sofrimentos ou horrores, fosse simplesmente pelo desejo de deixar "tudo isso" para trás, para poder concentrar-se no futuro. Ou bem se dizia com orgulho ter "padecido" ou "suportado" mais do que os outros, ou bem não se desejava passar a vida pensando nas atrocidades sofridas. Os DPs que não conseguiam se livrar do passado me pareciam seres de ontem, pouco saudáveis. ("Por favor, parem, falemos de outra coisa. Quero finalmente recomeçar a viver, como se vive em tempos de paz.") Por outro lado, interessava-me intensamente por aquilo que ocorrera. Curiosa, como sempre. Sentia-me atraída e repelida, alternadamente.

Lia com a maior regularidade possível a respeito dos processos de Nuremberg, notícias que nossos vizinhos alemães tratavam com desprezo, como se as investigações e os relatores fossem os culpados, e quem não quisesse saber de nada estava de alma limpa. Não houve confronto aberto com os crimes que, pela primeira vez aqui, vinham a público documentados oficialmente; ao contrário, houve um cínico jogo de empurra. O processo era visto como uma humilhação intencional da Alemanha, nada mais. Guerra é guerra, dizia-se. O confronto só veio talvez mais tarde com os processos de Auschwitz, em Frankfurt, quando alemães foram julgados por alemães, e não por estrangeiros.

Para mim, aos poucos ficava claro que meu irmão e meu pai estavam entre os seis milhões de judeus assassinados. ("Seis milhões de seres humanos", era o que se gostava de dizer, pois não se era mais anti-semita e estavam dispostos a admitir que também judeus eram seres humanos. Semelhante atitude de recalque do que é específico, misturando-o ao que é "comum e humano", foi praticada mais tarde somente nos países socialistas, e lá de maneira muito mais enfática.) Tanto quanto possível, tentei me informar esgueirando-me pela teia de relações entre aquilo que estava nos jornais e meus assuntos particulares, e assim a alegre antecipação de poder rever os homens da família se transformava aos poucos em abrangente decepção, tal como a espera pelo visto de emigração na época anterior aos campos de concentração. Um sentimento de impaciência, de humilhação, precedeu a compreensão propriamente dita: eu lhes levava a mal por ainda não terem aparecido, será que eu já não tinha sofrido o bastante? Toda espera é sempre em vão? Por descuido, envenenei na ocasião um filhote de cachorro. Ele dormia na cozinha, ouvi-o ganir durante a noite, não me levantei. O gás estava aceso. Sentimento de culpa durante dias.

Desde os dezesseis anos, vivo na América. Em abril de 1945, não podia saber que ainda passaria dois anos e meio lá onde estava, na Baviera. A velha história: onde existia um país que estivesse disposto a nos acolher? Os EUA possuíam um monte de disposições e quotas que fugiam a qualquer análise racional. Contudo, nem mesmo queria ir para a América. Não gostava especialmente dos americanos. O fato de seu programa de desnazificação ser corrupto e incompetente podia ser percebido por uma menina de catorze anos com um mero olhar. E não se tornavam mais simpáticos para mim por terem viciado a juventude alemã em seus jogos, seus filmes, sua goma de mascar. Eu queria ir para Eretz Israel, para a Palestina, para ajudar a construir ali um estado justo, ou seja, um estado socialista judeu. Porém, na Palestina estavam os ingleses e, no que dizia respeito à imigração de judeus, eles eram tão inflexíveis como sempre.

No fim, minha mãe tomou a decisão sem me consultar muito. Teríamos podido chegar à Palestina via Itália, por caminhos ilegais, mas bem rapidamente. Minha mãe enxergava apenas os riscos. Se o navio caísse nas mãos dos ingleses, teríamos de ir para Chipre e ficar lá em mais um campo. Não estava disposta a isso. Hoje, mal posso repreendê-la e, na época, também a compreendi, já que eu não estava nem um pouco acostumada à realização de meus desejos, mesmo assim foi um duro golpe. Sentia-se bem com os americanos e provavelmente pensava que se sentiria igualmente bem na América. Busquei consolo no raciocínio que também poderia ir a Eretz Israel partindo da América, e que a coisa mais importante era sair a qualquer custo. Aprendera a esperar, mas punha o aprendizado à prova com impaciência. Devido ao atraso, junto com a impaciência, cresceu de maneira não intencional e não voluntária uma ligação crescente com a Alemanha, com a língua alemã, com os livros alemães e também com a gente alemã. Em nossa casa, ao fim, alojara-se uma outra família alemã, e alguns de nossos antigos conhecidos de Straubing chegaram mesmo a nos visitar em Nova York.

5.

No outono de 1945, veio à tona o problema da formação escolar. Nunca freqüentara uma escola secundária e nem mesmo concluíra o primário. Do ponto de vista de meus conhecimentos e de uma formação sistemática, teria de estudar ao lado de alunos mais novos, pois sabia menos do que crianças de minha idade, embora, levando em conta minhas experiências de guerra, pertencesse a uma geração mais velha. Não me adequava a classe alguma, muito menos a uma escola alemã.

Assim, passei a ter aulas particulares nas diversas matérias que se estudam quando se freqüenta a escola. Gostava disso, pois queria aprender e saber tanto quanto possível para poder escapar daquilo que de fato sabia, mas não foi uma coisa de outro mundo. Aprendi um pouco de latim, de matemática, um pouco de inglês, um pouco de história da Antigüidade e da Idade Média. Os professores vinham em casa ou eu ia até eles, minha mãe pagava oficialmente com dinheiro sem valor, e não-oficialmente com preciosos cigarros americanos. Ela não tinha respeito algum pela instrução básica, mas um enorme respeito pelo estudo superior. Ditha começou comigo, mas logo em seguida foi a primeira a emigrar para a América, depois de ser encontrada por um tio de St. Louis.

Olga, entretanto, minha melhor amiga de Theresienstadt, acompanhou-me por um tempo. Seu pai, o matemático de cabelos desgrenhados e com histórias sobre Hertha, a deusa da terra, tinha morrido. Quando soubemos que Olga ainda vivia, minha mãe a convidou a vir para Straubing morar conosco. Fiquei feliz por tê-la a meu lado de novo. Minha mãe convidava todo mundo, era boa para todos. Foi a época em que mais a amei e admirei, a época em que se mostrava disposta a compartilhar tudo e eu podia compartilhá-la com os outros. Contudo, também foi uma época em que não pude permanecer muito com ela. Tinha agora um emprego em Regensburg, na UNRRA, a *United Nations Relief and Rehabilitation Administration*, ou seja, a organização responsável pelas *displaced persons*. Ela coordenava os contatos entre famílias dispersas, usava um uniforme verde, tinha uma aparência saudável e bem disposta e só vinha a Straubing nos fins de semana.

Os preceptores constituíam meu principal contato com a Alemanha não-judia. Eram um grupo misto: em parte, professores de ginásio mais velhos, em parte, jovens que tinham sido estudantes universitários ou pretendiam sê-lo. O primeiro, um senhor aposentado, responsável por latim e história, recomendou os outros. Meu professor de latim era um bávaro conservador, amante da Antigüidade, uma preferência que eu não entendia, mas que, apesar de tudo, me influenciou um pouco, pois eu gostava dele, de seu jeito paternal, e certamente eu o superestimava porque era o único que às vezes fazia perguntas a respeito de nossos anos de guerra. Talvez tivesse sido professor de latim no partido, o professor de inglês admitiu sua filiação sem reservas. Que foram nazistas convictos, isso todos negavam, e para mim essa pergunta era abstrata demais. Pois eu não vivera na Alemanha nazista propriamente dita e sim entre os judeus perseguidos.

As coisas tinham que chegar a um ponto crítico para que eu me aborrecesse: um professor de matemática, um refugiado do leste, disse um dia que os americanos não deveriam ter se intrometido na guerra e impedido os alemães de vencer os russos. Tentei contra-argumentar, mas não fui muito feliz, voltei para casa, bati as portas com força e gritei furiosa que alguém me dissera na cara que os nazistas teriam feito uma guerra justa. Se tinha tais opiniões, que pelo menos não as divulgasse junto a judeus. Matemática ele pouco me ensinou, assim como minha professora de inglês de Viena, a simpatizante nazista, não conseguira me ensinar inglês.

Conheci a discriminação, o desdém e o menosprezo contra mulheres. Para mim, uma novidade, pois até então vivera entre mulheres. Um professor estagiário, veterano de guerra, referiu-se a problemas de disciplina na escola. Era possível agarrar os meninos "pela honra", com as meninas seria mais difícil, pois não tinham nenhuma. (Ele também foi meu professor e nem mesmo lembro que matéria ensinava.)

Depois de um ano de aulas particulares, consegui ser aprovada em uma espécie de conclusão de emergência do ensino secundário (o *Abitur*),[5] no ginásio de Straubing, com a idade de quinze anos mais ou menos. O fato de tê-lo conseguido e de ter sido aceita para prestar o exame não se deveu certamente a meus talentos, embora tenha feito o maior esforço, e sim a minha mãe e suas relações com as potências de ocupação. Ela entrou em contato com o diretor da escola. Talvez tenha subornado

---

[5] Exame das escolas secundárias alemãs, que atesta tanto a conclusão do ensino médio como a possibilidade de tentar uma vaga na universidade. (N. da T.)

esse diretor e seus colegas com cigarros, talvez o tenha intimidado mencionando os americanos, talvez o tenha comovido com o destino de uma pobre criança prisioneira, ou tenha apenas colocado de maneira convincente que não faria diferença alguma para a escola se eu fosse para Nova York com o certificado de conclusão, uma vez que eu não permaneceria por lá de maneira alguma.

O meu caso deve ter dado ensejo a discussões no ginásio de Straubing. Um dos professores, um veterano de guerra mutilado, certamente foi contra o fato de se presentear dessa maneira um diploma de conclusão do curso secundário. Isso ficou claro após o exame oral, no qual devo ter falado pouco e silenciado muito. Eu via com simpatia uma avaliação negativa de minhas capacidades acadêmicas e de modo algum imaginava que estivesse à altura de um candidato mediano ao exame, cujo nível, de qualquer maneira, me fazia sentir uma admiração respeitosa, maior do que se justificava naqueles anos. Porém, com toda a modéstia e não obstante qualquer sentimento de inferioridade, eu precisava de meu diploma, não importava se o tivesse merecido ou não, pois de maneira nenhuma queria sentar-me novamente nos bancos escolares, em qualquer país que fosse. Não poderia mais estar entre crianças, como se ainda fosse uma delas. Isso se assemelhava ao caso da moradia. Tivesse eu direito a uma moradia em Straubing ou não, queria morar numa casa e não num campo. Nunca tive ilusões a respeito deste duvidoso *Abitur* sem ter antes freqüentado regularmente a escola: no entanto, nas poucas vezes em que foi necessário, lancei mão dele sem o mínimo escrúpulo.

6.

Olga mencionou casualmente que seu pai, antes da guerra, enviara seus trabalhos de matemática a Albert Einstein, tendo ficado muito satisfeito com a resposta amigável deste. O quê?, disseram amigos e conhecidos, o seu pai se correspondeu com Einstein? E a aconselhamos a escrever a Einstein. Pesquisou-se o endereço e uma carta seguiu para Princeton. Logo ela recebeu uma resposta calorosa, amável, datilografada pela secretária de Einstein, porém com a assinatura de próprio punho do grande homem, da qual tomamos conhecimento com o maior respeito, segurando a carta com a ponta dos dedos. Ele ainda se lembrava do pai de Olga. O que poderia fazer por ela, perguntava, que ela lhe pedisse o que fosse, mesmo que se tratasse apenas de um pacote da Care.[6] Longas deliberações. Einstein parecia não saber que estávamos sob a tutela dos americanos e tínhamos bastante o que comer.

Einstein quer ajudar você, ele tem muita influência. Olga queria tornar-se médica, escreva para ele, ele pode ajudar você a tentar uma universidade americana. Ela hesitava. O que você acha, um dos judeus mais famosos do mundo, ele vai ficar contente se puder fazer algo pela filha de um colega judeu alemão, já que ela conseguiu sobreviver a tudo. Ela lhe escreveu uma carta respeitosa na qual todos nós metemos a colher. Não necessitava de gêneros alimentícios, mas talvez ele pudesse ajudá-la a tecer planos para o futuro. Desta vez a resposta só veio em nome da secretária, sob solicitação dele, mas sem sua assinatura. Algumas pessoas, dizia a carta, pensavam que o senhor Einstein possuísse uma varinha mágica. Mas não era o caso. Olga foi informada sem rodeios de seu atrevimento e colocada em seu devido lugar. Durante dias, Olga parecia um cão surrado. Nós todos a aconselháramos mal. Nos desculpamos, a intenção fora a melhor possível. O que ele, o homem que seu pai admirara acima de tudo e todos, pensaria dela. Refleti, tão admirável assim ele não era, mesmo que soubesse fazer contas com perfeição. Pouco depois, parentes de Olga da Austrália a procuraram e ela emigrou para lá. Não se tornou médica.

Quando eu aceitei um convite para lecionar em Princeton, 35 anos depois, e fui apresentada como Professor of German ao diretor, o influente Dean of Faculty, ele próprio físico e judeu, apontou com orgulho para sua singela escrivaninha, que teria sido a mesma de Einstein. Fingi estar impressionada, mas pensei comigo "fetichismo" e "culto de personalidade". E na rua me indicaram com um gesto respeitoso a esquálida secretária de Einstein que ainda vivia em Princeton. Pensei: "Então foi ela que escreveu a carta a Olga. Em nome do grande matemático, aplicou uma sonora e transatlântica bofetada na sofrida e por isso duplamente vulnerável filha do desconhecido matemático assassinado". E senti horror dessa miúda e insignificante senhora de cabelos brancos, o mesmo

---

[6] Sociedade americana de beneficência para auxílio a sobreviventes do nazismo. (N. da T.)

horror que, antes, nós, os sobreviventes, devemos ter provocado nela e em outras pessoas salvas e ilesas.

7.

Ditha e Olga escreviam cartas de continentes longínquos e eu me transferi para Regensburg, onde minha mãe morava em uma grande casa com suas colaboradoras, um time internacional multicolorido. Para familiares, não havia lugar. Aluguei um quarto com bastante claridade, em um andar alto, na casa de uma simpática locadora. Munida de meu diploma de Straubing, pude me matricular como estudante na Escola Superior Filosófico-Teológica de Regensburg para o semestre de verão de 1947.

Até hoje guardo meu boletim de matérias cursadas e minha carteira de estudante. A oferta de disciplinas era limitada e matriculei-me, mal dá para acreditar, em Lógica e Teoria do Conhecimento, História da Filosofia Medieval e História Universal nos primórdios da Idade Moderna. As questões que forçosamente me interessavam não faziam parte da filosofia ministrada ali. Aos quinze anos, lá estava eu sentada em um auditório, uma grande sala de aula, com estudantes mais velhos, entre eles muitos veteranos de guerra e também alguns judeus, e sentia-me desconfortável por entender tão pouco e por ser a mais jovem e, ademais, judia. Os docentes eram quase exclusivamente padres católicos e era inevitável que se perguntasse como esses senhores nos teriam tratado dois anos antes. Naqueles auditórios, assim me parecia, éramos tolerados, não bem-vindos, e não conseguia livrar-me da sensação de que tinha me metido ali sem ser chamada. O nacionalismo vicejava e dava frutos. Quando o professor de história mencionou que, na Polônia, Copérnico era considerado polonês, a sala inteira bateu os pés declarando-se a favor da germanidade de Copérnico, que em alemão se chamava Nikolaus Kopernigk. Sentia-se a tensão entre os judeus por terem que continuar a subordinar-se como estudantes aos professores, aos opressores agora desmascarados. Reinava entre eles e os docentes uma atmosfera melindrosa pela agressividade de ambas as partes. Ou terei tido simplesmente uma falsa impressão porque eu mesma não me sentia segura quanto àquilo que fazia por ali? Quando um dos judeus fazia uma pergunta, ouvia com ouvidos de alemã que o que fora dito não se encaixava na esquemática linguagem acadêmica usada nas preleções e que o idioma alemão de quem perguntava estava muito próximo do iídiche.

Na Alemanha de hoje, palavras iídiches estão *in*, são tão corriqueiras quanto consumir alho e cebolas, o que antigamente também era malvisto. Em seu tempo, Wilhelm Busch ilustrou a letra "Z" (de *zwiebel*, cebola) em seu *Alfabeto de História Natural*, com uma caricatura humana repugnante, junto a um gracioso animal, escrevendo abaixo: "A cebola é do judeu a iguaria,/ a zebra aparece na pradaria", porém, agora é considerado proviciano desprezar tais prazeres, antes tidos como exóticos. O mesmo acontece com a linguagem: até na televisão faz parte do bom-tom filossemítico empregar termos como *reibach*, no sentido de "lucros não muito limpos". Utiliza-se com um sorriso incontido a palavra *ganove*, para caloteiro (em iídiche correto, o *ganef* é de fato um ladrão) ou *chuzpe*, para atrevimento, desaforo. Chama-me a atenção que se trata sempre de expressões de sentido negativo. Em compensação, na Alemanha não se compreendem as palavras iídiches de que mais gosto. Por exemplo, *naches*, prazer, alegrias, empregada muitas vezes para aquilo que se deseja a outrem; *broche*, por bênção; *rachmones*, para piedade ou *mitzve*, para boa ação. *Chuzpe* emprego mais com o sentido de atrevido ou malcriado, como, por exemplo, uma criança *chuzpedig*, portanto, numa forma mais branda, não aplicável a políticos hipócritas ou a industriais que apresentam manobras ilegais como se fossem parte da economia social de mercado. *Unbetamt* era a repreensão que se ouvia em casa quando se praticava alguma ação desastrada. Porém, *tam* significava mais do que destreza, é uma palavra que designa "graça", conhecida ainda por Thomas Mann com esse sentido, mas não pelos cidadãos da Alemanha Federal. O que estes cidadãos consideram como bom iídiche, chique, não é a língua do *stetl*,[7] carinhosa, íntima, espirituosa, como a utilizada por Isaac Bashevis Singer, ganhador do prêmio Nobel, só conhecido pelos leitores alemães com duplo estranhamento, ou seja, em tradução do inglês americano: o iídiche de vocês deriva do jargão dos pequenos delinqüentes.

Naquela época, ainda não existia um iídiche chique.

---

[7] Em iídiche, corruptela da palavra alemã *Städchen*, cidadezinha, aldeia, povoado. (N. da T.)

Por mais que gostasse de meu quartinho de estudante, onde lia aleatoriamente história e literatura, sentia-me, por boas razões, pouco à altura na sala de aula. Ficava entediada e não conseguia aproveitar nada das estruturas mentais escolásticas, tampouco das sistemáticas estruturas filosóficas. Assim sendo, era ainda mais tola do que imaginava ou pelo menos esperava. E ali ficava sentada com minhas aspirações surdas, não obstante persistentes, de que alguém finalmente pudesse começar a me explicar aquilo que necessitava de explicação nos anos de minha existência, com uma vaga idéia de que a filosofia eventualmente fornecesse os instrumentos para tanto, caso se pudesse chegar até eles de alguma maneira. Ao contrário, porém, na aula só ofereciam conceitos abstratos impossíveis de levar a algum denominador comum, sem transgredir as eternas regras de uma disciplina sublime. Eu estava no lugar errado, pois deixava-me distrair muito facilmente por imagens, de um lado, e, de outro, por fatos.

Graças à falta de formação precedente, compreendia pouca coisa, raramente anotava algo e por nervosismo rasgava as folhas de anotação em pedacinhos. Não notava que essa mania poderia causar uma impressão desagradável, até que Christoph chamou minha atenção. Afirmei que minha concentração funcionava melhor quando não tinha que escrever, ele, ao contrário, dizia com seu jeito suave no qual até hoje um leve traço de ironia se transforma rapidamente em cordialidade humana, que aquilo dava a impressão de falta de atenção, o que os professores não apreciariam.

Um lápis fora o ensejo de começarmos a conversar. Era a preleção de história, a única que me proporcionava algum prazer. O docente, professor E., não era um prelado bávaro, e sim um refugiado de Breslau. Não tinha todas as respostas na ponta da língua, ao contrário, fazia perguntas, por exemplo, a respeito da eclosão da guerra do campesinato e sobre o comportamento de Erasmo na Reforma. Eu queria fazer algumas anotações, mas o lápis se quebrou. Mercadoria do pós-guerra. Alguém da última fileira passou-me uma lapiseira de metal. Era o estudante em quem já reparara, pois de maneira diferente dos demais ele vinha de paletó e gravata para o auditório, olhava ao redor com altivez antes de decidir-se por um lugar. O fato de ele também ter reparado em mim era novidade e fiquei lisonjeada. Ele então inclinou-se para a frente com um gesto insistente e, com ênfase exagerada, fez questão que eu aceitasse a lapiseira.

Depois da aula, começou a conversa com Christoph, a qual não se interrompeu por um semestre inteiro. Desde então, houve algumas pausas devido a interrupções, distância, desentendimentos, diferenças fundamentais de opinião. Isso seria normal, inusitado é o fato de que sempre é possível reatá-la. Digo: "reatar" e percebo que não me ocorre imagem melhor para esta amizade resistente do que a de um barbante frágil e quebradiço, cheio de nós que não se deixam desatar sem o risco de que se possa danificar alguma coisa. Deixe esses nós para lá, gostaria então de dizer à esposa de Christoph, quando ela tenta alisar aquilo que não se deixa alisar e conciliar aquilo que resiste à conciliação: também aspectos desagradáveis, e justamente esses, fazem parte de nossa história, e não só dela.

8.

Como acontece com tudo o que é antigo ou que naturalmente tornou-se velho com o tempo, e que de repente exige explicação, facilmente caímos na nostalgia. Na verdade, não estava apaixonada por Christoph, a não ser que se inclua no conceito de paixão toda forma de fascinação benévola em relação às diferenças do sexo oposto. Nesse caso, cabe o conceito, do contrário não. A fascinação, porém, consistia no fato de que eu podia percorrer as ruas imersa em conversas literárias, por assim dizer, com aquele garoto do acampamento de férias, que vira agitando a bandeira na viagem para o campo de trabalho, menos de dois anos atrás. Temia que ele tivesse visto meus malogrados poemas no jornal e, em algum momento, se referisse a eles com condescendência.

Os estudantes se tratavam formalmente, o senhor, a senhora, e nós também; coisa impensável hoje em dia que dois estudantes se tratem com formalidade em passeios ou visitas a teatros. Entretanto, este tratamento ridículo na perspectiva atual era correto para nós, era adequado como sinal de distância, e a distância, por sua vez, como o tempero no qual esta amizade resistiu anos afora. Somente nos anos 60, quando todos se tratavam informalmente por você ou tu na Alemanha, começamos também a fazê-lo, nós dois e depois nós três, com a mulher de Christoph.

O que mais me impressionava, e irritava ao mesmo tempo, era o fato de que ele tivesse uma identidade. Sua pátria era a Alemanha e estava enraizado em uma determinada paisagem alemã, tornando-se para mim o supra-sumo do alemão. Ele sabia quem era e onde estava. Até hoje é assim. Generoso, amável, sai para conquistar terras estrangeiras mas ao fazer isso não quer aprender nelas nada que ponha em risco a própria autonomia. Mas aprender sem esse risco, será realmente aprender?

Christoph me emprestava livros que ainda eram um material escasso. Trouxe-me poemas de Stefan George, muito germânicos para mim, a mãe ancestral ordenhando, a águia alçando vôo. Ele achou essa crítica surpreendente, eu não sabia ao certo se ele a considerava injusta, irrelevante ou um menosprezo judaico pela maneira de ser alemã. Veio então com os contos de Kafka, na ocasião quase que um segredo para iniciados. Esses textos me perseguiram e calaram qualquer crítica de minha parte. Em um dos livros emprestados, encontrei um poema de Christoph escrito com sua letra bela e legível. A primeira estrofe:

> Ela chegou como o sol de seu país
> e à minha penumbra trouxe luz.
> Não olhei para a barra de seu vestido
> que trazia o distante de muitas viagens.

Não li esse poema como uma declaração de amor, mas sim, em primeiro lugar, como um exercício lírico do autor, e depois, como confirmação da distância que havia entre nós, portanto, como o contrário de uma aproximação. Na verdade, gostaria de ter-lhe contado alguma coisa sobre minhas "Muitas viagens" e ouvido sua opinião a respeito. Mas era difícil encontrar um ponto de partida. Ele pensava que ficara assustada quando uma vez encontramos um símbolo do partido à beira do caminho: como se eu me assustasse com tanta facilidade! Logo houve a preleção do professor E. Comecei a falar obstinadamente sobre o anti-semitismo de Lutero, um dilema para mim, pois o protestantismo, em comparação com o catolicismo, era esclarecido; além disso, um pastor protestante nos ajudara durante a fuga e o jovem Lutero era um genuíno homem de ação e herói entre os poetas e escritores. Por que então as tiradas anti-semitas de seus anos maduros? Como qualificar isso? Christoph considerava o tema muito tolo. Eu ponderava, aborrecida, que apesar das afirmações contrárias, nele também se percebia um anti-semita. Levou a observação a sério e afirmou que tinha um forte interesse pela vida espiritual judaica. Poderia eu lhe falar algo a respeito da cabala? Fui obrigada a me calar.

O que escrevo aqui simplifica um pouco as coisas. Nem éramos tão diferentes assim. Eu também queria que a vida seguisse em frente, não queria olhar para trás e me converter numa estátua de pedra, como a mulher de Lot. Queria sair de perto daqueles que tinham vivenciado coisas parecidas. A companhia de Christoph me ajudava a deixar de falar sobre a injustiça incompreensível de minha origem, ao mesmo tempo em que havia em mim a premência de falar a respeito, de incluir tudo isso no novo começo. Havia as duas coisas, tanto isso quanto aquilo, uma meia-luz densa e nebulosa onde tem origem a melancolia e os fantasmas prosperam. Todos estávamos implicados no recalque e na superação do passado, os antigos prisioneiros em menor medida do que aqueles que nunca haviam sido privados de liberdade, e os antigos carrascos mais do que ninguém. Para todos nós, o chão em que pisávamos pegava fogo e quase todos estávamos começando algo novo, demolindo as velhas estruturas sem muitas vezes ter o que colocar em seu lugar. (A imagem é mais do que uma metáfora: os velhos edifícios estavam carregados de memórias.) Talvez seja muito superficial julgar de maneira genérica, talvez isso seja apenas falso e covarde. Talvez o recalque constituísse o primeiro passo para a superação. Tal pensamento ocorreu-me na América, após a guerra do Vietnã: ficáramos tão aliviados que o pesadelo terminara, queríamos finalmente nos ocupar com outra coisa, já suportáramos demais aquela guerra dantesca. Um jornalista americano mais velho, David Halberstam, escreveu recentemente: "O Vietnã ficou para nós sobre a mesa como a refeição que nem é consumida nem levada de volta para a cozinha". Mais cedo ou mais tarde, chega a conta por toda a refeição, tenha sido consumida ou não.

A refeição de minha infância estava sobre a mesa e se tornava cada vez mais indigesta. Um campo de concentração era algo para debates políticos e documentários, do contrário servia apenas para a exploração sentimental, como meus poemas no jornal. Também não apreciava as lamúrias de Erich Kästner[8] a respeito dos sapatos amontoados de crianças assassinadas, pois um sapato é um verdadeiro *pars pro toto*. E assim eu,

---

[8] Erich Kästner (1899-1974), escritor alemão. (N. da T.)

de fato, não tinha opinião alguma que pudesse contribuir para a literatura ou a história ou o futuro. Deixei-me intimidar e desviei do assunto com o pensamento na partida iminente. Um *non sequitur*. Fuga em todos os sentidos da palavra.

Depois de ter sido vista algumas vezes com Christoph, alguns estudantes judeus me chamaram de lado para falar seriamente comigo. Não era certo, uma moça judia com um gói, além do mais um alemão. Fiquei indignada. Vocês com seu envolvimento com moças alemãs, como ousam ditar regras? Seria uma coisa bem diferente, são homens, homens podem relacionar-se com quem quiserem. Para discernir tantas sutilezas, eu não tinha suficiente traquejo social nas perversidades dos papéis sexuais. Ouvia apenas o desprezo pelas mulheres que marcava esta distinção e a presunção dos homens de quererem exercer uma espécie de tutela sobre mim. Primeiro foi o desprezo das crianças arianas pelas judias em Viena, depois o desprezo das crianças tchecas pelas alemãs em Theresienstadt, agora o dos homens pelas mulheres. Esses três tipos de desprezo são incomensuráveis, dirão, mas eu os vivenciei pessoalmente e na seqüência mencionada. Eu era o *tertium comparationis*, a cobaia dessa comparação e, nesse sentido, isso era adequado para mim. De resto, não dava a mínima importância para a desaprovação dos colegas, exceto que a companhia de Christoph tornou-se assim uma espécie de rebelião contra a mentalidade judaica.

Mais tarde, quando Christoph, assim como todos os intelectuais alemães de nossa geração, também expressara sua opinião sobre Auschwitz, levei-lhe a mal não ter me perguntado a respeito. Surpreendeu-se: não sabia que eu estivera lá. Theresienstadt, sim, Auschwitz, não. Isto é improvável e, ao mesmo tempo, crível. Improvável, pois sem dúvida devo ter-lhe dito e, já na época, Auschwitz era uma palavra que deixava os ouvidos mais atentos. Mas é igualmente crível porque um campo de concentração alemão era algo para homens e não para menininhas que não devem levar vantagem sobre os homens em tantas áreas da experiência. Com efeito, ele não olhara para a bainha de minhas vestes.

Na escola, meus filhos contaram com orgulho a seus colegas de classe que sua mãe fugira de um campo de prisioneiros alemão. Foram motivo de chacota, disseram perplexos. Teria eu mentido para eles?, quiseram saber. As outras crianças conheciam uma série de televisão sobre um *stalag*, um campo de prisioneiros de guerra dos alemães, que mostrava as tentativas de fuga de soldados americanos. Mas uma menina?! *"Your dad, ok. But not your mother."*

Coisas que contei e nas quais Christoph não acreditou ao longo dos anos, embora eu devesse saber o que estava dizendo: que o iídiche é escrito com o alfabeto hebraico (relatou-me isso anos mais tarde como sua mais recente descoberta); que a palavra *caucasian* designa a raça branca nos Estados Unidos; que na América a maioria dos recém-nascidos é circuncidada (ele considerava esse fato uma idéia judaica fantasiosa). Por que isso me aborrece? A rejeição daquilo que carrego comigo, que se acumulou em mim no decorrer dos anos, chega aos detalhes mais insignificantes.

No fundo, o ódio aos estrangeiros não é algo tão anormal, é o que se ouve por toda parte na Alemanha. Isso se deve a mecanismos de defesa muito arcaicos e a estruturas mentais da idade da pedra. A tarefa de uma educação progressista seria a de destruir essas reações ingênuas: a de superar lendas antigas por meio de um pensamento esclarecido. E em relação aos assassinatos, ouvi recentemente um professor de genética animal dizer o seguinte: para quem trabalha em um laboratório, matar quarenta camundongos é rotina, nem mesmo se fala a respeito. Mas onde se vê um camundongo andar pela sala depois do jantar, matar este único camundongo torna-se um acontecimento digno de nota. Isso soa de maneira bastante sensata, desse modo não existe o mal, apenas costumes e instintos primitivos, o caminho segue em linha reta para a frente, e a eternidade toda está à nossa disposição para a educação do gênero humano.

Christoph também diz algo semelhante, o ódio aos judeus teria sido um sentimento geral de ódio aos estrangeiros, natural para todo mundo. Não se deseja ter algo diferente tão perto de si, caso não se tenha aprendido a agir de outra maneira. Entretanto: serei então tão diferente de todos vocês que me convidaram a compartilhar sua mesa? (O calor de sua família, como água tépida do verão. Sempre fui bem-vinda à sua casa.) Quando conversamos um com o outro, nos distinguimos por vestígios dialetais pouco significativos, nem mesmo tão importantes quanto o inglês que muitas vezes interfere em meu alemão, certamente não tão importante quanto a rede de alusões e ironias que nos divertem a ambos. E, quanto à aparência, sua mulher e eu, por exemplo, poderíamos ser parentes distantes. Não, diz você, você parece judia, dá para notar. Acho o mesmo e fico contente que você repare nisso, pois não gosto quando as pessoas dizem: "A senhora bem poderia ser italiana ou mexicana". Apenas: serei tão pouco parecida com vocês que somente uma conscientização intensa impede vocês de me perseguirem? Ou de me mandar sair da mesa do café-da-manhã onde um de seus filhos me serve a terceira xícara de café e falávamos ainda há pouco do verão quando as formigas invadiram o escritório do papai?

Mas não foi isso que quis dizer, como você pode...? Acredito que a catástrofe judaica não pode ser explicada com esse argumento da idade da pedra e com os ratinhos do professor de veterinária. O nazismo foi produto de uma civilização evoluída que saiu de seus trilhos podres, ninguém poderia saber como e quando, ao passo que se pode prever com alguma certeza um comportamento primitivo cujos trilhos ainda estão novos e firmes. O que aconteceu aqui na Alemanha foi civilizado e por isso arbitrário. Arbitrário significa voluntariamente escolhido.

Sem dar margem a qualquer indelicadeza, Christoph insinua que eu não poderia emitir um juízo moderado sobre as catástrofes que nos ameaçam hoje em dia, pois para mim tudo seria catastrófico desde a origem, também não entenderia o princípio "esperança" por razões biográficas. Respondo que talvez também a capacidade de julgamento dos antigos membros da juventude hitlerista tivesse sido afetada por sua educação. Considera descabida a observação. Sua superioridade afável o ajuda a não compreender o que digo. Pois você ordena tudo o que digo em um contexto criado por você, de modo que cada palavra que digo se converte imediatamente em um sapo que escapa de minha boca, como no conto infantil. "Mas nós somos ecologicamente corretos", diz você surpreso, "e achamos os sapos tão bonitos quanto qualquer outro animal." Mas você mesmo não quer cuspir sapos, e sim moedas de ouro que devem ser colocadas na balança dourada.

Continuo dizendo, sem muita esperança de que me escute, que é possível que, a partir de minha vida atípica, alguns pensamentos tenham se cristalizado, que pareçam dignos de reflexão também a pessoas que se criaram de outra maneira. Sim, escutou e solta uma risada. Considera perverso, embora tenha lido Sigmund Freud, que se possam medir circunstâncias normais com normas estabelecidas a partir de circunstâncias anormais. Com uma reação nervosa, procuro em minha bolsa pelo passaporte americano para certificar-me de que ainda está ali, como uma criança que tem a necessidade de acariciar depressa seu bichinho de pelúcia.

Há pouco, Christoph disse que uma mulher pode ter a necessidade de agradar também aos mortos. A frase me agrada, pergunto-me se estaria se referindo a mim. Porém, era o papel de Antígona. A palavra de Antígona que aflige os estudiosos, ou seja, o fato de que um irmão morto é insubstituível, ao passo que se pode encontrar um outro amante entre os muitos homens vivos, essa palavra é tão convincente para mim que não precisa ser interpretada. É biologicamente correta e uma explicação lógica de seu ato. Lembro Christoph de como fomos juntos em Regensburg para assistir à *Antígona* de Anouilh. Penso nas duas mulheres, Antígona e Ismênia, a fumar no palco, a primeira modernização de um tema clássico que vi. "Sim", diz com vivacidade, "e um veterano de guerra com um braço só representou Creonte." Nesse eu não tinha pensado, mas fez-se presente de imediato, além do mais, de perfil. Na conversa com Christoph, capto, à semelhança de um fósforo que se incendeia, o odor, a sensação indescritível, a sensibilidade aguda daqueles anos de juventude no pós-guerra. A lembrança nos une. A lembrança nos separa.

Esta é uma perspectiva sua, diz Christoph, depois de ter lido. Tudo isso está projetado em teu próprio firmamento. Eu o cito para deixá-lo dizer a última palavra — mas ao querer deixar a ele a última palavra, não o faço, mas sim, ao contrário, atraio para mim o olhar do leitor. É o mesmo que fazem os jornais com as cartas dos leitores, dizem vocês em tom de repreensão. Admito. É assim mesmo.

9.

Apesar de os documentos estarem em ordem, houve atrasos até que tivesse início a viagem marítima. Já estávamos a caminho e os trabalhadores do porto entraram em greve em Nova York. Tivemos de esperar, em alojamentos semelhantes aos dos campos de concentração, na caserna da rádio de Munique e em Bremerhaven; por isso sei como teria me sentido mal em um campo de *displaced persons*. Eu lia ou tentava ler o que me caía nas mãos em inglês, vagava por Munique e por Bremen, ambas destruídas, visitava as atrações turísticas e freqüentava os teatros, *in limbo*, como as almas pagãs em Dante, uma paisagem feita de expectativa e incerteza onde o ar rescende a esperança e despedida.

Quando pisei na ponte de embarque de nosso navio, olhei fixamente para meus sapatos e para o chão sob a sola dos pés e pensei: "Este momento você tem que guardar na memória, este momento em que você está abandonando a Europa". Minha memória recebeu esta ordem, por assim dizer, com um dar de ombros e guardou aquele instante. Não foi muito significativo, pois no navio estávamos junto com emigrantes, tal como nas semanas precedentes. Muitas vezes guardei na mente determinados momentos festivos ou aparentemente típicos, e eles sempre se revelaram irrelevantes. Os momentos importantes só se tornam significativos ou típicos vistos pelo filtro da memória. Quando o presente tenta determinar com grande júbilo os juízos de valor do futuro (como: "Estamos vivendo um momento histórico!"), ao olhar retrospectivamente somos levados a bocejar sem nem mesmo colocar a mão diante da boca.

Mais tarde, considerei essa época do pós-guerra na Alemanha um tempo perdido de minha vida, e pensava tristemente que poderia pronunciar muito melhor o "r" inglês, que é tão incompatível com o som gutural austríaco, se tivesse chegado a Nova York aos treze anos. Porém, justamente os dois anos e meio na Baviera são responsáveis por ter engolido o anzol de uma cultura adequada para mim, por ter sido presa num conflito pessoal e íntimo, tendo essa cultura me trazido de volta à terra. Navegamos em um antigo navio de guerra, o *S. S. Ernie Pyle*, batizado com o nome de um conhecido jornalista e correspondente de guerra norte-americano. O *Ernie Pyle* era velho, o capitão desviava cuidadosamente de qualquer tempestade, de modo que viajamos por duas semanas. Dormíamos em uma cabine grande, abafada e desconfortável, o que, aliás, pouco me incomodou. A comodidade somente se tornou interessante para mim com o passar dos anos. Durante o dia, ficava horas a fio no convés, sentada sobre um monte de cordas (não havia cadeiras no convés, não se tratava de uma embarcação de luxo) e observava o mar, libertando-me da Europa, ou seja, da única Europa que conhecia, a de língua alemã. (Quando voltei a pisar em solo europeu, tinha o dobro da idade.)

Havia também ucranianos a bordo, dos quais vez por outra ouvi observações anti-semitas. Um marinheiro americano disse: "Mas essa gente nem conta nos EUA. Permanecem bem embaixo", e demonstrou a posição social inferior que antevia para aquelas pessoas curvando-se um pouco e mantendo a mão aberta sobre o chão. Essa demonstração me tranqüilizou e inquietou ao mesmo tempo. Não importa quanto desejasse que esses anti-semitas não alcançassem honras ou prestígio na América, não pude evitar de perguntar a mim mesma por que nós teríamos uma sorte melhor. O desprezo por um grupo antes que seus membros tivessem tido individualmente a oportunidade de se afirmar, como se também no país das mil possibilidades fosse impossível que certos estrangeiros fincassem o pé: isto não me convencia em absoluto. De sobremesa serviam regularmente sorvete em pequenos recipientes de papel fechados. Ao abrir a tampa, podia-se admirar no verso a fotografia de um artista de cinema, ora um homem ora uma mulher. Pareciam maquiados e retocados, esses rostos que se mantinham sempre dispostos para seu público. Brotou em mim uma certa mania por coleções: não guardei as tampas de papel, no entanto, era tomada de curiosidade todos os dias para saber qual rosto famoso, embora ainda desconhecido, mas sem dúvida com aparência bem americana, se apresentaria na hora do sorvete. O sorvete e a tripulação, essa era a América a bordo do *Ernie Pyle*.

Quando desembarcamos, o porto de Nova York estava envolto numa névoa cálida. Era um dia de outubro quente, úmido, bem típico do clima da cidade, estranho para nós, europeus. A Estátua da Liberdade estava rodeada de nuvens. Vestidas com roupas pesadas demais, com nossos disformes casacos alemães do pós-guerra, pisamos em terra. Minha mãe perguntou a um funcionário do porto: "Para onde vamos agora?" e ele respondeu: "Para onde quiser, prezada senhora (*gnädige Frau*). A senhora se encontra em um país livre". ("*Wherever you like, lady. It's a free country.*")

Uma tradução totalmente errada, diz uma colega americana, rindo. Ela tem razão, mas que alguém tente traduzir melhor. *Gnädige Frau* (prezada senhora) é uma forma de tratamento mais formal e distante, enquanto *lady* soa pouco formal, não importa o que diz o dicionário; e *a free country* não designa aqui nada mais idealista do que o fato de que ninguém dá a mínima para o que alguém faça ou deixe de fazer. Por longo tempo, fomos emigrantes, agora finalmente éramos imigrantes, e Nova York, a cidade dos imigrantes, nos recebeu.

QUARTA PARTE

Nova York

1.

Uma cidade de imigrantes é uma cidade na qual os moradores locais sabem manter os imigrantes a distância, uma cidade que cuida para que gregos e troianos não se misturem. Ao mesmo tempo, uma cidade assim é um lugar onde há espaço para os imigrantes, e até mesmo para a liberdade de movimento, do contrário não haveria tanta gente chegando, porém, nesse grande parque de jogos, só excepcionalmente ocorrem jogos em comum. Pouco depois de nossa chegada, decidi aventurar-me até Barnard, o correspondente feminino da Universidade de Columbia, para perguntar se poderia estudar lá. O sorriso de desprezo com que me despacharam continha sua própria e inequívoca argumentação: você acaba de descer do navio, obviamente não tem dinheiro e quer um lugar em nossa famosa universidade. Vá aprender primeiro quem é quem por aqui. Nova York sabia muito bem mostrar os dentes para a imigrante.

Depois de algumas noites em um abrigo asqueroso, posto à nossa disposição pela organização de auxílio aos judeus, onde pude pela primeira vez comparar as baratas de Nova York com os percevejos vienenses, mudamos para um apartamento minúsculo, porém bem situado, em Manhattan, com preço relativamente acessível, mas que ficava bem abaixo do telhado e, assim sendo, se tornava insuportavelmente quente no verão. Um irmão mais velho de meu pai e sua mulher, emigrantes de antes da guerra que finalmente podiam se dar ao luxo de algo maior, acabavam de se mudar quando chegamos e nos pouparam assim de sair à procura de moradia.

Minha mãe, que não aceita presentes nem favores com facilidade, logo encontrou trabalho. Em Regensburg, trabalhando junto à UNRRA, sua tarefa fora a de proporcionar o reencontro de famílias dispersas. Em Nova York, vinda da Europa faminta, passou a fazer massagens por um dólar a hora em mulheres gordas que imaginavam perder peso com o esforço de outra pessoa. *More, more*, exigiam energicamente, quando minha mãe não massageava com a devida energia a indesejada gordura americana.

Éramos pobres. Até então eu não conhecera a pobreza, pois o dinheiro de fato representara em minha vida papel pouco importante, praticamente nulo. Na Alemanha, antes da reforma monetária, pagávamos nossas compras com café e cigarros, caso se tivesse acesso a esses bens. Aqui, o dinheiro era uma preocupação constante.

Os refugiados com os quais mantínhamos contato tinham pouco em comum com os famosos intelectuais e exilados em torno dos quais hoje lampeja a aura de uma gloriosa nostalgia. Eram gente modesta em sua maioria, entre eles alguns médicos cujo horizonte intelectual nunca deve ter sido muito amplo, que agora ganhavam mais do que no início e achavam bastante justo que a leva seguinte de imigrantes também passasse por tempos duros. Aqui é preciso subir com o suor do próprio trabalho. É preciso começar por baixo. Contavam prazerosamente onde era embaixo. As mulheres trabalharam como faxineiras. O fato de termos sido operárias escravas na mesma época não tinha nada a ver com o assunto. (Em Göttingen, no ônibus, duas mulheres conversam atrás de mim: esses que vêm da RDA para cá querem conseguir tudo na hora. Pois então, não tinham elas trabalhado por quarenta anos, eles que agora arregacem as mangas também e não esperem que lhes seja servido *chantilly* com açúcar. Como essa gente viveu do lado de lá nesses quarenta anos é um outro assunto. Penso em nós na Nova York de então.)

Todos queriam nos mostrar como eram americanizados. Corrigiam e ridicularizavam uns aos outros quando falavam inglês. E desprezavam a si mesmos por não serem reconhecidos como americanos. Diziam desdenhosamente, por exemplo: "Esse daí também não chegou aqui com o *Mayflower*". (*Mayflower*, o navio dos "patriarcas peregrinos" do século

XVII, é também o nome de uma grande firma de transportes.) Tentam compensar o autodesprezo com bravatas e em seguida passam a ironizar as bravatas. Como não possuíam raízes ou classe, riam-se com a fanfarronice dos desenraizados e desclassificados. Havia uma popular canção de emigrantes na qual um cãozinho, um bassê ou um *pinscher*, afirma ao fim de cada estrofe:

> Uma vez eu fui um grande São Bernardo,
> lá do outro lado, lá do outro lado, lá do outro lado.

Acreditavam que podiam extirpar o passado envenenado, mas ao fazer isso cortavam a própria carne, por não saber fazer tal cirurgia.

Meu tio, que nos cedera seu apartamento, era um contador que não sabia lidar muito bem com a emigração. Agarrava-se à nova cultura como se fora o supra-sumo de tudo o que é bom e não se deixava afetar por nada que questionasse suas certezas pouco firmes — no entanto, tinha alguma semelhança com meu pai, tanto que eu gostaria de ter-lhe conferido um papel de pai, por mais parcial que fosse. Inútil: para ele e para a tia, eu era arisca demais, selvagem demais, pouco civilizada, comprometedora e pouco afeita a compromissos, muito pouco americana. Parecia-lhes atrevida, faltava-me o traquejo da lisonja que moças daquela geração aprendiam desde pequenas, como boas maneiras. Não sabia dançar, soltar risinhos e agir tolamente como se faz na puberdade. Eu não era uma adolescentezinha. Achava uma idiotice que não se pudesse dizer *belly* para barriga porque se considerava a palavra muito ordinária, até a palavra infantil *tummy* era preferível ou a expressão anatomicamente incorreta *stomach*, estômago. Então aprende-se a palavra correta, mas é preciso utilizar a errada. Eu não engolia essa aceitação medrosa de tudo que fosse americano, um gesto irrestrito de aprovação. Eu fora educada para o ceticismo e a resistência, caso se possa falar em educação; de qualquer maneira, eu fora criada em outro contexto, era evidente, e não caía bem. Entretanto, minha crítica socialista ao capitalismo americano era apenas presunção infantil. Os passeios solitários à noite, e além disso, o fato de sair de férias no campo com amigas e viajar de carona até o Canadá porque era mais barato, tudo isso teria sido aceito no caso de um rapaz. Não se perdoava essa teimosia no caso de uma moça.

Tínhamos também uma "verdadeira" família americana, e quem não a tinha? Eram pessoas que já viviam há muito no país, falavam inglês sem erros e sem sotaque e nos tratavam com superioridade, como a geração de nossos avós havia tratado os judeus poloneses e russos que, fugindo dos *pogroms* do Leste europeu, chegavam à Alemanha ou à Áustria falando um alemão que facilmente se transformava em iídiche, tal qual nosso inglês aqui na América acabava virando alemão.

Esses americanos eram bem situados e logo depois de nossa chegada, quando tínhamos pouco mais de um mês no país, convidaram-nos cheios de cerimônia para a comemoração tipicamente americana do *Thanksgiving*, o dia de Ação de Graças, uma lauta ceia em sua enorme casa de Long Island. Antes da refeição, uma menina ligeiramente mais jovem, muito mimada, foi incumbida de me entreter, uma tarefa que logo se tornou para ela um enorme sacrifício, e quando percebeu como era trabalhoso conversar com uma estrangeira de poucas palavras, pediu que eu lhe escovasse os cabelos. Para ela isso era muito bom para os cabelos, só era preciso fazê-lo de modo constante e por muito tempo, além disso, era algo muito agradável. Assim, escovei-lhe os cabelos, perguntando a mim mesma se isso era comum na América. Seria eu aqui uma convidada ou uma empregada?

Suspirei aliviada quando nos chamaram à mesa. Alívio precipitado. O banquete começou com salsão verde, cru, como entrada. Os parentes comentaram repetidamente quanto estavam surpresos de que essa verdura não provocava nosso entusiasmo; também frisaram que não estávamos tão esfomeados quanto eles imaginavam, em se tratando de prisioneiros de campo de concentração. (Sentiram-se, talvez, traídos?) Haviam pago nossa passagem, mas tinham se recusado a patrocinar o visto para meu pai quando este ainda estava na França. Tratava-se de uma garantia de que ele não seria um ônus para o Estado, uma simples questão de dinheiro. Mas eles não eram parentes dele e sim de minha mãe e, nesse caso, com o visto, ele teria partido para os Estados Unidos sem nós, sem a família. Um pai de família americano não faz uma coisa dessas. Conversaram a respeito, eu não compreendia tudo, mas o suficiente para perceber que não se censuravam por isso, só ele merecia censura. Poderiam tê-lo salvo, pensei, mordiscando os talos verdes, fibrosos, provavelmente indigestos, de qualquer modo, pouco apetitosos. Então ele estaria ali conosco.

O jantar tornou-se desagradavelmente longo. Conversamos sobre a continuação de meus estudos. Com mais superioridade do que sutileza, aconselhavam que eu arranjasse um emprego, aprendesse inglês direito — pois com conhecimentos tão parcos de inglês não poderia freqüentar a universidade —, ganhasse um pouco de dinheiro e eventualmente estudasse um pouco à noite em uma espécie de curso superior popular. Minha mãe, ofendida, protestou. Eu seria suficientemente esperta para um *college* americano e ela cuidaria de ganhar para o sustento de nós duas.

A duração normal do estudo num *college* americano é de quatro anos. Os primeiros dois anos são dedicados a conteúdos gerais, os dois últimos a matérias específicas. Somente depois dos quatro anos inicia-se a formação profissional propriamente dita, com a *graduate school* ou as *professional schools*. Minha mãe, que assim como eu não tinha a mínima idéia a respeito, afirmou que meu objetivo era o Ph.D., o doutorado. Ficaram perplexos com a pretensão, eu nem mesmo tinha o bacharelado. Resolvi dar um tiro no escuro, afirmando que não queria nada que fosse fácil de conseguir, queria apenas aprender com afinco. Com esta observação acertei no alvo, repetiram satisfeitos.

Fomos levadas de volta para casa em um carro enorme e portentoso. Na escuridão, sentada no confortável banco traseiro, a tia distante disse para mim: "Você precisa apagar da mente o que aconteceu na Alemanha e fazer um novo começo. Você tem de esquecer tudo o que ocorreu na Europa. Apagar, como se apaga o giz da lousa com um apagador". E para que eu a entendesse com meus fracos conhecimentos de inglês, fez o gesto de apagar. Pensei que ela queria tomar de mim a única coisa que tinha, ou seja, minha vida, a vida que vivera. Não se pode jogar isso fora como se tivéssemos uma outra guardada no armário. Ela também não desejaria jogar sua infância fora, essa é minha e pronto, não posso inventar uma outra vida para mim. Por que impor regras de como eu deveria lidar com ela? Catando palavras pouco acessíveis, rechacei esta sugestão de trair minha gente, os meus mortos. A língua resistia. Sentimentos represados são, sem dúvida, bons professores de idioma. A tia mal prestou atenção naquele balbucio estrangeiro.

Quando se cogitou visitar outra vez esses parentes, recusei-me. Houve cenas com minha mãe, fui irredutível.

2.

Durante algumas semanas, preparei-me lendo intensamente livros em inglês para um exame de admissão no Hunter College, um City College para moças, financiado pela cidade, onde as estudantes eram em sua maioria estrangeiras ou da primeira geração de americanas. Lá não havia taxa de matrícula e até mesmo os livros usados em aula podiam ser emprestados.

Ditha enviou cartas de advertência de St. Louis, nas quais dizia que universidades e *colleges* americanos eram muito exigentes e que seria praticamente impossível conseguir freqüentá-los sem um diploma americano do ensino médio, e que minhas poucas aulas particulares nem mesmo contariam. No entanto, esta se revelou uma informação falsa. Eu estava até mesmo mais capacitada do que o exigido, pois não apenas meu exame de conclusão de Straubing, mas também o semestre freqüentado em Regensburg, nos quais apenas ficava sentada nos auditórios de aula e conversava nos intervalos com Christoph, foram reconhecidos. O Hunter College praticamente aceitava todas as candidatas, com ou sem formação anterior, e certificados estrangeiros eram continuamente encaminhados à administração, que não conseguia examiná-los, tal o volume. As novas estudantes recebiam então um prazo probatório e, se conseguíssemos ser aprovadas nas inúmeras provas do primeiro ano, o estudo no exterior era reconhecido. Essa solução simples do problema satisfazia a todas, pois ficávamos agradecidas e nos empenhávamos bastante. Nova York também podia ser generosa.

Era preciso submeter-se a um exame de proficiência de inglês com o acerto mínimo de 65 pontos entre 100. Eu não conseguiria aprovação, afirmava o círculo de amigos e parentes, estava há menos de três meses no país. De fato, o resultado foi ruim, voltei bastante sorumbática para casa, subi devagar os cinco andares. Minha mãe me esperava junto à luz acesa da porta, digo a ela, fui reprovada; com certeza fica consternada pois percebe que falo sério. Agora terei de esperar até o semestre seguinte ao invés de até fevereiro, mais seis meses em vez de algumas semanas, o que fazer nesse tempo? Pois ela não queria que eu arranjasse um emprego e Nova York era uma cidade verdadeiramente estranha: ameaçadora, deprimente. Alguns dias mais tarde, o resultado chega com o correio:

fizera 67 pontos. Dois pontos além do mínimo: agora chegara a minha vez, sucesso, sucesso. O máximo do sucesso, justamente por ter sido a muito custo.

Passara a vida entre mulheres, isso também não mudaria em Nova York. Os homens existiram somente à margem, na família, nos campos, também após a guerra. Os homens nos dominavam a partir da margem e minha mãe insistia comigo que as mulheres se casam e devem "ser mantidas" pelos homens. Entretanto, a vida dela me mostrara algo diferente. Desde o começo da era Hitler até o momento em que a deixei, ela viveu sem a companhia de um homem. Em liberdade, eu a conheci trabalhando, e na época nazista seus homens eram fracos e sucumbiram.

Ao fim dos anos 40, qualquer um que tivesse um pouco de espírito empreendedor, na medida em que fosse branco, poderia subir na vida. Falava-se do mercado de trabalho como se fosse um mercado de possibilidades ilimitadas, sem acrescentar: "Para brancos". As quotas e barreiras contra os judeus caíam, enquanto as mulheres se tornavam cada vez mais indesejadas, sendo cada vez mais impelidas ao trabalho em escritórios. Essas limitações só vieram à baila com o movimento de emancipação feminina no fim dos anos 60. Antes eram aceitas silenciosamente. Qualquer coisa sobre a qual não se leia ou escreva permanece em suspenso, sem solução. A incapacidade da maioria das mulheres de firmar-se em profissões mais exigentes era tida como comprovada; e comprovado estava também o contrário, ou seja, que mulheres que trabalham teriam fracassado em encontrar um marido. Uma amiga contou-me que quando estava à procura de um orientador para sua tese de doutorado, o professor a despachara com as palavras: "Para que a senhora precisa de um título de doutor? A senhora não é aleijada nem nada!". O professor considerava isso um elogio, diz ela surpresa e sofrida. Quantas de nós teriam se casado cedo demais apenas porque parecia não haver coisa mais proveitosa a fazer?

O Hunter College era o correspondente feminino do CCNY, City College of New York, assim como Barnard era o *college* para moças correspondente a Columbia. Os estudantes do sexo masculino do CCNY eram ambiciosos, de olhos fixos no futuro. Preparavam-se de fato para alguma carreira. Entre nós, podia-se cursar *home economics* como matéria principal, uma "área" que deveria preparar e capacitar a estudante para a economia doméstica e a maternidade. Nós, as *Hunter girls*, cantávamos em reuniões obrigatórias a nossa canção: "Ser famosa no mundo inteiro,/ É o desejo da verdadeira filha de Hunter" (*"Fame throughout the wide world/ Is the wish of every Hunter daughter true"*), porém a cantávamos com desprezo, uma canção idiota, sabíamos que tínhamos a escolha entre ser professora, bibliotecária, assistente social e dona de casa, e que nenhuma dessas profissões era muito gloriosa. O Hunter College era algo intermediário entre um liceu para filhas de classe média, não para as da classe alta, e uma universidade normal, e eu achava que o nível correspondia a isso, um misto de infantilidades (por exemplo: ginástica e cursos obrigatórios de higiene) e aulas emocionantes sobre literatura, ministradas por docentes, homens e mulheres, de formação primorosa. Docentes mulheres: tínhamos mulheres como exemplos, uma vantagem não desprezível. Mais tarde, mal teria tido a coragem de seguir uma carreira acadêmica não fossem essas mulheres que me fizeram ler Shakespeare e Faulkner no Hunter College.

Escrevia agora poemas em inglês. Eram em parte experiências formais e em parte um trabalho de luto, uma expressão que ainda não conhecia. Afinal, recebi dois prêmios do departamento de inglês, um deles em um concurso de poemas. Mais tarde, esses prêmios compensaram parcialmente minhas péssimas notas e abriram caminho para eu ser aceita em Berkeley, como *graduate student,* com matrícula gratuita.

Os vestidos, os sapatos, as manias do novo ambiente eram para mim pouco confortáveis. Minha mãe falava de modo depreciativo de mulheres e moças que só pensam em "trapos". Eu estava de acordo, queria vestir-me de modo a não chamar a atenção e de preferência a gastar o mínimo possível, pois tínhamos pouco dinheiro. Segundo uma tradição de velhos imigrantes de Nova York, comprávamos nossas roupas nas lojas de departamentos de preços módicos, na Union Square. Antes da guerra, minha mãe fora uma mulher elegante e esportiva e agora tinha outra vez um bom aspecto. Confiava nela a princípio, mas logo comecei a desconfiar. Obrigava-me a vestir roupas de menininha e eu já era bem crescida. Ganhei uma bolsa de alça ornada com um cavalinho de metal dourado. Um casaquinho vermelho para combinar com um vestido vermelho, de tom diferente. Eu sabia que estava errado, mas não sabia o que era certo. Vermelho combina com tudo, dizia ela.

Os cabelos cresciam desordenadamente revoltos e não havia como domá-los com permanente algum. Nos anos 60, meu filho considerou sua cabeleira parecida, herdada de mim, como um gracioso dom da natureza, contudo, no fim dos anos 40 aqueles cabelos combinavam perfeitamente com a imagem indomada que os velhos emigrantes faziam de mim. Quando pedia à minha mãe que me ajudasse a resolver o problema, ela se divertia às minhas custas ("Penteie-se mais vezes", dizia), o que me fazia ferver de raiva. Assim como me acariciava e me esbofeteava alternadamente quando eu era criança, ela fazia agora elogios efusivos ou criticava minha aparência enfaticamente, de um instante a outro. Alternadamente, assegurava-me de que eu era muito bonita e que eu deveria me esforçar mais para achar um marido. As duas afirmações me pareciam inadequadas e constrangedoras.

Com determinação, minha mãe mentia sempre a sua idade, alegando ser mais jovem (faz isso até hoje) mais ou menos seis anos, justamente o período da guerra, como se nesse tempo não tivesse ficado mais velha. Suas lembranças não coincidem com as minhas. Para ela, eu era a criança passiva, eventualmente a pobre criança que superou os anos do nazismo meio inconsciente e meio ignorante. Uma figurante, uma personagem secundária em seu drama. Sua propriedade, seu bem. Um sonho reincidente que ela conta para mim como prova de seu amor materno: um quarto de doente, eu deitada na cama, ela, de pé, ao lado, transbordante de compaixão. Sua volúpia ao narrar. Ela condensa energia, verte ácido nas feridas. Quando dizia: "Você é tudo para mim", não estaria afirmando que eu não devia crescer e me emancipar? No entanto, de fato, ela não possuía muitas outras coisas além de mim.

3.

O Holocausto existia como fato, mas não como expressão e, portanto, tampouco como conceito. Simplesmente muitos judeus, entre outras pessoas, tinham sucumbido na Segunda Guerra Mundial. Somente no começo dos anos 70, a palavra tornou-se corrente, demarcando o acontecimento. Se a palavra hebraica *Shoah* é adequada, como se tem afirmado recentemente, não me importa, basta que haja uma palavra qualquer que possa ser utilizada sem rodeios e explicações complementares. Pois as palavras, as palavras simples que aparecem em definições nos dicionários, nem mesmo as palavras empoladas, são as que cercam e criam um marco para o pensamento; do contrário, é preciso explicar a cada vez o assunto em discussão, e o interlocutor nem sequer presta atenção, vaga com seus pensamentos em outro lugar ou se irrita por acreditar que está sendo doutrinado, e por isso se atém a divagações, a explicações complementares.

O presidente de nosso College, com o nome alemão de Shuster, embora sem o "c", posicionou-se em um discurso contra os processos de Nuremberg. Os vencedores teriam o poder, mas não o direito de julgar os vencidos por crimes cometidos na guerra. Eu conhecia este argumento, em sua aparente importância fundamental, supostamente justa, desde a Alemanha. Talvez fosse possível deixar de perceber a diferença entre crimes de guerra e crimes contra a Humanidade caso não se tivesse a experiência na própria pele, e até que Hannah Arendt a determinasse com clareza. Contudo, era indesculpável que o senhor Shuster discursasse sem consideração a seu público, que pouco lhe importasse que as *Hunter girls* fossem em sua maioria judias, entre elas um bom número de refugiadas da Europa. Ou talvez quisesse apresentar seus pontos de vista *a nós*, para quem os processos de Nuremberg não eram meramente um ato de vingança contra um punhado de nazistas, e sim a primeira reflexão pública da catástrofe judia? Certamente, eu não era a única a me sentir atingida. Nossos professores falavam sobre a *blitz* na Inglaterra, mas nenhum deles perguntou à classe se lá havia alguém que tivesse vivido os bombardeios. Um véu sobre nossas experiências.

Anos depois, eu estava casada com um historiador que lecionava história européia em Berkeley: ele chega à era Hitler e lhe pergunto se gostaria que eu falasse a seus alunos, durante uma hora, sobre os campos de concentração. Algo se transforma em seu rosto, uma grade cai diante de seus olhos, ou melhor, uma ponte levadiça se ergue, ouve-se um murmurejo, lá embaixo tem água parada, amarelo-esverdeada, cheia de algas. Ainda quero acrescentar que não sugeri nenhum *strip-tease* na classe, mas penso "não o censure, é um veterano de guerra; esses veteranos representavam a vitória do bem sobre o mal". Éramos como doentes de câncer que lembram às pessoas saudáveis que estas também são mortais. Freqüentemente conta para mim como sentira frio no inverno de 1944-45. Certa vez, me senti compelida a dizer que eu mesma me lembrava muito bem daquele inverno rigoroso sobre o qual ele discorria; porém, sem os bons cobertores, as roupas quentes e as rações generosas das forças americanas, a lembrança era ainda mais viva. Exaltou-se porque eu lhe impunha recordações que competiam com as dele. Aprendi então que as guerras pertencem aos homens.

As recém-chegadas eram advertidas acerca de assaltos e lugares que, de preferência, não deveriam ser freqüentados. Desagradava-me o tom confidencial, mas algo prazeroso, com o qual se falava sobre o perigo que corriam as moças, principalmente no Central Park, diziam, e especialmente após o pôr-do-sol. Os homens discorriam a respeito desses perigos especificamente sexuais com um certo orgulho de seu excesso de virilidade ("eu também poderia..., sei como é facil...", "você é uma mocinha e ainda não pode avaliar isso"), como se o problema residisse apenas na musculatura geneticamente mais fraca das mulheres e não na perversidade da violência que sempre se volta contra os mais fracos e para a qual a moral do cavalheirismo só serve de camuflagem, e ainda assim com uma camada muito fina, como a guerra nos mostrou. Incomodava-me que os "conselheiros" mencionassem os criminosos de maneira tão tolerante, como se os homens praticassem más ações mas não fossem maus, simplesmente eram homens, e as mulheres, graças à maior fragilidade inata, dependessem da generosidade desses homens. Homens a quem eu não devia provocar e tampouco pôr à prova. Era como se tivéssemos de ser gratas aos "conselheiros" por sermos deixadas em paz. Tinha na ponta da língua a afirmação de que já correra riscos maiores do que passear em Nova York, o que teria sido indesejado e ilógico, de qualquer modo, devido ao tom impertinente, e até mesmo supersticioso, pois não se pode evitar os perigos de hoje tendo em conta os que foram superados no passado. E, no entanto, aquelas pessoas não eram capazes de imaginar que, mesmo recém-chegada ao país, eu não deixava de estar familiarizada com o ABC da violência?

Pertence a esse conjunto de ponderações o fato de que não se via com prazer o número do campo de concentração. Símbolo da humilhação, dizem as pessoas, tire-o. Símbolo da capacidade de viver, digo eu, pois quando já não precisava negar a mim mesma e negar meu nome, fazia parte da libertação não ter de esconder o número de Auschwitz. No entanto, hoje é mais fácil, dizem vocês, existem os métodos mais diversos, dizem vocês. Laser é uma sugestão. Talvez ainda o faça, talvez mude de opinião, ainda tenho alguma folga. "Quem lhe dá o direito de andar por aí como um monumento?", me pergunta um judeu mais velho. Ditha também teve de ouvir que não deveria incutir sentimentos de culpa em outrem com aquele número. Não deveriam analisar por que a simples visão de tal número os torna tão agressivos? (O que deveríamos então pensar quando vocês juram espontaneamente que nunca esquecerão?) Ditha assente. Há algo ligado ao número, um pedaço de vida e muita memória. Multifacetado é o seu significado. Depois, há os puristas bem-intencionados da geração seguinte. Quando se carrega tal número, diz a mim a filha de um antigo prisioneiro de Buchenwald, não se deve escondê-lo com pulseiras ou coisa parecida. Por que não? É possível ter desejos diferentes em épocas diferentes. Por que essas prescrições que, como qualquer forma de coação, deveriam ser suspeitas? Acontece a mesma coisa com o sobrenome que se adquire ao casar, no caso de divórcio: algumas pessoas querem livrar-se dele, outras querem mantê-lo. A escolha, assim me parece, é moralmente neutra. Quando fui garçonete, os fregueses me perguntavam muitas vezes que número era aquele. Tinha que rir, porque não sabiam ou fingiam não saber, e entre a cozinha e as mesas não há espaço para explicações. Para livrar-me dos curiosos, dizia ocasionalmente que seria o telefone de um namorado, meu *boyfriend*. Um felizardo, disse um freguês. Vejo meus leitores balançando a cabeça com estranheza. Sinto muito. Eu era livre, podia dizer o que quisesse e isso me deixava contente.

Algumas pessoas se aproximavam de mim com fantasias de bordel, querendo saber se eu fora estuprada. Eu respondia que não, mas que por pouco não tinham me matado, e lhes explicava o conceito de "profanação da raça", pois acho interessante que um conceito maldoso pudesse servir de proteção abrangente, embora não absoluta, para mulheres judias.[1] Quando se esvanecia o interesse, sabia-se que a pergunta íntima servira a um interesse falso. Pois existe uma pornografia dos campos de con-

---

[1] A autora alude à proibição oficial de relações sexuais entre arianos e judeus, consideradas como *Rassenschande*, "profanação da raça", penalizada por lei. (N. da T.)

centração, a idéia do poder absoluto sobre outros seres humanos desperta sentimentos voluptuosos.

"Caso se pergunte ou não", diz um leitor balançando a cabeça, "você nunca está satisfeita."

Também tinha de rir quando as pessoas tentavam me impingir suas idéias a respeito de como é a vida de uma mulher ou de uma criança, sem pensar duas vezes sobre isso. Justo a mim, que nunca levo um guarda-chuva comigo, provavelmente porque guarda-chuvas fazem parte dos apetrechos de uma vida burguesa bem situada e que a mim foi arrebatada desde criança, e estou tão acostumada a andar na chuva sem cobrir a cabeça, justo a mim diz um homem, um alemão, que cavalheirescamente segura o guarda-chuva sobre minha cabeça, que talvez eu não usasse guarda-chuvas porque fora "guardada" a vida toda por cavalheiros, e ainda fica satisfeito com o péssimo trocadilho. Armazeno esta cena mentalmente no mesmo arquivo em que coloquei um pediatra americano que se surpreendeu quando peguei catapora de meus filhos pequenos. Como, a senhora não teve isso na infância? Eu devia ter tido uma infância muito resguardada. "*A sheltered childhood.*"

A pior doença infantil que tive, no entanto, não foi a catapora, e sim o pavor da morte, essa sensação de estar numa jaula e que se transformou, em Nova York, na tentação mortal das depressões. Pois então o passado ressurgiu de verdade e alastrou-se como um deserto às minhas costas. Fôramos "cavaleiros sobre o lago de Constança", que só ao olhar para trás percebem a água que quase os engolira.[2]

Sentia que não possuía valor algum, via-me através de olhos estranhos e havia horas em que tinha a sensação de que não fora libertada, e sim que tinha fugido de tudo rastejando como um percevejo quando a casa é dedetizada. Com certeza, uma imagem como esta é um efeito retardado da propaganda nazista, mas em uma época que menosprezava as mulheres era natural que eu mesma me desprezasse.

[2] Referência a uma lenda suábia, recolhida por G. Schwab em sua balada "O cavaleiro e o lago de Constança" (1826): um homem atravessa de noite a cavalo a superfície gelada do lago; ao se dar conta, já na outra margem, do perigo que havia corrido, cai morto do cavalo. (N. da T.)

Eu acreditava firmemente, embora os homens o contestassem, coisa incompreensível, que as mulheres são mais tenazes e vitais que os homens. Mas também menos valiosas; o fato de que nossos mortos fossem homens significava conseqüentemente que os mais valiosos da família não estavam mais vivos. Tinha agora a mesma idade de meu irmão e logo seria mais velha. Era supérflua. Gostaria de ter sido um homem e, seguramente, não judeu.

Naquele primeiro ano, senti-me acometida por um mal-estar geral, difícil de precisar e que aumentava mais e mais. Hoje dá-se a isso o nome de choque cultural, essa mudança para um outro país. Um dos sintomas era um medo patológico da rotina dos freqüentes exames do College. Tornaram-se uma obsessão para mim, e dias antes não conseguia pensar em outra coisa, muitas vezes fazia péssimas provas mesmo que estivesse preparada. Razão pela qual minha mãe fez com que eu procurasse Lazi Fessler. Ele era psiquiatra e amigo íntimo de meu pai; conversar com ele certamente me faria bem. Na verdade, não tinha idéia do que faz um psiquiatra, só que lida com os nervos e com "estados de nervos". Pareceu-me sensato que alguém assim pudesse me ajudar a organizar os meus diversos problemas.

4.

Está vendo, digo a meu pai, você não teve amigos. Não amigos que mereçam esse nome. Discuti longo tempo com ele, pois o vi transformado e incorporado durante algumas semanas em um psiquiatra que não entendia nada da alma humana.

Esse tal de Lazi Fessler convidara minha mãe algumas vezes para jantar, e numa dessas ocasiões ela deve ter lhe contado algo a nosso respeito e dado a impressão de que eu era uma pessoa difícil e exigia muita paciência. (Naturalmente, eu pensava o contrário de mim, considerava-me uma filha pouco exigente.) Talvez ela tivesse a intenção de se casar com ele, que era ainda solteiro. Sacrificar-se pela filha é equivalente a sacrificar-se por um homem, o termo é o mesmo, mas ele se casou depois com uma americana. Era impossível competir com as americanas, ouvi minha mãe dizer com freqüência.

Ele tinha um consultório movimentado em *midtown* Manhattan, pois a psiquiatria era uma área na qual um sotaque austríaco inspirava confiança. A psicanálise de bosques e pradarias de Viena, que reinava em Nova York na época, evitava a crítica social e as relações entre os males psíquicos e históricos, pois estávamos em plena fuga do excesso de história que tínhamos acabado de deixar para trás. Todos os problemas psicológicos tinham origem na própria pessoa. Lá fora não soprava nenhum vento gelado.

Devido a seus pesadelos, Ditha também procurou uma psicoterapeuta durante seu curso de enfermagem. Ouviu da especialista que o campo de concentração não poderia ter um significado duradouro para ela, porque tinha mais de seis anos de idade. Segundo esta lógica, digo-lhe impassível, os campos de concentração não provocaram danos psicológicos em pessoa alguma, pois as crianças de menos de seis anos mal tiveram alguma chance de sobrevivência. Mas tratava-se mesmo da verdade ou de uma ofensa premeditada? Pois havia também a opinião contrária, a de que os danos dos campos de concentração seriam incuráveis. Quando pela primeira vez se candidatou para estudar em uma escola de enfermagem, ainda por cima uma escola ligada a um hospital judaico, Ditha foi recusada. Sem rodeios, disseram o motivo à sua tia e à minha mãe: alguém que estivera em um campo de concentração não servia para a profissão de enfermeira. Seus sofrimentos passados prejudicariam a capacidade de cuidar dos pacientes. (Para que vocês saibam quem são.)

Então, certo dia fui até o consultório psiquiátrico do senhor Fessler, imaginando que ali, naquele endereço da Quinta Avenida, fosse a sua casa. Esse amigo de meu pai nunca me convidara à sua casa, porém já viera nos visitar em nossa humilde residência. Naquela ocasião, retrucara violentamente a algo que eu dissera, não me lembro mais do contexto, talvez porque eu tivesse me metido na conversa ao invés de ficar sentada sorrindo, em silêncio. A repreensão daquele senhor estranho veio inesperadamente e fiquei tão nervosa quanto ficara alguns meses antes na universidade de Regensburg, quando picotava o papel porque os professores clericais inconfessadamente me amedrontavam. Desta vez, eu trançava as franjas da toalha de mesa e ele logo considerou isso uma falta de educação, como se fosse educado chamar minha atenção em minha própria casa. Apesar dessa insolência, não me tratava por você, o que eu teria visto como um detalhe carinhoso, pois só tinha dezesseis anos e meu pai fora, supostamente, seu amigo. Minha mãe manteve silêncio e limitou-se a escutar com um sorriso cansado, parecendo assim lhe dar razão e conceder-lhe o papel de pai.

Depois daquele incidente, eu deveria ter pensado se ele seria a pessoa certa para os meus problemas. O que hoje compreendo um pouco, na época, nada, era que esses homens tinham seu próprio programa: a catástrofe judaica como humilhação, não como a tragédia de mártires estilizada que se tornou desde então. "Os judeus já não morrem mais na câmara de gás", diz um robusto israelense em um filme popular antes de começar a soltar tabefes. O público se diverte, os críticos citam a frase. É justamente isso que eles têm contra nós, o tio, Lazi, todos. O fato de termos sido as mães que eles abandonaram, éramos as mulheres e as crianças que eles, como homens, deveriam ter protegido. Enquanto que eu, sintonizada em outra freqüência de onda, queria participar de suas memórias. Queria que eles me deixassem aproximar delas. No fundo, queria chegar a meu pai através deles, queria pessoas que pudessem substituí-lo de algum modo, uma última tentativa de ainda encontrá-lo. Era pedir demais. Contudo, esses homens soavam como ele, o som de sua voz ainda ecoava em meus ouvidos.

Falávamos alemão, era então mais fácil para mim, talvez também para ele, não me recordo de seu inglês. Contei-lhe minhas dificuldades no College. Aprender em uma língua estrangeira ainda era possível de certa forma, não uma maravilha, mas tornava-se mais fácil a cada dia, apesar do pânico provocado por aquelas malditas provas, nem mesmo tão difíceis. Se eu tinha amigos? Ainda não, ainda nenhum grupo de verdade, respondi pesarosa. Era o primeiro semestre, essas coisas levam tempo. Com isso, ele encontrara seu ponto de partida. Minha resistência em me adaptar, minha altivez. Não, não, disse eu defensivamente, não era nada arrogante. É que ainda não entendo que ali, no consultório, não é a mim que compete decidir sobre as minhas virtudes e os meus vícios.

Inocentemente, conto a Lazi Fessler como eram as coisas em casa, as constantes desavenças, como eu não conseguia fazer nada que satisfizesse minha mãe, como ela nunca me dava um momento de paz, julgando negativamente qualquer um de meus movimentos. Quando ela recebia visitas, não permitia que me retirasse discretamente (admito: não havia muito lugar em nosso apartamento, sim, mas havia dois cômodos), ao contrário, desmascarava-me diante dos convidados e, quando eu dizia que tinha trabalho a fazer, ou seja, estudar, respondia de pronto que estudar não é trabalho, você não trabalha, eu trabalho para você. Por isso me desagradava estar com ela e saía sempre que possível, ia à biblioteca, a museus, passear. Ela afirma que leio livros demais e exige de mim que encontre um *date*, um *boyfriend*, um rapaz com quem sair, coisa que nem penso em fazer. E caso encontrasse alguém, certamente ela só veria defeitos nele. (No Hunter College, aliás, tínhamos pouca oportunidade de conhecer rapazes, o que só aconteceu mais tarde. Isso vinha a calhar, já havia exigências demais para minha precária estrutura psíquica.) E ela entende tudo ao contrário, sempre em minha desvantagem, uma piada é recebida com seriedade, uma observação insignificante ganha uma ênfase falsa. O que fora dito transforma-se assim de tal modo que não estou mais disposta a conversar, o que, por sua vez, a torna novamente desconfiada. Queria detectar segredos onde não havia segredo algum. O que ele aconselhava, como poderia tornar equilibrada essa convivência?

Antes de ir a seu consultório, tinha ensaiado um modo de lhe causar uma boa impressão, com objetividade e autodomínio, sem lamúrias, demonstrando minha lucidez mental. Pois se consigo apagar a primeira má impressão que tivera de mim em nossa casa, então talvez se dispusesse a conversas íntimas. Por exemplo, que tipo de amizade tivera com meu pai? O que ele pensava em sua época de estudante? Perguntas do gênero. O médico estava sentado atrás de sua enorme escrivaninha que, provavelmente, me pareceu ainda maior do que era, e eu precisei me sentar em uma cadeira à sua frente, mas um pouco de lado, no canto da sala, o mais distante dele possível.

Não percebi que ele se tornava cada vez mais irritado com meus esclarecimentos "objetivos" e, por isso, quando explodiu foi como se eu tivesse levado uma bofetada. "A senhorita então acha que sua mãe é um animal estúpido?", gritou com indignação verdadeira ou fingida. Posso citar a frase literalmente, pois fora totalmente inesperada. Jamais passara pela minha cabeça chamar uma pessoa de animal, muito menos minha mãe. Justamente devido aos campos de concentração eu reajo de maneira sensível a grosserias verbais, tinha a tendência de tomar a palavra ao pé da letra. Em alemão austríaco diz-se com facilidade de alguém irritante:

"que caia um raio em sua cabeça". Ouço coisas assim como se fosse uma verdadeira praga lançada e logo olho ao redor à procura do caldeirão de bruxa no qual talvez esteja boiando um cacho de cabelos ou um par de meias do amaldiçoado, para que a maldição faça efeito. Eu não pensava que minha mãe fosse tola, ele não devia ter colocado em minha boca a história do animal. O cheiro de perigo subiu-me até as narinas. Os mal-entendidos evidentemente cresciam, e "por que estes mal-entendidos?", fora essencialmente a minha pergunta.

Terminara a sessão, aprendi as regras do jogo, a história dos cinqüenta minutos, nem mais nem menos. Recebi uma tarefa para casa. Na semana seguinte, deveria confessar meus defeitos de caráter e enumerou quais deveriam fazer parte da confissão: presunção, soberba, desrespeito. Seriam esses os motivos de minha falta de contato com os outros e, em conseqüência, a causa do medo antes das provas, por exemplo.

Não me reconheci nesse diagnóstico e tentei durante dias reconhecer-me nele. Quanto mais refletia, mais insegura me tornava. Talvez ele tivesse alguma razão, só que eu não entendia. Na sessão seguinte, falei de como era possível que alguém me achasse arrogante, já que eu não era. Obstinadamente, insisti que a convivência com minha mãe era difícil. Irritou-se. Ficou entalado em minha garganta o medo de que, no final, eu mesma acabasse me sentindo uma alienada mental. Calei e deixei-me repreender.

"Como é que a senhorita anda por aí desse jeito?", disse subitamente. "Olhe-se no espelho", apontando para um. Obedientemente olhei no espelho, com sincera estupefação. Vestia ainda meu casaco alemão, não era moderno, é certo, mas não se compra um novo quando se tem ainda um bastante razoável. Estava um pouco despenteada, admito, mas ventava lá fora, o vento era capaz de bagunçar os cabelos. A esta casa, retrucou com seriedade, vêm senhoras dos melhores círculos, o que iriam pensar? Naquele horário, não havia ninguém lá, argumentei em silêncio. Teria por isso marcado uma hora tão tarde para mim, porque sentiria vergonha? Minhas roupas desleixadas expressavam desprezo pelo mundo ao redor. Falta de experiência e pobreza não faziam parte de seu raciocínio.

Insultada e humilhada, saí de seu consultório engolindo as lágrimas. "Por que está chorando?", perguntou, triunfante, como me pareceu. Se eu me esforçava para não mostrar minha mágoa, ele também não deveria ter tocado no assunto, pensei, e neguei que estivesse chorando. No caminho para casa, argumentei com ele em pensamentos que ele poderia me corrigir, querer fazer de mim uma pessoa melhor, mas não me ajudar a lidar melhor com Nova York.

Ele ordenara que eu não voltasse ao consultório sem chapéu. Um chapéu me parecia (e parece) o acessório menos essencial que uma pessoa pode usar, exceto com tempo frio. Aqui, contudo, não se tratava de temperatura e sim de civilização, representada na moda. Comprei o chapéu mais barato que encontrei, uma boina de 80 *cents* na Woolworth (era azul-claro ou rosa), considerei isso também um desperdício, coloquei-a na cabeça e fui outra vez ao consultório.

"O que é a consciência?", perguntei-lhe, pois queria lhe dizer que os mortos não me deixavam em paz, uma vez que estava viva. Não queria confessar-lhe diretamente esta afirmação, porque soava empolada, e ele não iria acreditar em mim já que me considerava tão egoísta. De início, gostaria de ter-lhe mostrado meus poemas. Ali estavam as palavras que eu descobrira para isso, e ele não me oferecera nenhuma outra. Nem mesmo a expressão "trabalho de luto". O campo de concentração só veio à baila uma vez, e assim mesmo como se eu não tivesse estado lá, somente minha mãe. Ficou me devendo a resposta à minha pergunta. (Está vendo?)

Ver-me livre dessas conversas que me aniquilam. Ele destrói aquilo que diz "eu" dentro de mim. Tornei-me muito cuidadosa com o que revelava e o que omitia. E ele tornou-se impaciente com meu laconismo. Estava desperdiçando seu precioso tempo, dez dólares a sessão, para mim, de graça. Ocorreram então duas coisas: em primeiro lugar, não acreditei no preço que mencionara. Está mentindo, pensei candidamente. Ele não pode ganhar em quatro horas tanto quanto minha mãe, na semana inteira. Em segundo lugar, aquelas torturantes sessões revelavam-se uma esmola medida em dólares: e não se deve aceitar esmolas.

Eu deveria ter ligado para marcar uma nova sessão, mas não o fiz. O telefone toca e lá estava ele, o que quer, quer saber por que não apareço mais, faz questão de que eu lhe diga que me ajudou, faço o que pede, minto, tanto faz, não lhe devo nada, muito menos a verdade. Ele insiste, sim, consigo enfrentar os exames mais facilmente agora — no entanto, não tivera exame algum desde a última sessão. Exige que lhe agradeça, por que não, agradeço. Nunca mais usei a boina da Woolworth e continuo a fazer meus passeios pela Manhattan noturna de cabeça descoberta.

Andei refletindo se era possível afogar-se num rio, o Hudson, tendo aprendido a nadar em outro rio, o Danúbio. Também levei em consideração que o Hudson era muito poluído. E assim fui andando dia após dia, aos tropeços, sem muito equilíbrio emocional, com minhas idéias suicidas. Estudar era terapia, ler era a salvação. Isso durou ainda algum tempo.

Depressões também têm seu lado bom. São um antídoto seguro contra o medo da morte. Ou se teme a dissolução, ou se deseja ardentemente. Ambas as coisas ao mesmo tempo não são possíveis. E foi assim que aquela enfermidade infantil foi superada. Uma coisa curou a outra. Na verdade, um tratamento de choque, mas depois fica-se vacinado para o futuro. Crises de depressão sempre haverá, mas estou preparada. Entretanto, o medo da morte pode estragar o humor de tal modo que prefiro às vezes ficar sentada durante dias em estado letárgico com a sensação de que absolutamente não faz sentido algum mexer sequer o dedo mínimo.

Como esse senhor Fessler causou uma impressão profunda em mim. Só fui até ele três ou quatro vezes, e já morreu há muito tempo. Apesar disso, permanece esta profunda aversão, fico irritada quando penso nele, ao contrário das lembranças gratificantes de muitos professores do College já falecidos, que nem mesmo tomaram muito conhecimento de mim, a não ser pelo fato de terem me ensinado algo. Lazi Fessler foi (mas isso só me ocorre agora) como se os nazistas tivessem adquirido uma autoridade espiritual sobre mim que nunca tiveram na Alemanha, ou seja, de que existia alguém que não me deixava ser o que eu era (e por trás disso está a morte, uma sentença de morte, ou não?) e que, ao mesmo tempo, soava como meu pai.

O pior foi que ele pôs em dúvida, negou a mim, o dom para a amizade.

5.

Em Vermont, eu tinha a possibilidade de me matricular em cursos de verão, que eram reconhecidos pelo Hunter College. No verão de 1949, dividi o quarto numa residência de estudantes com uma moça que enfeitava sua cama com bichinhos de pelúcia, uma moda que acentuava o lado doce, infantil e feminino da dona. Era um tipo característico dos futuros anos 50, queria fazer um bom partido e tornar-se uma boa dona de casa, intenções bastante nobres, mas não era o meu caso. Respondendo à sua pergunta de que nacionalidade eu era, dei a única resposta possível, eu era judia, nascida na Áustria.

Nesse caso, eu era simplesmente austríaca, constatou; minha crença não teria nada a ver com minha nacionalidade. Com a nacionalidade não, retruquei; desde o fim da guerra, eu poderia obter um passaporte austríaco, mas apesar disso, havia uma diferença.

E ela, com a bitola da americana tolerante, que além disso sentia orgulho de conhecer a constituição: "Não pensamos assim nos Estados Unidos. Aqui, há a separação entre Igreja e Estado".

"Eu sei", repliquei com a impaciência beirando o desespero, "por isso estou aqui. Por isso espero tornar-me cidadã americana em alguns anos. Já entrei com o pedido, já tenho os *first papers.*"

Como no fundo era bem intencionada, deixei de lhe explicar por que desistira do estudante que ela me impusera como *date*. É que este me contou que ele e seus camaradas teriam fuzilado prisioneiros de guerra alemães, quando se tornava muito trabalhoso levá-los consigo. Em vista de minha inesperada reação negativa, admitiu que fora uma violação do regulamento, mas apenas uma violação do regulamento de Eisenhower. E, apesar disso, aquele homem era um herói.

Recolhi-me à biblioteca, muito bonita, porém não muito sortida, compunha inocentes versos em inglês, lia minha cota dos equilibrados versos de Alexander Pope e a prosa ácida de Jonathan Swift para meu curso, e acreditava que eu, naquela paisagem radiosa e florida da Nova Inglaterra, na verdade, me transferira novamente ao jardim do hospital judeu de Viena, só que desta vez por culpa própria, e me perguntava se o tal Lazi Fessler não teria razão em seu diagnóstico de falta de contato com o mundo por causa de minha arrogância ou pedantismo. Escrevi uma carta amável ao tio e à tia em Nova York, não recebi resposta, e imaginei que tivessem interpretado essa tentativa de aproximação como um falso sentimentalismo.

Descobri, então, que lá havia outras estudantes do Hunter College e as procurei.

Meu filho diz: "Como eram as coisas entre vocês quatro? Vejo vocês sentadas juntas como num filme em preto-e-branco, fumando muito e rindo sem parar". Ele acredita que nessa amizade pré-histórica faltam profundidade e nuances — pois não é verdade que tudo o que aconteceu antes de nosso nascimento, antes dos filmes coloridos, que tudo isso é pré-histórico? O que havia em comum entre vocês? No fundo vocês são bem diferentes. O vício de fumar, do qual desistimos há muito tempo, deixa-o abismado, ele que é esportista e fanático por saúde, sobretudo quando fica sabendo que aquelas mulheres que são para ele, desde a sua mais tenra infância, como uma família, só que mais íntimas, foram as responsáveis por meu vício.

No primeiro encontro, Marge e Anneliese estavam sentadas à mesa do refeitório estudantil e, de fato, fumavam cigarros e estavam de bom humor. Eu me vi no meio de uma discussão teológica. Tinham se matriculado em um seminário sobre o Novo Testamento. Uma interrompia a fala da outra, afirmação e contra-afirmação, você não está prestando atenção, estou sim, só que você não está com a razão.

Marge e Anneliese eram judias e, ao mesmo tempo, profundamente cristãs, embora céticas, que, de maneira autopunitiva, questionavam seus próprios motivos por terem se convertido. Isso representava para mim uma sintonia diferente, um terreno desconhecido. Minha carga de preconceitos devidos a meu *background* liberal-esclarecido, no qual os ortodoxos eram considerados fanáticos antiquados e os batizados, assimilados desprovidos de caráter, foi sendo deixada para trás à medida que eu escutava silenciosa e furtivamente. Como se eu tivesse tirado um par de meias rasgadas debaixo da mesa: que ninguém perceba que você as estava usando.

Elas tinham alugado um quarto para três longe das residências de estudantes, e quando vocês me convidaram a ir até sua casa, eu sabia que não encontraria lá bichinhos de pelúcia. Encontramos Simone dormindo e, sem rodeios, vocês a acordaram com uma saraivada de travesseiros bem mirados, a fim de que eu a conhecesse, já que ela, assim vocês disseram, dormia de pura preguiça. Como estudante de matemática, não precisava escrever e ler tanto quanto vocês. Simone, a mais reservada, a mais tímida de nós quatro, acordou mal-humorada, mas foi amável comigo com sua gentileza própria e natural, produto da consideração pelo semelhante que precede o amor ao próximo.

Elas me aceitaram e me deixaram ser como sou. (E fiquei com elas.)

Anneliese diz que a primeira coisa que as pessoas reparam nela é o fato de andar de bengala, de mancar. Não foi o meu caso, sei perfeitamente que essa não foi a primeira impressão. Como eu vinha da Alemanha, estava acostumada a ver deficientes físicos, feridos em bombardeios. A primeira impressão foi um campo magnético. Isto é, logo desejei fazer parte de seu grupo. Desejei ter conhecido as três já em Nova York, então talvez pudesse ter viajado e morado junto com vocês. Também teria sido mais barato.

Já se passaram mais de quarenta anos desde esse verão em Vermont. Nossa geração começa a sofrer das doenças que matam, por isso não se deve adiar coisa alguma, por isso nós quatro alugamos recentemente uma casa em Londres, por duas semanas, Marge e Anneliese em um quarto, Simone e eu no outro. Em nosso quarto, desordem benfazeja, no outro, necessidade ativa de arrumação. Marge e Anneliese continuam a interromper a fala uma da outra logo no café-da-manhã, o velho estilo de conversação, só que agora não se trata mais de Cristianismo e sim da Guerra do Golfo. Simone e eu ouvimos pacificamente, uma afirmação que as outras duas desmentiriam veementemente. Penso, divertida: pois agora divido uma casa com elas. Realizei um desejo antigo, às vezes é tão fácil assim, isso dá uma grande satisfação, a maioria dos desejos já não pode ser realizada tardiamente.

Anneliese, com 25 anos, era a mais velha e era também nosso parâmetro. Ainda pequena, fora mandada pelos pais, de Frankfurt para um sanatório na Suíça francesa, sofrendo de um mal que anos mais tarde se curava com antibióticos. Ela e eu tínhamos em comum uma infância que extrapola qualquer imaginação. A doença como uma espécie de prisão, era o que se poderia pensar, era assim que eu imaginava, mas não fazia idéia de como é crescer e ficar mais velha em cima de uma cama. Perguntei pelos detalhes e não prestei muita atenção às respostas ou não me lembrava delas, assim tive de perguntar mais uma vez. Não poder levantar da cama durante anos, depois levantar-se e depois ficar novamente deitada por longo tempo. Uma situação antinatural, diz Anneliese, só se torna natural quando é considerada assim, quando se é "normal" no lugar em que se está. Na verdade, entendo isso muito bem com base na experiência nos campos de concentração, mas, apesar disso, a imobilidade era para mim um frustrante espaço vazio, ficava tateando no escuro, tentei honestamente, mas talvez não tão honestamente assim, pois era cansativo, e só pude me imaginar um pouco, não muito, em situação semelhante. Reagi como outras pessoas reagem aos campos, o que costumo levar a mal. E aprendi a muito custo o que se aprende nas amizades, a livrar-se da própria carga que se carrega nas costas e transformá-la, com o uso, em instrumento com que se aprende e compreende, ao invés de ficar correndo sem fôlego, de um lado para o outro, dentro dos próprios arames farpados.

Amigos completam-se uns aos outros; completar significa tornar inteiro, acrescentar aquilo que falta; e para que isso aconteça é preciso ter sofrido algum dano, mas quando se necessita disso não se precisa de alguém que tenha sofrido de forma parecida e sim de alguém que apresente danos ou defeitos diferentes. Os amigos preenchem estas lacunas, são complementares, resgatam aquilo que nos falta, fazem aquilo que nós deixamos de fazer, os parentes não fazem essas coisas, e se o fazem, então é por mera casualidade.

As três já ganhavam seu sustento e não moravam mais com a família. Éramos todas órfãs de pai, não os conhecêramos ou apenas muito pouco, e as mães eram um problema para nós três. Mutuamente, compensávamos nossos pais.

Anneliese disse a uma professora do College, agora não tenho tempo de fazer isso ou aquilo, preciso me encontrar com Simone. A professora respondeu com a segurança das pessoas mais velhas: você está sempre correndo atrás de uma amiga, mas você não vai passar o resto da vida com elas. Anneliese, que entrementes tornou-se uma avó de cabelos brancos e é a única das quatro que ainda está casada, inclina um joelho para a frente, cruza as mãos sobre a bengala, como costuma fazer quando um pensamento ocupa sua mente ou necessita de concentração, passando em revista as décadas passadas, com suas crises e épocas em baixa, diz: "Essa professora se enganou. Eu passei a vida com Simone".

A todas dei nomes diferentes. O nome que dei a Marge é o menos significativo, porque ela própria mudou seu nome várias vezes. Escolhi um nome que me permite dizer: Marge se chamava de Meg antes que eu a conhecesse, e agora ela chama a si mesma de Margaret. Para nós, será sempre Marge. Nossa americana, e a fugitiva mais renitente quanto aos aspectos externos da identidade, não se refugiou no ambiente médio americano e sim junto a nós, as estrangeiras, com nossas línguas estranhas e perspectivas internacionais.

A mãe de Marge desaconselhara as duas filhas a estudar, tentando por outro lado fazê-las crer que poderiam se parecer com artistas de cinema caso operassem o nariz. Demorou muito até que a identidade judaica entrasse na moda, e os grandes narizes em rostos femininos só se tornaram moda com o famoso perfil de Barbra Streisand. Judeus americanos que podiam se dar a esse luxo deformavam seus rostos, sobretudo as mulheres: houve uma onda de operações plásticas de nariz como se fosse uma onda de calor. Marge submeteu-se voluntariamente a essa tortura tão logo teve dinheiro, mas não se tornou artista de cinema, em vez disso, foi uma competente professora de inglês em uma universidade canadense, pois, apesar dos desconselhos maternos, obteve o título de doutora. Anneliese lamenta: "Marge tinha um rosto tão lindo, agora era um rosto comum". É um exagero, os rostos são uma questão de caráter, não de narizes. Entretanto, de fato, era melhor com o nariz original. Marge, por sua vez, afirma que jamais alguém lhe dissera que tinha um rosto bonito, nem mesmo Anneliese. A essa ela teria dado ouvidos, como nós todas, diz ela, e não teria mandado cortar o septo nasal. Encolhendo os ombros, ela até confessa hoje que se converteu por adoração a uma professora católica.

Simone, assim como eu, crescera sob influência sionista, com a diferença de que ela levou isso a sério. Nem bem fizera um ano que estávamos na América quando o Estado de Israel foi criado. Minha mãe exultou, mas em minha alegria havia um misto de decepção, sentia-me traída porque queria ter emigrado para lá e não pude. Recentemente, vi na televisão a mesma mescla de sentimentos nos rostos dos habitantes da RDA, que ficaram durante semanas na embaixada de Praga e depois, nos abrigos de refugiados da Alemanha ocidental, antes de assimilar o fato de que a fronteira entre as Alemanhas estava aberta.

Quando concluí o College, dirigi-me às autoridades competentes atrás de informações sobre o que poderia fazer em Israel. Fui desaconselhada: haveria casos mais importantes, mais essenciais, sem falar dos judeus da Europa. Eu tinha acabado de arranjar um emprego monótono na seção de catalogação da New York Public Library e não tinha nada a oferecer que pudesse ser uma real contribuição ao novo Estado, exceto minha disposição. Consternada, perguntei a mim mesma se deveria viajar para tão longe sem a cidadania americana, para nem sequer ser útil em Israel e deixar minha mãe na América. Decidi postergar meu sionismo pelo menos até a obtenção da cidadania americana e, de fato, ele se converteu, por assim dizer, em pendência permanente e, dessa maneira, em ferida aberta.

Com Simone foi diferente. Ela trabalhou em Israel, sob as condições mais precárias, com crianças anti-sociais difíceis de ensinar e com antecedentes criminais (*"institution food with flies"*, "comida institucional com moscas", era o que comia, informou sua mãe em Londres, torcendo o nariz, mas também com orgulho). E voltou para a América, se não decepcionada, também não entusiasmada com um país onde a prontidão para a guerra marca as pessoas, mesmo que as guerras sejam provocadas por seus inimigos. E então desistiu do trabalho social, aprendeu a voar e tornou-se piloto.

Aí você vê, digo a Anneliese, em um mundo mais justo ela teria se tornado piloto desde o princípio, pois é o que ela mais gosta de fazer. Neste mundinho dos homens, isso não era possível naquela época e quase não o é agora. No entanto, responde Anneliese, você subestima o que a nossa Simone fez para as pessoas ao longo de sua carreira, porque você vê por toda parte apenas a vida mal aproveitada, quase procura por isso, para poder depois crispar as mãos de raiva, diz Anneliese para mim.

Dei a ela o nome de Simone Weil, embora ela não saiba o que fazer com Deus, nosso Pai celestial, assim como eu também não. Em primeiro lugar, não tenho talento para a transcendência. Embora conheça alguns truques para elevar ou diminuir a consciência ou, pelo menos, colocá-la em um outro nível, eles carecem de conteúdo e são bons principalmente como meios contra a insônia e o nervosismo. Em segundo lugar, o Deus judaico-cristão origina-se de uma estrutura social que pouco me agrada, pois o salto desde a costela de Adão até esse patriarca é grande demais para mim, e não consigo realizá-lo. Nem no que concerne ao homem de barba nem tampouco à sua abstração logocêntrica. Olho-me no espelho e não vislumbro sua imagem e semelhança. E, em terceiro lugar, estive desde muito cedo em espaços abandonados por Deus.

Apesar disso, gosto do pensamento teológico e gostaria muito de descristianizar Simone Weil, encontrar dentro dela a judia que ela mesma repudiou, e gostaria de conservar o entrelaçamento entre política e reflexão auto-alienante. Os últimos ensaios e cartas da filósofa estão justamente agora sobre minha mesa de cabeceira, escritos quando voltou de Nova York, vagava por Londres e não podia chegar à Paris ocupada. Sem cerimônia, dou seu nome à amiga, a amiga ateísta, educada na ortodoxia judaica, que fugiu de sua família anglo-francesa para a América. Conversamos às vezes sobre como é estar-à-mercê. Minha Simone diz que não é preciso se humilhar, depende de como você aceita o fato. Ao que respondo, não, por que num exame ginecológico um fulano qualquer pode humilhar você com suas observações maldosas, se tiver vontade. Minha Simone se parece com a filósofa nos propósitos de sua maneira de viver: nos aspectos incorruptíveis inerentes a ela. Ela não se deixa enganar. Ela não adula. Nunca flertou. Ela não cede quando achamos que deve ceder, e cede de imediato quando alguém precisa dela, quando alguém lhe pede.

No entanto, dirigi-me diretamente à terceira amiga e perguntei-lhe: como você quer se chamar em minhas anotações? E ela respondeu sem hesitação: "Anneliese". Pois quando estava no sanatório suíço, impotente, mas longe das garras dos nazistas, uma parente sua, mais jovem, escrevia-lhe às vezes da Alemanha e pediu-lhe que a ajudasse. Escreveu que todos a haviam abandonado, que ninguém se incomodava com ela, que não poderia acabar bem. Minha amiga obviamente não pôde fazer nada pela outra, pois era uma criança dependente e uma estrangeira, mas em um país que representava a utopia para os que ficavam para trás, e quem lá vivia parecia poderoso. No fim, minha amiga não respondeu mais a essas cartas suplicantes. Com a consciência pesada, colocou-as de lado.

A menina mais jovem chamava-se Anneliese e morreu em um campo de concentração. Minha amiga ficou com a consciência pesada e a correspondência interrompida. Para mim, que conheço aquela Anneliese apenas através das informações esparsas que descrevo aqui, ela era um pálido fantasma entre muitos e, contudo, participava então em Nova York da amizade desigual entre uma moça de dezoito anos e uma de 25. E agora, a amiga escolhe justamente este nome: Anneliese, de certa maneira, era eu, e agora é ela, e por detrás está uma terceira, com sua herança de cartas inúteis. Assim, vamos nos tecendo e entretecendo, e o nome que as identifica apaga as identidades.

6.

Com as amigas dava para conversar. Minha mãe e eu não tínhamos diálogo uma com a outra, uma linguagem comum. A linguagem dela não serve à troca de idéias e sim à manipulação. Minha mãe não é idêntica à sua linguagem, nunca foi, a linguagem é para ela como o guarda-roupa dos artistas, ela procura aquilo que combina naquele momento com o papel que vai representar. Minha mãe utiliza as palavras como maquiagem. As palavras não gostam disso e em sua astúcia elas lhe borram os pensamentos.

Sentia ciúmes das minhas amigas. "Você passa seu tempo com aleijadas e *geshmaten* [convertidas]."

Quando pronunciou esta frase, eu estava numa banheira cheia de água fria por causa do calor. Como ainda não existiam aparelhos de ar-condicionado, ninguém precisava se aborrecer com o fato de não poder se dar ao luxo de adquirir um. (Inimaginável, na época, que turistas pudessem visitar Nova York no verão — no verão!) Minha mãe está ao lado, na copa. Quer me magoar com seus preconceitos, o que mais? Quer espezinhar meus amigos, só quer tomar algo, simplesmente, tirar algo de mim. Levantei a voz, gritei com ela e continuei a gritar para me acalmar. Eu a odiei, profundamente.

Uma tia falou sem meias palavras sobre Anneliese: "Pobre coitada, nunca vai achar um marido". A estupefação tomou conta de mim, primeiro porque não lhe ocorrera outro comentário mais importante a fazer, e segundo, porque não podia ser verdade. De puro espanto, contei a Anneliese com a ilimitada falta de tato que é parte integrante de minha confiança nela. Ela podia agüentar qualquer coisa. Aceitava tudo, mas de repente explodia de raiva se eu caminhasse na rua depressa demais para ela. (E, no entanto, você sempre tomava a dianteira. Eu corria atrás de você, puxava você para perto de mim, queria de você tudo o que não conseguia obter em qualquer outro lugar, justiça, consideração, compreensão.) Certa vez, você levou um tombo na rua devido à minha desastrada falta de atenção. Assustei-me enormemente, mas você só limpou a roupa e praguejou.

Também corria atrás dela nos museus. Comparada à dela, minha sensibilidade para a arte é restrita, e preciso primeiro convencer-me ou deixar-me convencer de que algo é belo. Atraía-me a imobilidade das coisas colecionadas, que não é determinada por mudanças, andanças, partidas e chegadas. Um museu parecia para mim uma esponja que me absorvia, uma sopa intelectual que me tempera e até mesmo ferve, a mim, uma verdurinha insignificante. Havia aí a mistura de coisas saborosas e condimentadas, nada de cascas de batatas que as pessoas só engolem por necessidade. Fazer parte simplesmente pelo fato de observar e olhar. Bibliotecas costumam me receber de maneira semelhante, mas elas apenas prometem (pois os livros não podem ser lidos naquele momento), enquanto os museus cumprem sua promessa na hora, servem a você o dinossauro ou o Matisse para deleite imediato.

Eu andava atrás de Anneliese e detinha o passo onde ela detinha o seu, e tentava enxergar com os olhos dela. No Metropolitan Museum ficamos longo tempo paradas diante das figuras distorcidas de El Greco, e ela me mostrou como ele trabalha, com aquela luz misteriosa sobre Toledo. À frente de Goya, eu mesma comecei a dizer algumas coisas, pois vi de imediato que Goya, diversamente de seu contemporâneo Goethe (um contemporâneo quase exato! afirmei), que não o conhecia (Goethe não conhecia nem sequer por ouvir falar as obras do maior pintor de seu tempo!), não cedia nem pactuava com ninguém, ao contrário de Goethe. Constantemente procurava impressionar Anneliese, cujas observações acidentais eu ouvia avidamente com meus parcos conhecimentos, e me envergonhava quando era bem-sucedida.

Onde quer que eu morasse, Anneliese sempre pendurou quadros bonitos nas paredes. Vai chegando com o quadro e traz consigo o martelo para pregá-lo. Ela decora as novas residências de todos os seus amigos. Suando em bicas, empurra os móveis de um lado para o outro durante horas, estende tapetes, até que tudo fique de acordo. Nós, com nossos membros normais, ficamos paradas olhando surpresas e nada fazemos. Alegro-me imensamente a cada vez e, no entanto, novamente me mudarei tão logo ela tenha "decorado" o novo ambiente, mas não se importa, não espera outra coisa de mim, e pacientemente começa tudo de novo. Coleciona coisas bonitas, faz algumas com as próprias mãos, presenteia os amigos com elas, veste-se elegantemente. Dribla a grave fraqueza física com a leve fragilidade dos objetos estéticos. As bengalas que usa para caminhar são finos objetos de antiquário, não se parecem com muletas, e sim bengalas como acessórios para enfeitar e passear. Trivial é como denomina esta beleza passageira que lhe agrada, tirando um fardo de nós, as menos talentosas.

Há dez anos, quando estive hospitalizada na Filadélfia devido a um grave problema cardíaco, pensei certa noite: "Se não conseguir sair daqui, nunca mais verei o Museu Guggenheim". E então, resignada: "Como se isso fosse o supra-sumo de tudo que deixarei de fazer!". Quando superei a doença, viajei depressa até Nova York para ver uma exposição de expressionistas alemães, subia e descia a rampa curiosa de Frank Lloyd Wright, em forma de caracol, exultante que conseguira mais uma vez me manter viva. A saudade do museu, deste museu, era a saudade do quente caldo vital de nossa cultura, da qual faz parte até a tão menosprezada educação. Em oposição a isso, a aura de morte dos campos de concentração conservados como monumentos, esses antimuseus que falam de dissolução: o lugar tão concreto, os acontecimentos acessíveis apenas na imaginação. E quem sabe o que a imaginação vai fazer de tudo isso. Esta, que tanto gosta de sonhar com perversidades e brutalidades, nunca foi confiável.

O Museu Guggenheim ainda não existia em minha época de College. Em compensação, gostávamos de visitar a Galeria Frick, onde há pouca coisa exposta, porém muito seleta, como por exemplo Holbein e Turner. À tarde, era calmo e silencioso. E no Museu de Arte Moderna havia o *Guernica* de Picasso — o bombardeio expresso em pessoas, animais e casas deformadas, desnudado nos contornos da modernidade. *Guernica* era um refugiado em Nova York — um quadro também podia ser um refugiado — e assim permaneceu, até que os espanhóis o levaram para casa há poucos anos. Era o quadro que mais admirávamos.

7.

Consegui meu diploma de *Bachelor of Arts* antes mesmo de completar dezenove anos, dois ou três anos antes da idade normal, tendo pulado aproximadamente dez anos de formação anterior. Não que o *Bachelor* com inglês como matéria principal tivesse muito valor.

Eu queria ganhar dinheiro e mudar de endereço. Já podia encontrar algum emprego e nossa casa era pequena. A vida de minha mãe melhorara, trabalhava como fisioterapeuta em um consultório médico. Além disso, recebera uma pequena parte de seu patrimônio de Viena. Com esse dinheiro pagou aos parentes americanos os custos de nossa viagem, a fim de evitar que lhe dessem algo de graça, e o resto serviu como entrada para uma casinha em Forest Hills. Infelizmente, lá havia lugar para nós duas e assim o meu pretexto de falta de espaço perdeu seu efeito. Ainda fiquei um ano com ela, e pegando diariamente o *subway* superlotado para Manhattan, onde trabalhava como auxiliar de escritório ou garçonete. Não consegui encontrar outra coisa, e nunca agüentei muito tempo em um mesmo emprego.

Conviver com minha mãe na mesma casa tornou-se para mim uma obrigação cada vez mais incômoda e, no entanto, viam-me como a aproveitadora que vivia à custa de uma mãe abnegada, além disso, uma filha que impedia sua mãe de se casar novamente. Eram rumores que se alastravam por si mesmos. Um padastro seria até bem-vindo para mim. Ela se casou quatro vezes, e certamente considerou um saldo negativo que não tivesse encontrado um parceiro adequado nos primeiros anos de Nova York. Talvez nem estivesse mentindo conscientemente e acreditava firmemente que eu necessitava cada vez mais dela à medida que me tornava adulta.

Para arcar com o meu sustento, eu guardava quase tudo que ganhava em uma caixa comum; como nunca fazíamos a nossa contabilidade, eu sempre tinha de pedir dinheiro a ela. Minha mãe não era sovina, só queria manter-me dependente. "O que é meu também é seu", eu interpretava desta maneira: você pertence a mim e não tem que ter nada próprio. Durante muito tempo, ela mesma não teve nada próprio, mas tinha a criança, quem poderia negar?

Remexia em minhas coisas, entrava em meu quarto sem bater, cheirava minhas roupas de baixo. Até hoje pode acontecer que ela fique revirando o cesto de papel em meu escritório à procura de algo particular. Vejo que lê uma folha de papel rasgado, sem poder fazer nada com aquilo, por exemplo, anotações para um ensaio sobre *Kätchen von Heilbronn*.[3] Dou um suspiro, poderia ser pior, poderia ser esta folha aqui. Peço explicações, irritada: você lê tudo que fica largado por aqui, mal viro as cos-

---

[3] Drama de Heinrich von Kleist (1777-1811). (N. da T.)

tas você começa a revirar o lixo. Defende-se: "Por quê? Se está no lixo, a gente pode olhar! Em minha casa, você pode revirar tudo à vontade". Quando menciono uma viagem próxima, diz com a consciência da proprietária cujos direitos foram feridos: "Você está sempre fugindo". Só as crianças são mais dependentes que as mulheres, por isso as mães dependem tanto da dependência de seus filhos.

Queria sair de Nova York e encontrar um trabalho útil. Como os israelenses não souberam o que fazer comigo, fui até o *American Friends Service Committee*, os *Quakers*, que sempre tinham algum projeto beneficente, e fui mandada por um ano para o México, onde a tarefa era a de construir uma aldeia. Depois disso, talvez continuasse os estudos. As amigas também tinham planos que as afastavam de Nova York. Um nítido final de capítulo acontecia no verão de 1951.

A minha Nova York era uma cidade relativamente aconchegante, se comparada às circunstâncias de hoje. Nunca acreditei de fato que algo ruim pudesse me acontecer nessas ruas. Mesmo hoje, quando uma viagem de trabalho me leva até lá, percorro a cidade com ânimo e despreocupada, pois a conheço bem, embora já faça tanto tempo e meu sentido de orientação seja ruim. Dia e noite sem parar, essas ruas são tão movimentadas como se os nova-iorquinos não tivessem a fama de se entrincheirar em suas próprias casas. E nas noites quentes de verão, Manhattan é uma única e ampla festa popular de sujeira e brilho. Quando Anneliese vem da Inglaterra de visita, sente a mesma coisa: ela, essa senhora mais velha, vestindo roupas escolhidas a dedo, que tem dificuldade de andar, lança-se com prazer nos *subways* suspeitos, fétidos, sujos e tão temidos pelos turistas e regozija-se com o fato de chegar tão depressa e tão barato a qualquer lugar. Em Nova York ela não precisa de táxis e, de qualquer modo, como é sabido, os taxistas de hoje erram continuamente o caminho.

Nova York, alternadamente, rangia os dentes e sorria magnânima, deixava que todos se aproximassem e, quando a gente se sentia bem, tratava-se apenas de indiferença. Nova York é *chiaroscuro*, um filme em preto-e-branco, meu filho tem razão. Das duas mil pessoas, aproximadamente, que morrem em Nova York a cada ano, assassinadas a golpes, a tiros, estranguladas ou esfaqueadas, os nova-iorquinos celebram regularmente este ou aquele caso especial, as despesas do enterro são muitas vezes custeadas por doadores particulares, as pessoas discutem e lamentam e enterram cheios de cerimônia, na presença das mídias, uma criança pequena morta a tiros ou um jovem turista da província apunhalado quando corria para ajudar a mãe no metrô: cerimônias nas quais um ajuda o outro quando as dimensões da vida desperdiçada superam a capacidade de compaixão, colocando até mesmo o espanto na defensiva. Isso se assemelha a minhas velas comemorativas em memória de entes queridos, aquelas velas de parafina. Conheço muito bem.

Em minhas rápidas visitas, Nova York coloca-me nos ombros o que foi interrompido ou deixado para trás, um agasalho de lã quente e áspero; e o que passou afaga-me os tornozelos qual um gato que tive uma vez numa casa onde morei um dia — *Quem chamava sua cidade de mãezinha com garras? Era o tio Franz* — e me inclino em sua direção e faço de conta que me espanto: "Você ainda mora aqui? Quem lhe deu comida? Será que você se alimentou de camundongos e insetos, ou talvez até de lixo? Que nojo!". E mais vacilante: "Você esperava por mim?". E nisso olho de soslaio para o relógio, pois logo deverei abandonar novamente o bichinho que gosta de ronronar.

8.

Segue um poema que tem por tema o mercador de Veneza, mas se tornou um poema sobre Nova York: não porque minha Jessica foge para Nova York, mas sim foge para Nova York porque aparece em um poema sobre a cidade. Não se trata de uma "lírica intimista", nem de um poema que atribui papéis a diversos personagens. Gostaria mais de chamá-lo de "intertexto".

Jessica se divorcia

Meu pai Shylock:
Nosso genitor
vivia na chuva
nos confins da Europa.
Para ele Veneza era

tão estranha quanto os judeus:
Rialto[4] ou rabino,
só rumores.

Meu pai Shakespeare:
Tu me deste ao gói
me entregaste
a um playboy
me batizaste
e vendeste minha herança
(e ela não estava à venda
por uma selva de janotas)[5]
tu me prendeste
(eu enfiei as calças, o público olhava)
em palavras ardentes que se lambem
e ao velho judeu deste a faca
e o velho judeu deste à faca
e a mim me deste lirismo
para as noites mágicas
e uma longa vida de presente.

Meu pai Shylock:
para ti eu valia tanto
quanto os teus ducados
enjaulada, trancafiada
minha vida, meu amor
teus bens, tua bolsa
eu os tomei para mim
eu te roubei
de tua raiva e tuas cenas
deveria envergonhar-se
quem as compra de ti?

[4] Na região do Rialto, em Veneza, concentravam-se os mercadores. (N. da T.)

[5] Alusão a uma cena de *O mercador de Veneza*. Shylock: "Não a teria vendido nem por todo um deserto cheio de macacos".

Eu te traí
(e o farei até a tumba)
com o fino-lascivo macaco
que há muito abandonei.

Em Nova York são as casas
mais altas e mais quentes
do que aqui, onde primeiro
se deu o nome de gueto.
Meu pai Shylock, és o tolo das tuas astúcias,
eu rio com os ridentes
que acabam por te roubar,
tu praguejas, alguém te provoca,
eles cospem, tu te gabas,
em Nova York casamentos terminam aos montes.
Troca-se de credo
e desposam-se cristãos.
Meu pai Shylock, eu creio em psiquiatras,
pontos de teatro, costureiros de fantasias e perucas
não em Deus, não para *este* teatro.

Meu pai usurário,
meu pai poeta:
eu estava proscrita
em Westchester County e Beverly Hills.
Estou pousada no tronco
e atada à corrente
de ouro e palavras
que forjastes.

Fugida de ambos
por nenhum abençoada
enxotada por ambos
mas não divorciada
Oh, mas que pais!

Não perdôo o poeta por ter inventado Jessica e seu pai, mas já que o fez, criou-os assim e não de outra maneira. Preencho lacunas, estimulada por esta estranha, esta boneca, esta suposta judia.

Meu pai não era um Shylock, meu marido não foi um Lorenzo, e também a poesia lírica das noites mágicas e a selva de macacos têm origem no drama, não na vida. Jessica, e não eu, é a filha do rico judeu, por isso ela mora, e não eu, onde moram os ricos, na costa leste, em Westchester County, e na costa oeste, em Beverly Hills. Em Veneza, ela morava no gueto, vem da cidade onde surgiu a palavra que Shakespeare provavelmente não conhecia, pois em sua Inglaterra não havia judeus. O que tenho em comum com ela, com esta filha perdida, esta judia errante, é o papel de alguém que se muda, que vai embora. O contraponto seria um poema sobre a lealdade, talvez dirigido a um pai distante que não merece essa lealdade. Por exemplo, um intertexto com o título de "Cordélia desembarca em Dover". Pois os opostos, lealdade e deslealdade, devem ficar juntos como altura e profundidade, como amizade e traição.

Às vezes sonho que fujo do local de um acidente após atropelar alguém. Atropelar e continuar dirigindo é um crime corriqueiro, posso muito bem entrar na pele do criminoso e acordo horrorizada por tê-lo sonhado e aliviada por não ser culpada. Os vivos esquecem a fisionomia e a cor dos olhos dos mortos (pois têm outras coisas na cabeça), os filhos jogam seus trastes em uma mala e abandonam os pais. Restam dívidas sem pagar, pois, como Jessica, algumas coisas se perderam, mesmo que não fossem ducados. E um relacionamento não pode ser posto em ordem como uma cozinha quando termina uma refeição, quando a louça foi lavada. Queria que fosse diferente, mas não me arrependo.

Estou me adiantando. É o ano de 1955, estou casada, vivo agora no estado de Connecticut, meu marido tem um contrato de professor por um ano em um renomado College, que paga mal seus novos docentes e emprega uma boa parte desse péssimo pagamento alojando-nos em velhos barracões em mau estado. Há algumas semanas tivemos um bebê, um menino a quem não dei o nome de meu pai. O parto nos custou um mês inteiro de salário. Não tínhamos seguro. Enquanto isso, minha mãe, na não muito longínqua Nova York, foi internada no hospital após uma malsucedida tentativa de suicídio, que provavelmente era para ter sido só uma tentativa mesmo. Parentes e amigos atribuem a culpa a seu marido, pois se casara novamente, porém não consigo me livrar da idéia de que eu e meu bebê somos o motivo. Ela queria me visitar após o nascimento, mas desceu do ônibus no meio do caminho e voltou a Nova York, telefonou de lá explicando a razão, alguns homens ruivos a teriam seguido. Em seu subconsciente ela deve ter pensado, deduzo, minha filha se coloca em meu lugar, a filha torna-se mãe: como ousa essa criança tomar o meu lugar assim sem pedir permissão? E como, por isso, sua vida perdeu o sentido, o mundo de fato tornou-se perigoso para ela como há muito não o fora, no ônibus, em casa, por toda parte. Com certeza, uma idéia maluca, mas eu a conheço e à sua paranóia, portanto, é de se perguntar se a loucura é minha ou dela.

Então meu tio, o contador, está ao telefone, imagino que liga por solidariedade, mas não, está furioso. Fala alemão, vozes masculinas vienenses soam parecidas, meu pai na linha. Estou em nosso barracão-moradia provisório, parcamente mobiliado, e me contorço interiormente com suas palavras. Diz que eu não tinha o direito de me casar, de abandonar minha mãe. Sua voz treme de exaltação. E acredito saber o que há por trás dessas repreensões, mas de nada adianta, não me atrevo a pronunciar o não-dito, o indizível ao telefone, ou seja: e você, e sua mãe, você não emigrou sem ela, deixando-a apodrecer em Theresienstadt? Ele deixara a mãe em Viena, como eu largara a minha em Nova York, e em ambos os casos o desfecho foi ruim, pior no caso dele, por isso agora essa raiva de mim. "Você não deveria tê-la abandonado", diz ele. Mas eu só mudei de um estado para outro, não entreguei minha mãe, como ele, a um bando de fascínoras. Imagino ouvir o que está subentendido aqui, coisas não ditas de sua parte: "Você não tem direito sobre sua vida". Bate o telefone, irreconciliável, fez-me ouvir sua opinião, agora decerto se sente melhor.

Eu não. Estou na sala e grito. Como nos tempos de criança em Viena, quando aquele cachorro neurótico despedaçou o papagaio do vovô. Não choro, berro simplesmente para buscar alívio. Como se deve viver para que se mereça a vida? Meu marido transformou-se numa estátua de sal, é um estranho para mim, e eu para ele. Percebe em que encrenca se meteu com aquela mulher que, por ter estado em um campo de concentração, ele imaginava ser fácil de contentar. E havia ainda o recém-nascido. Não se pode desejar que um filho não tenha nascido. Suposta justificativa da vida feminina, não seria ela válida para mim? E, de repente, percebo que sempre considerei inválido esse álibi.

Isso foi quatro anos depois. Quatro anos antes, em Forest Hills, quando me mudei, reinava a maior confusão na sala, arrumei mal as coisas e nem mesmo tinha os documentos necessários para cruzar a fronteira com o México. Americanos podem cruzá-la com um simples documento de identidade, mas eu não era americana e teria que solicitar um *border pass*, um documento de permissão, o que deixei de fazer porque estivera no Canadá durante algumas semanas sem permissão alguma, trabalhando como lavadora de pratos, e pensei que a fronteira do sul não seria diferente da do norte.

Era o fim do verão, calor de Nova York, a confusão exterior era uma expressão da interior, mal sabia o que levar comigo. As amigas estavam lá e ajudaram a fazer as malas, será que se lembram? Minha mãe, mortalmente aflita. Estava claro para ela que depois desse ano no México eu não voltaria para morar com ela. Alguns participantes do projeto me deram carona em seu carro; *quakers*, idealistas ou fugitivos das próprias casas é o que nós éramos. Na fronteira de Laredo, Texas, houve dificuldades para todos, não me lembro mais de que espécie, só que tivemos de esperar e nos entendemos bem. Eu lia literatura americana do pós-guerra que tratava do conflito. No fim, os outros puderam seguir viagem, só eu fiquei para trás, pois não tinha a documentação correta e não era ainda americana, além disso, a Áustria não tinha entrado em guerra só com a América, mas também com o México. Foi o que me disseram as autoridades no posto fronteiriço de Laredo, Texas, com um rosto muito sério. Não poder atravessar uma fronteira quando os outros podem me pareceu irracional, mas de certa forma correto. Uma outra vez, ou quem sabe, mais tarde. Entretanto, nada se repete, não se tem duas vezes a mesma chance. Continuei a viagem de ônibus até a Califórnia, o que mais me restava, não queria de maneira alguma retornar a Nova York. — Mas isso já leva a uma outra história.

Pois o fim *desta* história se deu na pequena casa de Forest Hills, a sala cheia de coisas espalhadas, a consciência pesada que me fez esquecer de providenciar os documentos corretos, e a decepção de minha mãe por ter comprado a casa em vão, inutilmente, pois eu não iria mais morar com ela. Minha mãe, que ficou sozinha até encontrar o marido seguinte, que foi o homem errado para ela. Depois da minha partida, leu meus papéis, jogou fora minhas cartas, sabe Deus que fim deu a meus livros, desaparecendo, assim, tudo o que sobrou de meu "eu" em Nova York até então: no fim, restou este desconsolo nos quartos, nas pessoas. No fim, restou esta traição.

EPÍLOGO

Göttingen

1.

Na noite de 4 de novembro de 1988, eu andava em Göttingen pela zona de pedestres, ao longo da rua Rote, para encontrar uma estudante com a qual queria assistir ao *Don Carlos*, de Schiller, no Deutsches Theater. Viera de minha universidade no sul da Califórnia para, durante dois anos, coordenar o centro californiano de estudos de Göttingen, onde me encontrava desde o verão. Faltavam poucos dias para o 50º aniversário da Noite dos Cristais, e para essa ocasião eu preparara uma palestra a convite de uma sociedade judaico-cristã local. Eu pedira informações a respeito do número de judeus dessa sociedade, e me deram com um suspiro o nome de um casal idoso que vivia com uma pequena pensão em uma casa modesta. Estavam aliviados por ter encontrado na pessoa da nova diretora do centro de estudos não só uma judia, mas também de fato uma "vítima", portanto, uma palestrante com uma biografia adequada. Imediatamente, ficou claro para mim que agora eu moraria pela primeira vez em uma cidade que praticamente não tinha judeu algum para exibir, e que eu até então — não exclusivamente, mas em grande medida — sempre fora uma judia entre judeus.

Göttingen, sem judeus, possui uma Jüdenstrasse, uma rua dos Judeus. Na América, onde há mais judeus do que em Israel, tal denominação seria acintosa. Na noite em que eu estava prestes a atravessar a rua, ia absorta pensando em minha palestra e, ao mesmo tempo, no *Don Carlos* — e o elo de ligação era Dostoiévski, seu livro da prisão, *Recordações da casa dos mortos*, e ia pensando no que esta obra clássica da literatura-do-cárcere, portanto, também literatura-dos-campos-de-concentração, tem em comum com os relatos e textos ficcionais de nosso tempo, da assim chamada literatura-do-Holocausto. Quando, na esquina da rua Rote, pus o pé na rua dos Judeus, me veio subitamente uma idéia sobre os *Irmãos Karamázov*, em torno do Anticristo de Dostoiévski, seu Grande Inquisidor, que sabidamente foi inspirado no *Don Carlos*; mais alguns passos adiante, ao norte da Nudelhaus, quando me dirigia à calçada em frente, tecia algumas considerações sobre essa imagem visionária do ódio ao homem, obra de Schiller, e produto do Iluminismo alemão, e sobre as ironias do último ato, a respeito das quais queria trocar idéias com Amy, a estudante californiana, durante o intervalo. Tradições do horror para as quais sempre teriam existido palavras adequadas, era isso que queria discutir com ela.

Escritos de três séculos sobre a coação e a violência. Uma teia claríssima de relações, daquelas que costumam proporcionar grande prazer. E, então, dois ou três ciclistas que vêm da direita em velocidade vertiginosa na minha direção — depois, escuridão.

Fui dar a palestra só um ano mais tarde. Era então o dia 9 de novembro, até o ano anterior, o dia da vergonha nacional, que evoluiu para o dia da alegria nacional. Mudança de registro.[1] Apesar disso, a sociedade judaico-cristã, num sinal de perseverança, reiterou o convite.

Acidente, acaso. Não é por acaso que os acidentes acontecem, pois a estatística pode antevê-los com bastante exatidão, e antecipa até mesmo quantos deles serão provocados por ciclistas. O fato de ter atingido justamente a mim, porém, foi um acaso, não predeterminado ou predeterminável; ao contrário, evitável até os últimos segundos. O acaso se insere na necessidade, assim como o caso isolado se insere na probabilidade matemática, pois esta se baseia em acasos calculáveis. O princípio da tragédia que procura a necessidade no caso isolado é uma superstição. Muita coisa tem de acontecer, mas não necessariamente com você ou comigo. Com a procriação acontece a mesma coisa: com certeza, nascem pessoas a cada ano, sabe-se antecipadamente quantas. Em com-

---

[1] A 9 de novembro de 1989 caiu o muro de Berlim. (N. da T.)

pensação, as probabilidades de que nascesse precisamente eu eram bastante reduzidas. No caso da sobrevivência, as chances em todo o caso são muito maiores.

Dizem que fiquei estendida na rua, gemendo. Um transeunte ouviu, deu meia-volta e me carregou até a calçada. Tudo isso foi esquecido. Dizem que me levantei e fiz questão de voltar imediatamente para casa, mas não conseguia nem ficar de pé, muito menos andar, os joelhos fraquejavam. Reconheço-me nitidamente nesta cena apagada pela amnésia, melhor do que se a recordasse voluntariamente: necessidade primitiva de sair correndo, de encontrar um local mais seguro onde se pode estar só com suas feridas, não exposta a perigo algum.

Nos computadores existe um programa *unerase*. Coisas deletadas podem ser resgatadas porque os impulsos eletrônicos ainda se encontram no disco rígido ou no disquete, caso não se tenha gravado algo por cima. No dia primeiro de junho do ano seguinte, quando estava novamente em minha casa em Göttingen e começara a escrever estas memórias, bem cedo pela manhã, ao acordar, lá estava subitamente a cena do acidente, a colisão, e quer sumir novamente como fazem os sonhos quando a luz os afugenta. Gravo a lembrança, de olhos fechados, despertando lentamente, com firmeza, quero apoderar-me desse fragmento de vida, e lá está ele, agarrei-o, pesquei-o em águas turvas, ainda se debatendo.

O farol de sua bicicleta, fiquei parada para permitir que desviasse, mas ele nem mesmo tenta contornar, vem direto em minha direção, não desvia, não dá a volta, no último átimo de um segundo, pulo automaticamente para a esquerda, ele também, na mesma direção, penso que ele me persegue, quer me atropelar, puro desespero, luz na escuridão, sua luz, metal, como holofotes sobre arame farpado, quero me defender, empurrá-lo, braços estendidos, a colisão, Alemanha, um instante como uma luta corporal, *essa* luta eu perdi, metal, mais uma vez Alemanha, o que estou fazendo aqui, por que voltei, estive fora alguma vez?

Por isso caí de mau jeito, estendera os braços para a frente em defesa e perdi o apoio quando caí para trás. E esta idéia, ou talvez apenas impressão, de que um rapaz de dezesseis anos investiu contra mim por agressão? Não por pensamento agressivo, mas talvez por instinto de agressão, como os meninos ao volante do carro, o domínio sobre a máquina, uma espécie de embriaguez. Isso não impede que depois ele tenha lamentado de verdade. Ou também, que esqueceu o que lhe passava pela cabeça naqueles breves segundos. Eu estava parada, ele, em movimento, firme no assento e empolgado, exigindo passagem livre, por que essa velhota não sai do caminho, ela vai ver. Assim imagino, mais ou menos.

Perdi os sentidos, voltei a mim na ambulância. Perguntei onde estava, deram-me a informação. De novo tudo ficou escuro, depois estava no hospital, desperta, só um pouco confusa, sobre uma maca, no corredor.

Preciso avisar Amy que não vamos mais ao teatro hoje, pois sinto tontura e dor de cabeça.

Telefonar, chamar alguém. Continuar onde houve a interrupção, não permitir que a fissura se torne maior. Ponho-me de pé, vou até um escritório, ligo para o único número de Göttingen que já sei de cor, não porque tivesse ligado muito e sim porque é fácil memorizar. Um amigo, um colega amável do Departamento de Alemão que me desvendara os mistérios da biblioteca com o entusiasmo dos eruditos. Sua mulher atende, minha própria voz soa normal a meus ouvidos, relato o que aconteceu, lamento não poder me comunicar com a estudante que espera por mim, mas logo irei para casa, apenas um exame médico precisa ser feito. Sim, diz ela, podemos buscá-la, é melhor do que voltar de táxi para casa depois de um tombo.

Quando volto ao corredor, sinto a cabeça como a gotejar, uma sensação única, nunca a senti antes nem depois. Deito-me novamente na maca e espero. As dores de cabeça aumentam, as náuseas também, sento-me. O colega chega, sua mulher logo o informou (mas isso naturalmente só venho a saber meses mais tarde) que um dos dois deveria ir prontamente à clínica, eu teria soado estranha ao telefone. Ele sorri simpático e solícito, depois de algum tempo, o sorriso desaparece, resta a solidariedade. Estou aliviada por ter alguém ali que conheço. Digo-lhe, merda, levei um tombo, agora tenho um galo atrás da cabeça. A maneira atrevida de falar causa-lhe estranheza, ele me imaginara diferente.

Providencia um saco de gelo para mim, que coloco sobre a cabeça; percebe então que não há calombo algum. Continuo a insistir na existência desse galo.

Náuseas, o colega traz um recipiente de papelão, vomito. Meu corpo todo me enoja, ameaçador, constrangedor. Quero sair dali, ir embora, mudar-me para um outro corpo ou ter de volta aquele de antes. Meu estado piora, não consigo mais me mover. Paralisia. Quero me levantar, pois meu estômago revira ainda, mas não consigo. Terror. O que está acontecendo? Também não consigo mais vomitar no recipiente diante de mim, pois toda a musculatura falha. O amigo, que até então era apenas um conhecido, não dá mostras de asco. Uma enfermeira aparece, desculpo-me pela sujeira no chão. "Não faz mal", diz ela tão alegre como se eu fosse uma visita agradável há muito esperada e a quem tudo se perdoa. Meu alívio confuso, pois meu cérebro torturado, sobre o qual o sangue goteja, equipara a incapacidade de evitar o vômito com uma falha de ordem moral. A solidariedade descomplicada da enfermeira neutraliza meu desamparo.

A paralisia progride. Agora nem mesmo posso erguer a cabeça, e a saliva e a bile que ainda sobem à boca escorrem de volta para a garganta. Essa foi a pior hora. Ouço a expressão "hemorragia cerebral", à qual associo a palavra paraplegia que, embora não seja adequada aqui, é bastante conhecida de filmes e reportagens de jornal. Quem ajudaria outra pessoa a se suicidar caso nada melhore? Provavelmente ninguém. Então já sinto a morte no olfato e, na boca, o sabor de coisa inerte, há muito guardada no arquivo morto.

O médico, o especialista, finalmente chega e se curva sobre mim, o hálito de lauto jantar. Enfiam minha cabeça em uma máquina para medir, para examinar, que sei eu. Depois, há deliberações atrás de mim. Esforço-me para escutar. Operar ou não operar, eis a questão. Conversam a meu respeito, não comigo, mas por cima de mim. Já me consideram incapacitada? O que quer dizer operar? Abrir a cabeça. Que disparate, por favor, trata-se aqui de um engano, eu só estava a caminho do teatro.

Não fui operada. Semanas mais tarde, o professor mostra a seus estudantes as radiografias de meu crânio após o acidente, e pergunta o que teriam feito numa situação dessas. Operar, respondem todos, comportados. Ele fica satisfeito, pois estou sentada ali ao lado, ainda muito fraca das pernas, mas de qualquer modo fui do quarto até o auditório da clínica, e faço o relatório. "Um médico tem que ter sorte", diz ele a seus alunos. "Do contrário, seria melhor desistir da medicina e ser advogado.

Não operamos, mas poderia não ter dado certo." O que quer dizer sorte?, pensa a paciente, fascinada e horrorizada com essa discussão sobre um ato de violência contra seu cérebro que quase a acometera. *Eu* tive sorte, não ele, ele se vangloria com a minha sorte.

As pessoas que nem me conheciam e falavam a meu respeito diante ou por detrás de mim, ministrando injeções e remédios sem nenhuma explicação, obviamente já não me davam mais atenção. Liguei-me então àquelas pessoas a quem eu talvez ainda fosse a mesma pessoa de antes, de pouco tempo atrás. O amigo que apareceu primeiro afirma nunca ter visto alguém que se agarrasse tanto à vida quanto eu. Que não vá embora agora ou fique impaciente, pois deve ser horrível para alguém que só veio para levar uma amiga distante, uma estrangeira, para casa. Que não me deixe agora sozinha com os médicos, que têm péssimo hálito e só enxergam em mim um organismo em mau funcionamento. Ele fica bastante tempo, permanece até depois da uma da manhã, promete visitas constantes. Recebo injeções, ondas escuras se quebram dentro do crânio, atendentes aparecem, alguém ilumina meus olhos com uma lanterna e pergunta o que estou vendo. Um alívio quando me fazem perguntas, pois perguntas só se fazem a pessoas que têm algo a dizer. Quem quer obter uma resposta de mim me considera capacitada. Sim, sim, consigo ver, digo tartamudeando, e acredito estar falando claramente.

Quando não durmo, tenho de fazer um esforço exagerado. Não se trata apenas de um empenho para permanecer viva. Era também uma tentativa de fuga. Queria fugir das dores de cabeça e não queria deixar o pânico tomar conta de mim, porque a razão é muito valiosa. Um ato de atenção e doação ao mundo, a razão é isso. Assim como o amor também é um ato semelhante, de atenção e doação. A razão, portanto, é tão valiosa quanto o amor. Só que o mundo também tem de se doar a você. Essas coisas óbvias, tão difíceis.

Lá está a mulher de meu amigo, aquele do número bom de telefone, sentada junto a mim. Acredito que ela tenha tomado seu lugar rapidamente, mas ela diz que foi no dia seguinte. O tempo se dilui para mim. Uma voz agradável, não quero que vá embora. Parece-me forte e imponente, loira e calma, bela e saudável. Ela pode ir e vir quando quiser. Espero que não se vá. Ela conversa comigo (disseram-lhe para me manter acordada), eu não consigo responder, mas me esforço enormemente. Empenho-me para pronunciar a frase: "Infelizmente, agora não posso fazer conversação". Um anglicismo, quero dizer que não posso conversar, sinto-me péssima. A frase a diverte, mas diz benevolente que não era necessário. Fico tranqüila.

Era como se assaltantes tivessem revirado tudo, tirado do lugar os velhos papéis e documentos cuidadosamente guardados no cantinho mais recôndito e espalhado todos pela casa, de raiva, pois eram inúteis e sem valor, arrancado as gavetas dos armários, rasgado as roupas (como aconteceu com as roupas para a lavanderia, no carro que fora arrombado anos antes, em Charlottesville) e deixado os armários escancarados; objetos antiqüíssimos que se imaginava estarem há muito tempo no lixo foram novamente arrastados para a luz do dia. A sensação é a de ter sido expropriada, porque a casa parece estar danificada e se tornou também estranha devido ao violento transtorno. Pouco a pouco percebe-se que naquele caos aparentemente insano há mais elementos do próprio "eu" do que nas circunstâncias anteriores, presumidamente ordenadas.

Dormir sem poder deitar direito, sempre de costas. Apesar da posição incômoda e forçada, sinto-me ao acordar como se saísse de um profundo aconchego, compreendo de repente de onde vêm as asas protetoras dos anjos da guarda nas lendas e na arte popular, elas vêm do sono, o sono saudável. Acordara no meio da noite, de alma saciada e em paz com Deus, com o mundo e comigo mesma. Sento-me na cama, simplesmente. Não consigo me conter de alegria. "Derrete o gelo, rompe-se a corrente." Chamo a enfermeira, pois consigo me sentar. No meio da noite. Veja só, posso sentar. Ela sacode a cabeça. "A senhora é engraçada", diz bondosa.

Vindo de baixo para cima, volta a sensação em meu lado direito. Pego minha perna paralisada com as duas mãos, coloco-a contra a grade da cama. Cada noite podia movê-la um pouco mais para cima. No entanto, não há nada errado com a perna, é a cabeça que falha. Essa idéia me abala tanto que começo a chorar. Os dedos dos pés: totalmente inertes, falo com eles como se fossem bichinhos de estimação, nos conhecemos há mais de cinqüenta anos, por que agora esse estranhamento?

As pessoas enxergam apenas os sintomas, não sabem, caso não tenham ficado doentes um dia, o que há por trás de tudo. Esforço-me para falar de maneira concatenada e devido ao esforço não chamo a atenção dos outros para o fato de ter realizado um ato de extrema concentração. Os outros se esforçam para me entender, percebem que não posso andar como eles e que durmo demais, mas com essa coisa de pensar e falar é mais difícil. Não se trata de censura, e sim de uma constatação a respeito da capacidade de percepção. Esperamos uns dos outros praticamente aquilo que esperamos de nós mesmos e assim, na maioria das vezes, estamos agindo certo. Contudo, entre pessoas doentes e saudáveis essa relação se desloca, existe então uma lacuna, não existe parceria entre iguais. Uma pessoa saudável não consegue, por mais que queira, avaliar corretamente o comportamento do paciente, porque não pode tomar a si mesma como norma.

E o máximo da concentração é tal que preciso de muito tempo para cumprir as mais simples orientações, por exemplo, da fisioterapeuta, pois tenho de refletir lentamente o que significam, de fato, direita e esquerda. Nisso sinto as lágrimas aflorarem, pelo empenho, a frustração e o esforço.

Cada dia que passa é como uma porta que se fecha atrás de mim e me expulsa. Procurar o passado quando este está encravado.

Os pensamentos fluíam por si mesmos, em círculos ou em espirais, em figuras geométricas mais singulares, mas não lineares. E pendiam no espaço dos dias, dos repetidos dias de hospital. O tempo estava estilhaçado, não o experimentava como um moto-contínuo e sim como cacos de vidros que ferem a mão quando se tenta ordená-los. À tarde não sabia mais quem me visitara pela manhã, os dias da semana se deslocavam, embora suplicasse aos amigos com olhos lacrimejantes que me trouxessem jornais.

Sempre novas visitas. Admirava-me com a solidariedade, inclusive de pessoas que nem conhecia, que só ouviram falar a meu respeito por meio de amigos comuns. Vinham para compensar e recompensar. Sua presença era como uma corda à qual me agarrava para sair da fossa empesteada dos pensamentos quase-mortos — ó você, com a gaita de foles da minha primeira lenda de morte! A mulher de Christoph manda-me uma vela, luz consagrada, que não devo acender no hospital, mas colocar cuidadosamente entre as minhas coisas quando tiver alta. Tudo como consolo e para espantar os fantasmas que, como numa conferência, me rodeavam ruidosamente, cheios de presunção.

Anneliese veio de Manchester, naturalmente — ela não está sempre presente quando não estou bem? Choro de emoção. Ela fica sentada entre os fantasmas que me cercam, apoiada em sua bengala chique, preta com punho de prata. Nunca mais vou andar direito, lamento, caso possa sair daqui um dia, vou mancar. "Também não é a pior coisa do mundo", diz Anneliese friamente, "e a quem são dirigidos esses queixumes?" "Você vai me ajudar", rogo infantilmente, "a escolher uma bengala e me mostrar como se faz?"

"Você é rancorosa", diz Anneliese, referindo-se a minhas lamúrias sem sentido. "Sempre foi. Uma falha de caráter. *You bear grudges.*" (Falamos inglês, nosso alemão vai se transformando em inglês, pois não temos um passado comum alemão.) "Você deveria aprender a perdoar, a perdoar a si mesma e aos outros, então você se sentiria melhor." "*Cast out remorse*", diz ainda, e cita dessa maneira um dos poetas preferidos de nosso tempo de College. Yeats, afirmo obstinada, para ele era fácil falar. Era senador da República da Irlanda, aí dá para saber quem se é. "*Cast out remorse.*" Essa incessante avaliação, opina você, sempre dando notas, distribuindo repreensões ou elogios a si mesma e aos outros. Agarrar-se com unhas e dentes ao que aconteceu em vez de aceitar as coisas como vêm, e deixar assim que passem por nós de raspão, sem deixar mácula. Você sugere então que eu não tente reter as lembranças e sim que as deixe cair? Mas mesmo assim algo é capaz de se quebrar, graças à lei da gravidade. Que também é uma lei moral. Outra vez, me saltam aos olhos lágrimas da mais terrível autocompaixão. De qualquer modo, o tempo escoa através de meus dedos, e quando é que algum dia tive minha vida nas mãos? Estilhaços por onde quer que se olhe. Só em minha intransigência me reconheço, nela é que me agarro. Deixe-a comigo.

Luto com estes pensamentos, expresso alguns deles, gaguejo outros para mim mesma ou eles desaparecem depois de lampejarem por um instante como numa tela de televisão defeituosa. A Electra de Hofmannsthal[2] diz: "Não sou um animal, não posso esquecer". Perdoar dá náuseas, penso ou digo, e me reclino no encosto da cama, tudo fica negro devido ao cansaço, pois me voltam também os engulhos que precederam a paralisia.

---

[2] Hugo von Hofmannsthal (1874-1929), poeta e dramaturgo austríaco. (N. da T.)

Nunca os confundi com os vivos, embora muitas visitas pensassem assim. Convivi tempo bastante com fantasmas para poder reconhecê-los facilmente como tais. No entanto, a convivência com eles também pode causar desorientação, mesmo sabendo quem são.

Começo a me confrontar com eles.

2.

Muito tempo se passou desde que cheguei a Göttingen com meus estudantes californianos, muitos anos, nos quais novamente se fez história na Alemanha e não apenas dinheiro — tempo no qual algo aconteceu. E para mim, trata-se do tempo em que comecei a escrever um relato porque sofri uma queda e caí de cabeça no chão.

Entrementes, estou novamente em casa, no sul da Califórnia, em Orange County. É uma região cuja história consiste no fato de seus habitantes terem fugido para cá para escapar da história, da história européia e da asiática e, finalmente, também da americana, na medida em que esta se originou mais ao leste. As casas de Orange County são feitas de madeira, mesmo as mais caras. Nenhum passado comum nos une, por isso cada passado é pessoal e concerne apenas àquele indivíduo que tem de carregá-lo nas costas. O Estado das laranjeiras e limoeiros em flor também é o lugar com o maior número de suicídios dos Estados Unidos e, ao mesmo tempo, oferece a maior variedade de estratégias psicoterapêuticas e religiosas de sobrevivência e de consolo.

Minha universidade se localiza entre as auto-estradas e não é melhor conhecida na região nem goza de maior fama do que os muitos centros comerciais luxuosamente instalados. O fato é que aqui se compra formação universitária. Quando muito, os moradores de Orange County ficam sabendo que aqui se formam engenheiros e médicos, e se dão por satisfeitos. O resto é luxo ao qual se tem acesso porque se é rico.

Quando cheguei pela primeira vez a Orange County e errava o caminho dia sim, dia não, nas auto-estradas, imaginei que o inferno seria assim, que cada um tivesse de percorrer essas auto-estradas por toda a eternidade em sua própria prisão de metal sobre rodas, isolado de todos e, no entanto, visível a todos, sendo cada saída a opção errada, de modo que o motorista, que há pouco suspirara aliviado ao descer a rampa, precisa agora, com o fôlego apertado do desespero, retomar o caminho para a *freeway*. É esse o nome, porque não há semáforos para interromper a viagem, mas ninguém pode escapar aqui dessas "estradas livres", porque são a única possibilidade de se ir de um ponto a outro no sul da Califórnia.

Mesmo os delitos por aqui são muitas vezes de uma agressividade infantil e absurda, por exemplo, quando um motorista avança em direção a outro veículo porque este estava andando devagar demais. Como se o primeiro não soubesse a diferença entre uma pistola de água e uma arma mortal. O mesmo impulso que imaginei ter o meu ciclista maluco.

Aqui o passado é no máximo um baile de máscaras num cenário de Hollywood — o vestuário sempre é correto nos filmes históricos, mas nada mais é exato. Os filmes históricos são exibidos durante uma semana nos cinemas, depois disso, junto com o vestuário, são engolidos por um presente envelhecido que nunca se converte em passado, um brechó onde reinam as traças. Admiram-se os cenários, os andaimes, os efeitos especiais. Orange County também tem seu aeroporto, rebatizado de John Wayne Airport, essa personalidade que representava os heróis, tornou-se ele mesmo um herói pelo fato de interpretá-los. Quem não leva a história a sério não faz questão da diferença entre ficção e realidade.

Orange County trata o passado de forma tão desconfiada quanto trata os estrangeiros e as línguas que estes falam e, de maneira igualmente cuidadosa, cultiva seu *know-how* nas áreas de esporte e eletrônica. As pessoas não são bobas, tampouco mal-informadas, lê-se bastante, mas nada de livros, e sim jornais e revistas, coisas descartáveis. E no caso de livros, então os *paperbacks* baratos à venda nos supermercados. Também estes são descartáveis. Nas casas e apartamentos vê-se raramente uma estante inteira de livros. Na maioria das vezes, há uns poucos livros ao lado de vasos e enfeites. Uma biblioteca particular dá aos californianos a impressão de um antiquário. E os californianos do sul, que mal conhecem antiquários, têm a impressão de uma coleção pouco higiênica de papel velho.

Gosto de viver aqui. Esta paisagem de mar e deserto, ameaçada por terremotos, abençoada pelo sol, castigada pela falta d'água, impôs a si mesma a tarefa insana, trágica, de eliminar o passado, mediante a negação deste, mediante a substituição do presente por um outro presente, antes que o primeiro possa se tornar velho. Isso não funciona, por isso é insensato. Um dia haverá a vingança, por isso é trágico. Os californianos são refugiados, e deixam as horas vividas atrás de si para buscar rapidamente a salvação na hora seguinte; exatamente como aquela mãe escrava na *Cabana do Pai Tomás* atravessou o rio semicongelado de Kentucky até Ohio, ou seja, rumo à liberdade, deixando os blocos de gelo atrás de si, e pulando sempre no último minuto, de um bloco a outro, com a criança no colo, a criança invendável que deveria ser vendida, a criança que devia ser salva.

Ao voltar para cá, a Alemanha que conheci em meus dois anos de Göttingen parece a imagem inversa da minha Califórnia. Porque lá, corajosamente, toma-se o passado na mão, como o crente o faz com o ferro quente no juízo de Deus, para deixá-lo cair com um grito ("Mas eu sou inocente!"), quando começa a queimar.

De repente, minha mãe faz as pazes com Ditha, até lhe dá presentes. De repente, incumbiu-me de convidar Ditha à sua casa, com a desculpa: "Está ficando tarde". Refere-se à morte. Seu quarto marido morreu, desde que comecei a escrever, ficou velha e solitária. Fazia tanto tempo que minha mãe não via a mulher que ainda a chama de "mamãe", que as duas ficaram se olhando longamente na hora do reencontro, para então garantir uma à outra que nenhuma das duas mudou: a típica afirmação de pessoas que se horrorizam com o fato de como o outro ou a outra envelheceu com os anos. Não confio nada nessa declaração de paz, mas Ditha está exultante e feliz, mas, infelizmente, começa logo a dar ordens a minha mãe. Intervenho, de repente sou novamente a mais jovem delas que também quer dar sua opinião. Tudo está como há muito não esteve. Tudo está novamente em aberto e por fazer, e preciso terminar logo, do contrário amanhã nada disso vai valer.

Dejetos da noite levados pela maré até a margem da manhã: ressentimentos, ódio, autocompaixão — quem sabe o que se sonhou. Acorda-se como depois de um banho no mar Morto, a alma pegajosa de sal e produtos químicos.

Quem se veste rapidamente agora, sai para o trabalho, brinca bravamente de professora, leva consigo o suor da noite. Só me alegra aquilo que não se ajusta a este papel. A velha senhora que aos poucos vai se apossando de mim conversa com o gato até que este responde com um miado e eu posso representar, para mim mesma, um diálogo com o bichinho. Fazer café, ler jornais. Escrevo algumas linhas desconexas, por exemplo, sobre aquilo que me ocorreu no crepúsculo, *graffitti*, pinturas rupestres (que o visitante das cavernas, a princípio, deixou de perceber sob luz artificial, até que o olho mais atento percebe figuras desajeitadas e decifra sua intenção evocativa), torno a escrevê-las, leio o que escrevi, não me agrada, pois a linguagem oferece seus clichês gratuitamente, as frases batidas e as palavras gastas despencam sobre a cabeça como caca de passarinho sobre os pára-brisas — está ouvindo, gatinho — e como a propaganda que se acumula nas caixas de correio ao lado das correspondências verdadeiras. Portanto, fazer uma seleção, deletar, penosa procura por palavras diurnas para pensamentos imaturos da semipenumbra.

Remexo, procuro e encontro um velho poema. A folha sobre a qual está escrito, com muitos erros de datilografia, já está um tanto amarelada. É dos anos 60, quando estive pela primeira ou pela segunda vez na Alemanha:

RECUSA A DEPOR

Havia turistas à mão para dar cobertura,
a estações de trem a fuga me levou.
Minha ordem de prisão pendia de cada muro,
por diferentes nomes eu era conhecida,
com diversos penteados procurada.

Onde eles constroem as casas novas
(cada tijolo, cada prego me reconhece!)
me atrevi a parar, a olhar,
refugiei-me na vida rotineira das mulheres,
mas o sol da rotina me queima.

Por toda parte eu era acusada,
em toda parte me proibiam a entrada.
Todos os guardas me perguntavam,
aonde fosse ou estivesse, pelos mortos.

E todo interrogatório é sobre fatos
que aconteceram perto de mim, porém sem mim.
Eu vi, como vou negar?
Mas nem as testemunhas mais mentirosas
são tão pouco confiáveis quanto eu.

Cada fantasma que chega pode me desalojar,
pois tenho de seguir adiante quando algum me diz: "Fala".

Lamuriante. Meditativo. Apesar disso, continuo a tecer meditações, como esta: no fim das contas, eles me deram uma rasteira e assim levei um tombo e bati a cabeça, e o que depois se passou dentro dela, ou acabou saindo dela, foi dito aqui. Agora eles podem me deixar em paz e me poupar de seguir mudando de casa.

Por último, um endereço, para o envio. E para quem mais, se não a vocês que começaram estas anotações junto comigo quando estava imóvel na cama, e depois leram trechos junto comigo, e deram opiniões aqui e ali, e vivenciaram tudo isto junto? Que tenha boa acolhida junto a vocês.

Aos amigos de Göttingen — um livro alemão.

Irvine, Califórnia, julho de 1991

Sobre a autora

Ruth Klüger nasceu em Viena, em 1931, no seio de uma família judaica, e viu sua cidade natal converter-se gradualmente em uma espécie de prisão, sobretudo após a anexação da Áustria pela Alemanha em 1938. Depois da fuga do pai (mais tarde preso na França e assassinado em Auschwitz), foi deportada em 1942 junto com sua mãe para o campo de Terezin ou Theresienstadt, como diziam os alemães.

Em 1944, aos doze anos de idade, foi transportada num trem de carga para Auschwitz-Birkenau, onde permaneceu por vários meses, escapando por um triz ao ser escolhida, no último minuto, para integrar um grupo de trabalhos forçados. Do campo seguinte, Christianstadt, uma sucursal de Gross-Rosen, a autora e sua mãe fugiram na primavera de 1945, durante uma das muitas "marchas para a morte", as extenuantes e caóticas caminhadas que caracterizaram os últimos dias do Reich e aceleraram a morte de milhares de prisioneiros.

Dois anos depois do fim da guerra, Ruth Klüger imigrou para os EUA, graduando-se no Hunter College, em Nova York, e doutorando-se pela Universidade da Califórnia, Berkeley. Foi a primeira mulher a chefiar o Departamento de Filologia Germânica da Universidade de Princeton e trabalhou posteriormente em várias outras universidades, fixando-se na Universidade da Califórnia, Irvine, da qual é professora emérita. No final dos anos 80, foi designada para implantar o Centro de Estudos Californianos dessa universidade em Göttingen, na Alemanha, ocasião em que inicia a redação de sua autobiografia.

Além de *Paisagens da memória*, que foi traduzido para diversas línguas, publicou vários livros de história e crítica literária, entre eles *Katastrophen. Über deutsche Literatur* (1994) e *Frauen lesen anders. Essays* (1996). Reconhecida internacionalmente como uma das mais lúcidas expoentes da "literatura de testemunho", ao completar setenta anos Ruth Klüger recebeu inúmeras homenagens, entre as quais o prêmio Thomas Mann e o Prix Mémoire de la Shoah, da Fondation du Judaïsme Français. Em 2004, foi agraciada com a medalha Goethe, uma das mais altas distinções da cultura européia.

Este livro foi composto
em Stempel Garamond, pela
Bracher & Malta, com CTP e
impressão da Prol Editora Gráfica
em papel Pólen Soft 80 g/m^2
da Cia. Suzano de Papel
e Celulose para a Editora 34,
em setembro de 2005.